KB124673

거인의 시간

TIME

세계 최고 리더들의 7가지 초생산적 습관

거인의 시간

어맨사 임버

김지아 옮김

WISE

다산
북스

우리에게 주어진 수명이 짧은 것이 아니라
우리가 수명을 짧게 만드는 것이며,
시간이 부족한 것이 아니라
시간을 낭비하는 것이다.
사용하는 방법을 안다면 인생은 길다.

—세네카, 『인생의 짧음에 관하여』

추천사

시간 활용법을 배우고 싶은 이들에게 추천한다. 어맨사 임버는 생산적인 삶을 사는 사람들과 신뢰할 만한 여러 연구에서 유용한 통찰력을 포착해 내는 능력이 있다. 실용적이고 매력적인 이 책은 읽는 데 걸리는 시간보다 더 많은 시간을 절약해 줄 것이다.

― 애덤 그랜트
《뉴욕타임스》 베스트셀러 『싱크 어게인』 저자, TED 팟캐스트 「워크라이프WorkLife」 진행자

『거인의 시간』은 시간이 항상 부족하다고 느끼는 사람들이 반드시 읽어야 하는 책이다. 이 책을 읽고 나면 당신의 하루가 달라질 것이다.

― 그렉 맥커운
《뉴욕타임스》 베스트셀러 『에센셜리즘』, 『최소 노력의 법칙』 저자

『거인의 시간』은 획기적이면서도 실천 가능한 시간 관리법을 알려준다. 일과 삶 모두에 충실하면서 생산성 있는 하루를 만들고 싶다면 이 책을 반드시 읽어라.

― 니르 이얄
『초집중』 저자

나는 수많은 시간 관리 전문가 중에서 어맨사 임버를 가장 좋아한다. 그녀는 간단명료하면서 현실적이고 재미있기까지 한 시간 관리법을 많이 알고 있기 때문이다. 그러니 이 책을 읽어라!

－제이크 냅
베스트셀러 『스프린트』, 『메이크 타임』 저자

생산성 향상에 초점을 맞춘 강력한 시간 관리 노하우가 담긴 매우 유용한 책이다.

－미아 프리드먼
마마미아 미디어 컴퍼니 공동 창업자

믿기 어려울 정도로 유용하고 실용적인 책이다. 어맨사는 놀라운 시간 관리법을 자세하게 설명하며 당신이 매일 더 많은 것을 성취하도록 돕는다. 이제야 이 책을 읽게 되어 너무나 아쉽다.

－샌드라 설리
호주 유명 뉴스 진행자

시간을 소중히 여긴다면 『거인의 시간』을 읽고 당신의 시간을 현명하게 사용하라. 이 책을 읽은 시간을 절대 후회하지 않을 것이다.

– 팀 켄들
전 핀터레스트 회장

시간은 우리에게 가장 중요한 자원이다. 이 책에서 소개하는 시간 관리 전략은 어느 하나 유용하지 않은 것이 없다.

– 다니엘 핑크
《뉴욕타임스》 베스트셀러 『언제 할 것인가』, 『드라이브』, 『파는 것이 인간이다』 저자

『거인의 시간』을 읽다 보면 마블 슈퍼히어로들의 초능력 비법 수업에 초대받은 기분이 든다. 이 책에는 일과 삶, 인간관계에 영향력을 미치면서 삶의 주도권을 잡을 수 있는 환상적이고 기발한 팁이 가득하다. 당신의 시간을 잘 보내고 싶다면 이 책을 읽어라.

– 니키 스파숏
유니레버 호주·뉴질랜드 법인 대표

어맨사 임버는 팟캐스트 인터뷰로 쌓은 폭넓은 지식과 자신의 전문성을 이 책에 모두 담았다. 『거인의 시간』은 더 생산적이고 행복한 삶을 살고 싶은 개인이면 누구나 쉽게 따라 할 수 있는 업계 리더들의 다양한 시간 관리 비법을 소개한다.

- 로라 메이 마틴
구글 생산성 분야 상임 고문

당신은 시간을 얼마나 현명하게 사용하고 있는가?

나쁜 소식은 시간이 빨리 날아가 버린다는 것이고,

좋은 소식은 그 시간의 조종사가 당신이라는 것이다.

—마이클 알트슐러Michael Altshuler

몇 년 전 나는 인터넷에서 유행하는 밈을 하나 발견했다. 그 사진 속에는 '당신의 하루도 비욘세와 똑같이 흘러간다'라고 적혀 있었다. 나는 이 말을 보자마자 "그래, 맞아!"라고 소리쳤다. 하지만 곧바로 이런 생각이 들었다. '비욘세는 전 세계적으로 음반을 1억 장 넘게 판매하는 동안 쌍둥이를 키우고 페미니스트로 활동까지 했는데, 나는 그 시간에 도대체 뭘 했던 거지?'

마음이 울적해지자 슬슬 내 입에서 한탄이 흘러나왔다. 타고난 노래 실력이 없어서 세계적인 가수가 되지 못했고, 수정란이 자궁

안에서 분열하지 못해서 쌍둥이를 임신하지 못한 거라며 나 자신을 몰아세웠다. 하지만 동시에 궁금했다. 높은 성취를 이룬 사람들은 평범한 사람들과 시간을 다르게 사용하는 걸까?

물론 이 책의 목표는 비욘세처럼 되는 것이 아니다. 우리는 비욘세가 아니므로 이런 생각을 할 수 있다. '성공한 사람들만 아는 시간 사용법이 있을 수도 있겠지. 하지만 그들은 비서가 넘쳐나는 메일함을 대신 정리해 줄 것이고, 매일 셰프가 균형 잡힌 영양소를 고려한 식단으로 저녁 식사를 차려줄 것이며, 청소 전문가가 화장실의 이상한 얼룩과 냄새를 없애줄 거야. 나는 이 모든 걸 스스로 해야 하니 내 삶이 훨씬 혼란스럽고 바쁠 수밖에 없어. 심지어 화장실 변기도 내가 직접 닦아야 한다고!'

무슨 말인지 잘 안다. 어쩌면 전 세계 수백만 명의 사람들도 같은 생각을 하고 있는지도 모른다.

세계보건기구WHO의 연구에 따르면 우리는 그 어느 때보다 더 오래 일하고 있다. 2016년에는 전 세계 4억 8800만 명의 인구가 주당 55시간 이상 근무했다. 그다지 많은 시간이 아니라고 생각할 수도 있지만 자세히 보면 그렇지 않다. 주당 55시간 이상 근무하면 표준 근로 시간인 35~40시간 근무한 것에 비해 뇌졸중이나 심장병에 걸릴 확률이 각각 35퍼센트, 17퍼센트 증가한다. 과로가 우리를 죽음으로 몰아가고 있는 것이다.

심지어 코로나19라는 못된 바이러스가 전 세계에 퍼지면서 이 문제는 더욱 악화됐다.

미국 내 3000여 명의 전문가를 대상으로 실시한 설문조사에 따르면, 코로나19 팬데믹 동안 재택근무로 전환한 사람 중 70퍼센트만이 주말에 근무하지 않는 것으로 나타났다. 심지어 응답자의 45퍼센트는 사무실에 출근할 때보다 재택근무로 전환한 뒤 오히려 일하는 시간이 더 길어졌다고 답했다.

글로벌 소프트웨어 개발 업체 아틀라시안Atlassian이 전 세계 65개국을 대상으로 실시한 조사에 따르면, 코로나19 팬데믹 동안 호주인의 하루 평균 근무 시간이 팬데믹 이전보다 32분 증가했다고 한다. 마이크로소프트가 2021년에 발표한 연간 보고서 「업무 동향 지표Work Trend Index」도 코로나19 팬데믹으로 화상 회의에 쓰는 시간이 2배 이상 증가했고 평균 회의 시간도 10분 더 길어졌다고 밝혔다. 화상 회의가 삶을 윤택하게 하는 매력적인 방식이라는 사실을 모두가 알게 되면서 나타난 결과다.

설상가상으로 우리는 그 어느 때보다 훨씬 많은 양의 디지털 메시지를 주고받으며 살고 있다. 마이크로소프트 보고서에 따르면 사람들이 매주 메시지를 보내는 양이 팬데믹 이전보다 45퍼센트나 늘었다고 한다. 근무 시간 이후에 보내는 채팅 메시지도 팬데믹 전보다 42퍼센트나 증가했다. 이메일도 마찬가지다. 2021년 2월에 발송된 이메일 수는 1년 전인 2020년 2월보다 406억 건이나 늘었다. 그러니 당신만 받은편지함을 열 때마다 숨 막히는 느낌을 받는 것이 아니다. 많은 사람이 같은 문제를 겪고 있다.

팬데믹 기간에는 학교 수업도 화상으로 진행됐다. 당신이 화상 수업을 진행하는 교사라고 상상해 보자. 주 5일 내내 종일 화상으로 수업을 한다고 생각하면 끔찍하지 않은가? 부디 이 책이 출간될 즈음에는 화상 수업이 사라졌기를 바란다.

마이크로소프트는 연간 보고서에서 전 세계 근로자의 40퍼센트가 2021년에 직장을 그만둘 생각을 하고 있다고 발표했다. 지금까지 살펴본 여러 상황을 고려해 볼 때 이 수치가 그다지 놀랍게 느껴지지 않는다.

물론 일이란 힘든 것이다.

하지만 꼭 그렇게 힘들게 일할 필요는 없다.

2018년 1월, 당시 나는 매우 바쁜 삶을 살고 있었다. 야심 찬 성장 목표를 가진 경영 컨설팅 회사를 운영하면서 엄마, 딸, 친구, 가정주부 등 여러 역할을 병행하고 있었다. 항상 시간에 쫓기듯 일하면서도 매주 시간을 내서 인스타그램을 확인했다. 그야말로 우선순위가 전혀 없는 삶이었다.

그렇게 살다 보니 공식적으로 새해가 시작되는 1월이 되었다. 나는 지난 한 해를 돌아보면서 무엇을 성취했는지 살펴보는 시간을 보냈다. 내가 창업한 회사인 인벤티움의 사업은 순조롭게 진행되고 있었고 직원들도 각자의 역할을 잘 해내고 있었다. 하지만 개인적인 삶을 돌아보았을 때 작년 한 해 동안 무엇을 해냈는지가 도무지 떠오르지 않았다. 나는 수천 통의 이메일에 늦지 않게 답장을 보냈다. 이메일을 보낼 때도 많은 시간과 노력을 들여서 정성스럽게 작성했다. 하루의 시간 대부분을 팀원들의 요청을 처리하면서 보냈다. 수백 건의 회의에 참석했고 안건에 대해 통찰력 있는 의견을 제시했다. 그런데 과연 이렇게 일하는 것이 최선이었을까? 아무리 생각해도 이건 아닌 것 같았다.

나는 2018년 한 해 동안 개인적으로나 업무적으로 더 성장하기를 바랐다. 개선할 점이 많다고 느꼈던 업무 습관을 바꾸고 싶었다. 더는 받은편지함의 노예로 살고 싶지 않았다. 매일 정시에 퇴근해 어린 딸과 함께 집에서 저녁 식사를 하고 싶었다. 퇴근할 때 '오늘 하루 뭘 했지?'라고 생각하는 대신 의미 있는 일을 끝냈다는 벅찬 느낌을 받으며 하루를 마무리하고 싶었다. 내 삶이 인스타그램이라는 블랙홀에 빠져 사라지는 것을 막고 싶었다. 무엇보다도 반응적인 삶에서 벗어나 주도적이고 의식적인 삶을 살고 싶었다.

그래서 팟캐스트를 제작하기 시작했다.

사실 나는 팟캐스트를 하겠다고 말만 하고 정작 실행으로는 옮기지 않던 짜증 나는 사람이었는데, 이제는 실제로 팟캐스트를 시작한 사람이 됐다(그리고 이제는 거의 모든 대화에 팟캐스트를 끼워 넣는 또 다른 의미의 짜증 나는 사람이 됐다).

내 팟캐스트 채널 「하우 아이 워크How I Work」는 개인적인 사명을 위해 만든 것이다. 나는 비욘세나 일론 머스크처럼 세계적으로 성공한 사람들이 평범한 우리와 시간을 어떻게 다르게 사용하는지 알고 싶었다. 평범한 사람들이 업무 시간의 대부분을 이메일에 답장을 보내는 데 쓰는 동안 성공한 사람들은 어떻게 하루, 한 시간, 일 분을 효과적으로 관리하는지 궁금했다.

높은 성취를 이뤄낸 사람들은 정말 바쁜 삶을 산다. 받은편지함은 넘쳐나고 캘린더에는 일정이 꽉 차 있으며 업무량도 엄청나게 많다. 상당한 시간과 에너지를 끊임없이 요구받는 삶을 살면서도 도대체 이들은 어떻게 주어진 일을 모두 잘 해내는 것일까?

처음 팟캐스트를 시작한 이후 3년 동안 150회 이상 인터뷰를 진행했다. 그리고 이 에피소드들은 무려 300만 회가 넘는 다운로드를 기록했다. 나는 이 인터뷰들을 통해 다음 두 가지 사실을 알게 되었다.

첫째, 높은 성과를 내는 사람들은 업무에 접근하는 방식이 확실히 다르다.

둘째, 이들이 일하는 방식은 CEO, 일하는 부모, 대학생, 삶의 균형을 유지하려는 모든 사람의 생산성과 일하는 방식을 향상시킬 수 있다.

이 책에서는 성공한 사람들이 각자 일을 잘 해내기 위해 찾은 해답, 비법, 전략을 소개한다. 각 분야에서 최고의 위치에 오른 사람들이 사용하는 방법을 배우다 보면 마치 고급 사교 클럽에 가입해 이들과 교류하는 듯한 느낌을 받을 것이다.

미국 펜실베이니아대학교 와튼스쿨 교수 애덤 그랜트Adam Grant에게서 매일 아침 업무에 쉽게 몰입하는 방법을 배워본다. 미국 시트콤「브로드 시티Broad City」의 공동 제작자이자 주연 배우인 애비 제이컵슨Abbi Jacobson이 가면 증후군을 강점으로 이용한 방법에 대해서도 알아본다. 구글에서 생산성 분야 상임 고문을 맡고 있는 로라 메이 마틴Laura Mae Martin의 받은편지함 정리법도 살펴본다.

이 책에서는 '가장 중요한 일을 먼저 하라', '명확한 목표를 세워라', 'SNS를 너무 자주 확인하지 마라'처럼 진부한 생산성 향상 전략은 다루지 않는다. 대신 독특하면서도 별나고 가끔은 직관적이기도 한 전략을 소개한다.

전 핀터레스트Pinterest 회장 팀 켄들Tim Kendall이 휴대폰을 케이세이프kSafe에 몇 시간씩 보관하는 이유를 살펴본다. 세계 최대 폐기물 수거 업체 '1-800-GOT-JUNK?'의 창립자이자 CEO 브라이언 스쿠다모어Brian Scudamore가 휴가지에서 휴식에만 집중하기 위해 비서에게 이메일 비밀번호를 바꾸도록 지시하는 사연도 소개한다. 호주의 유명 뉴스 진행자 샌드라 설리Sandra Sully가 왜 매일 밤 자신의 뉴스 진행을 모니터링하는지도 알아본다.

나는 성공한 사람들이 어떻게 모든 일을 해내는지 늘 궁금했다. 그래서 팟캐스트 진행은 내게 덕업일치의 삶을 이뤄준 일이다.

나는 어린 시절부터 더 나아지기 위해, 더 많은 것을 성취하기 위해 노력하는 사람이었다. 초등학생 시절에도 좋은 결과를 얻기 위해 경쟁에서 이기려고 열심히 노력했던 기억이 아직도 생생하다.

당시 나의 경쟁자는 보니 스마트라는 여자아이였다. 보니는 스마트라는 성씨처럼 참 똑똑했다. 나는 1등 자리를 두고 보니와 항상 경쟁했다. 보니가 수학 시험에서 나보다 높은 점수를 받으면 세상이 무너지는 것 같았고, 반대로 내가 보니를 제치고 1등을 할 때면 세상을 다 가진 듯 기뻤다. 내색하지는 않았지만 은근히 우월감을 느끼기도 했다.

높고 큰 야망을 품는 기질은 학교를 졸업한 후에도 이어졌다. 나는 호주 모내시대학교에서 최연소로 조직심리학 박사 학위를 받았다. 무려 스물네 살에 이뤄낸 성과였다. 심지어 부업으로 하고 있던 싱어송라이터 겸 기타리스트 활동에서도 놀라운 일이 일어났다. 박사 학위를 받던 해에 대형 글로벌 음반사로부터 음반 발매 계약을 제안받은 것이다.

그때나 지금이나 괴짜다운 구석이 있는 나는 결국 음반사와 계약을 맺지 않기로 했다. 세계적인 록스타보다는 심리학자가 되고 싶었다. 그렇게 20대 후반에 행동과학 컨설팅 회사 인벤티움 Inventium을 설립했고, 직원들과 함께 구글, 애플, 아메리칸 익스프레스, 딜로이트, 디즈니, 아틀라시안, 네슬레, 버진 그룹, 비자, 레고 등 세계 유수의 기업들에 컨설팅 서비스를 제공했다(한번은 덴마크 빌룬에 있는 레고 본사에 초대받아 제품 개발팀을 대상으로 워크숍을 진행한 적이 있었다. 우리가 이용한 교육실 '화이트 룸'은 벽 전체에 화이트보드 페인트가 칠해진 곳이었다. 우리는 그곳에서 절대 지워지지 않는 마커를 사용해 버리고 말았다. 내 생각에는 이 사건 때문에 앞으로 레고에서 우리를 본사로 부르는 일은 절대 없을 것 같다).

이렇게 내가 그동안 이룬 성과를 소개하는 이유는 단순히 독자들에게 겸손한 자세로 자랑하기 위해서가 아니다(솔직히 겸손하게 말한 것 같진 않다. 인정한다). 이런 나도 수많은 실수와 실패가 있었다는 것을 보여주고 싶었다.

30대 중후반에 접어들자 일하는 방식 여기저기서 문제가 터져 나오기 시작했다.

회사가 집약적으로 빠르게 성장하면서 내가 받는 스트레스도 함께 늘었다. 사업 운영에 관여하는 사람으로서 회사에 최고의 전략을 제공해야 했지만, 나는 몇 분 간격으로 쏟아지는 이메일을 처리하는 것만으로도 벅찼다. 빠른 회신을 바란다는 이메일에 답장을 보내고, 팀원들의 요청을 모두 들어주다 보니 정작 내 업무는 뒷전으로 미뤄졌다. 직장인과 엄마라는 역할 사이에서 균형을 잡기 위해 노력했지만, 일에서 성취감을 느끼기는커녕 내 목표가 무엇이었는지조차 잊어버리는 지경에 이르렀다. 하지만 이런 상황에서도 나는 무의식적으로 SNS에 접속해 새로 올라온 피드가 없는지 확인했다.

박사 학위까지 갖춘 진정한 심리학 덕후인 나는 이 문제를 해결하기 위해 심리학 학술지를 뒤져보기 시작했다. 팟캐스트 진행을 시작하면서 생산성 향상에 관심이 커졌다. 그래서 고객들이 디지털 방해물을 이겨낼 수 있도록 돕는 새로운 컨설팅 상품을 개발했다. 또한 인벤티움 직원들에게는 일에 쉽게 몰입하는 방법을 가르쳤다. 이렇게 한동안 오로지 생산성 향상에만 몰두하며 하루하루를 보냈다. 더 나은 업무 방식은 없을지 끊임없이 실험하고 고민하면서 업무 만족도를 높이기 위해 노력했다.

그때는 개인적으로도 생산성 향상 전략이 간절히 필요했던 시기였다. 2019년 8월, 내 딸의 아버지인 남편 프랭키와 이혼했다. 딸과 매일 만나던 시간이 절반으로 줄었고 싱글 맘의 삶에 적응해야 했다. 때마침 호주에도 코로나19 팬데믹이 발생해 250일이 넘도록 이동을 금지하는 봉쇄 조치가 내려졌다. 나는 코로나19와 싸우면서 동시에 우리 회사를 살리기 위해 사업 방식을 완전히 전환해야 했다.

2020년 중반쯤 인벤티움 대표와 나는 주 5일 종일 근무에 해당하는 급여를 받으면서 근무는 주 4일만 하는 주 4일 근무제를 시범 운영하기로 했다. 우리는 일하는 방식을 바꿔야 했고 이를 실천에 옮겼다. 6개월간의 시범 운영 기간 동안 직원들의 생산성은 무려 26퍼센트나 증가했다. 대표와 나는 이 결과를 바탕으로 주 4일 근무제를 영구적으로 도입하기로 했다.

주변 상황은 혼란스러웠고 그 와중에 나는 5일 동안 하던 일을 4일 만에 해내야 했다. 이런 상황에서 시간을 현명하게 사용하는 방법은 내게 초능력이 되어주었다. 팟캐스트에서 만난 유명 인사들이 일하는 방식을 배우고 이를 뒷받침하는 연구 결과를 읽어보면서, 시간을 현명하게 사용하는 것이 초능력을 발휘하는 것과 같다는 사실을 알게 되었다.

팟캐스트 인터뷰를 통해 배운 성공한 사람들의 업무 비결은 크게 7가지로 분류된다. 가장 먼저 1장 '우선순위'에서는 세계 최고의 위치에 오른 사람들은 무엇을 목표로 삼고, 어떤 부탁을 수락하고 거절하는지 알아본다. 그다음에 2장 '구조화'에서는 이들이 일간, 주간, 월간, 연간 계획을 능동적으로 세우는 방법을 배워본다. 3장 '효율화'에서는 독특하면서도 새로운 방식의 시간 절약 비법을 다룬다. 4장 '집중'에서는 최고의 성과를 내는 사람들이 어떻게 디지털 방해 요소를 차단하고 중요한 일에 집중하는지 살펴본다. 5장 '성찰'에서는 내 팟캐스트 채널에 출연했던 게스트들이 부정적 자기 대화와 가면 증후군을 극복한 방법을 소개한다. 6장 '연결'에서는 탄탄한 인맥을 구축하는 법, 새로운 사람들과 쉽고 빠르게 가까워지는 법에 대해 배운다. 마지막으로 7장 '에너지'에서는 팟캐스트에서 인터뷰 했던 게스트들이 일을 하면서 더 많은 기쁨과 감사, 에너지를 느끼기 위해 사용한 여러 전략을 알아본다.

이 책을 첫 장부터 차례대로 읽어도 좋고 공감이 가는 부분이나 도움이 가장 필요한 부분부터 먼저 읽어도 좋다. 예를 들어 2장에서는 1장에서 다룬 우선순위에 관한 내용을 바탕으로 직접 자신의 업무 우선순위를 생각해 보는 시간을 가질 것이다. 또한 4장에서 방해 요소를 최소한으로 줄이는 법을 배우면 나머지 장에서 소개하는 여러 전략을 보다 효과적으로 활용할 수 있다.

한 번에 한두 가지 방법만 선택해서 1~2주 정도 실험해 보자. 그런 다음 자신과 맞는 방법이라고 생각되면 습관으로 자리 잡을 때까지, 또는 새로운 전략으로 넘어가고 싶어질 때까지 계속 실천해 보자.

이 책을 개인적인 안내서로 삼기 바란다. 세계 최고의 전문가들이 일하는 방식이 이 책에 모두 담겨 있으므로 이대로만 따라 하면 반응적인 삶이 아닌 능동적인 삶을 살 수 있다. 업무 생산성이 향상될 뿐만 아니라 개인적인 삶도 더 풍요로워지는 부수 효과도 누릴 수 있다. 사랑하는 사람들에게 더 많은 시간과 에너지를 쏟을 수 있게 되고 당신이 가장 즐기는 여가 활동을 할 시간도 생길 것이다.

자, 이제 수다는 그만 떨고 시간을 현명하게 사용하는 방법을 본격적으로 배워보자.

차례

추천사   6
머리말   10

1장 우선순위 **무엇이 더 중요한지 파악하라**

목표 설정 대신 시스템을 세워라   31
휴리스틱으로 번아웃을 예방하는 법   36
개인 이사회가 필요한 이유   41
중요한 결정에 필요한 4F 의사 결정법   45
더 나은 결정으로 이끄는 네 가지 질문   49
해야 하는 일인지 한 번 더 질문하라   53
보이지 않는 빙산까지 고려하라   56
후회 없는 결정을 내리는 법   60
꼭 참석해야 하는 회의를 고르는 법   64
건강하게 불균형한 삶을 추구해야 하는 이유   68
금요일 오후를 잘 활용하는 법   72
큰 그림을 보는 규칙적인 습관의 힘   76
'할 수도 있는 일' 목록   80
할 일 목록에 상한선이 필요한 이유   83
| 핵심 정리 | 87

2장 구조화 생산적인 하루를 만들어라

크로노타입에 따라 하루를 계획해야 하는 이유   97

효과적으로 시간을 활용하는 스위치 로그 기법   102

매일 하이라이트를 만들어라   106

시급 10만달러 작업보다 1만 달러 작업을 많이 하는 법   110

일정표에서 불싯 업무를 없애라   114

시간을 도둑맞지 않는 법   117

매시간을 생산적으로 만드는 법   121

휴식 시간을 나중으로 미루지 마라   124

하루를 정신없이 보내지 않는 법   128

무의미한 이메일 확인를 멈추는 법   131

하루의 시작이 그날을 결정한다   136

퇴근 시간도 미리 준비하라   139

| 핵심 정리 | 143

3장 효율화 더 빠르고 스마트하게 일하라

좀비 사냥에 나서야 하는 이유   151

반복 업무에 시간을 낭비하지 마라   155

티타임 초대를 거절해야 하는 이유   159

쓸모없는 회의를 획기적으로 줄이는 법   162

누구의 시간도 낭비하지 마라   166

동영상으로 회의를 대체하라   170

회의는 몰아서 잡아라   174

효율적으로 회의를 진행하는 세 가지 규칙   177

할 일 목록에 논의할 일 항목이 필요한 이유   182

메일을 세 가지로 분류하라   186

시간 낭비를 줄이는 간단한 전략   190

아주 작은 습관의 힘   194

읽은 내용을 오래 기억하는 법   198

생산성 초능력을 발휘하는 법   202

| 핵심 정리 | 205

4장   집중 원하는 것에 몰입하라

스마트폰과의 관계를 새로 정립하라   215

스마트폰은 당신의 생각만큼 필요하지 않다   218

고무줄로 디지털 중독에서 벗어나는 법   221

눈앞의 사람에게 집중하라   224

스마트폰을 재미없게 만들어라   227

무의미한 스크롤링을 멈추는 법   230

휴가 중 이메일 확인을 멈추는 법   234

사람에겐 고독의 시간이 필요하다   237

몰입할 수 있는 환경을 만드는 법   241

기기를 나눠 업무 집중도를 높이는 법   244

완벽주의에서 벗어나는 법   247

업무 정체기를 뛰어넘는 매뉴얼을 만들어라   250

고군분투 타이머를 사용해야 하는 이유   253

불편한 감정을 잘 다루면 생산성이 올라간다   256

음악 한 곡으로 업무에 몰입하라   260

색다른 방법으로 창의성을 높여라   264

당신이 일을 미루는 진짜 이유   267

| 핵심 정리 | 271

5장 성찰 내면을 들여다보라

일 년에 한두 번은 인생을 점검하라 281

생각을 바꾸면 약점은 강점이 된다 285

회의실에서 가장 똑똑한 사람이 되어 나가라 288

나다운 것이 가장 좋은 것이다 292

두려움은 최고의 상황 앞에 찾아온다 295

피드백을 구하기 좋은 시기 298

건설적인 피드백을 끌어내는 법 300

부정적인 피드백을 환영하라 304

더 나아가고자 하는 힘 308

하기 싫은 일을 하게 만드는 주문 312

우리는 모두 죽는다는 것을 기억하라 316

| 핵심 정리 | 319

6장 연결 더 나은 관계를 만들어라

나 사용 설명서가 필요한 이유 327

독특한 방법으로 소통하라 331

모두를 행복하게 만드는 법 335

자신을 고립된 섬처럼 여기지 마라 339

상대를 어떻게 도울 수 있을지 고민하라 342

더 나은 인맥을 형성하는 법 346

상대와 빠르게 친밀해지는 법 351

진부한 스몰 토크를 피하는 법 354

낯선 행사에 대처하는 법 357

홀수 무리를 공략하라 361

흥미로운 이메일을 쓰는 법 364

| 핵심 정리 | 369

7장 에너지 당신의 불꽃을 유지하라

포스트잇으로 회복 탄력성을 높이는 법   379

만족스러운 삶의 요인을 사수하라   383

힘들고 어려운 일을 즐기면서 하는 법   387

힘든 일을 지속하기 위한 최적의 속도   390

습관을 확실하게 정착시키는 법   394

진지할수록 유머를 더해야 하는 이유   399

설렘 폴더가 필요한 이유   402

감사 습관으로 생산성을 높이는 법   406

우리가 지각해도 아무도 죽지 않는다   410

돈을 내고 시간을 사야 하는 이유   414

성가신 작은 일도 용납하지 마라   418

'할 수 없습니다' 대신 '하지 않습니다'   423

'하지만'의 위력   428

하지 않을 일 목록을 만들어라   431

| 핵심 정리 | 434

맺음말   440

참고 자료   443

참고문헌   444

감사의 말   458

TIME

1장

우선순위

무엇이 더 중요한지 파악하라

WISE

아침에 눈을 뜬 당신. 최고의 하루를 만들겠다고 다짐하며 자리에서 일어난다. 오늘은 회사에서 중요한 발표를 할 예정이다. 당신은 침대에서 나오자마자 발표 자료를 확인하기 위해 컴퓨터를 켠다. 그러나 얼마 못 가 휴대전화 벨 소리가 울린다. 상사에게서 걸려온 전화다. 상사는 급한 일이라며 지금 당장 처리해 달라고 당신을 재촉한다[상사는 내년에 팀원들에게 보낼 이메일에 넣을 웃기는 밈(인터넷에 떠도는 각종 재미있는 사진 또는 영상—옮긴이)을 찾는 일도 급한 일이라고 생각하는 사람이다].

당신은 짜증 나는 마음을 애써 감추며 전화를 끊은 뒤 상사의 부탁을 들어주기로 한다. 그 순간 갑자기 '정말 급한 업무가 있을 수 있으니 이메일을 잠깐만 확인해야겠다'라는 생각이 들어 회사 이메일에 접속한다. 아니나 다를까. 예상대로 받은편지함에는 지금 당장 처리해야 할 것처럼 보이는 이메일이 가득 쌓여 있다.

당신은 메일함에서 결국 길을 잃고 만다. 그때 불현듯 상사가 부탁한 일이 떠올라 메일 확인을 멈추지만 갑자기 잡힌 화상 회의로 당신은 또다시 방해받는다. 그 후로도 예상치 못한 일이 연이어 일어난다. 하나를 해결하면 또 하나가 발생하는 식이다. 겨우 정신을 차리고 시계를 보니 벌써 오후 3시. 그때야 비로소 당신은 정작 중요한 발표 준비는 아직 시작도 못했다는 사실을 깨닫는다.

어쩐지 당신의 하루와 비슷해 보이는가? 만일 그렇다면 당신만 그런 것이 아니다. 이미 많은 사람이 이렇게 밀려오는 일을 처리하느라 정신없는 하루를 보내고 있다. 심지어 대부분은 자신들이 이렇게 살아가고 있다는 사실조차 깨닫지 못하고 있다. 왜냐하면 단 한 번도 쳇바퀴 같은 삶에서 벗어난 적이 없기 때문이다.

이제는 쳇바퀴에서 내려와 반복되는 삶에 멈춤 버튼을 누르고 정말 중요한 일에만 집중해야 할 때다.

이 장에서는 먼저 이 책의 전반적인 내용을 살펴보고 목표 설정이 항상 성공으로 이어지지 않는 이유를 알아본다. 그렇다. 목표 달성 전략으로 유명한 SMART 전략은 사실 이름처럼 영리하지 않다. 그다음에는 현명한 의사결정을 내리는 전략을 잠시 살펴본다. 더 나은 결정을 내리거나 '수락'과 '거절'을 쉽게 판단하는 방법을 배워본다.

또한 자기 업무에 온전히 집중하기 위해 적극적으로 대처하는 방법도 다룬다. 나처럼 타인의 부탁을 거절하지 못하는 사람들을 위해 현명하게 거절하는 비결을 알아보고, 넘쳐나는 회의 지옥에서 빠져나올 수 있도록 불필요한 회의를 추려내는 방법도 살펴본다.

이 같은 전략들은 엉망이 된 당신의 하루, 일주일, 한 달을 금세 정상으로 돌려줄 것이다. 그뿐만 아니라 쳇바퀴 돌듯 살던 당신의 삶에 놀라운 변화를 가져다줄 것이다.

목표 설정 대신
시스템을 세워라

성공하고 싶다면 먼저 목표를 세워야 한다는 말에 당신도 동의하는가? 사실 이 말은 모든 자기계발 전문가가 강조하는 바다. 아마 대부분의 관리자급 직장인들도 이 주장에 고개를 끄덕일 것이다. 우리는 목표를 SMART 전략에 따라 세워야 한다고 배웠다. 목표는 구체적이고Specific, 측정 가능하며Measurable, 달성 가능하고Achievable, 개인이나 조직의 가치와 연관되고Relevant, 마지막으로 시간제한Time-bound이 있어야 한다. 이렇게 목표를 세웠다면 그다음 단계는 최선을 다해 실천하는 것뿐이다.

그러나 미국 뉴욕대학교 스턴경영대학원 마케팅 교수이자 베스트셀러 작가인 애덤 알터Adam Alter는 이러한 SMART 전략에 반대 의견을 내놓았다. 알터는 목표가 우리에게 방향을 알려주는 이정표 역할을 하는 것은 맞지만 목표 설정이라는 개념에 문제가 있다고 주장한다.

"저는 단지 목표를 설정하는 것만으로는 목표를 달성할 수 없다고 생각해요. 목표를 달성하기 전까지 우리는 필연적으로 실패할 수밖에 없어요. 목표를 향해 나아가는 과정에서 계속 실패를 마주하죠. 여러 번의 실패 끝에 마침내 목표에 다다르면 비로소 성공하는 거예요. 하지만 그 성취감은 금세 사라지고 말아요. 자신이 목표를 달성했다는 사실이 더는 즐겁고 기쁘지 않은 거죠."

알터의 말에 따르면 목표를 달성하더라도 만족하지 못하는 현상은 목표의 크기와 상관없이 일어난다. 목표에 도달하기 전까지는 계속 실패를 겪기 때문에 자기 자신이 형편없는 사람처럼 느껴진다. 그래서 마침내 목표를 이룬다고 하더라도 성취감은 그리 오래가지 않으며 곧장 새로운 목표를 또 세운다! 자기 자신을 실패한 상태로 되돌려놓는 것이다. 이렇게 목표를 세우고, 실패하고, 성공하고, 또다시 새로운 목표를 세운 뒤 실패의 상태로 돌아가 성공하는 과정을 끝없이 반복한다.

물론 자신이 무엇을 성취하고 싶고 어느 방향으로 가고 싶은지 잘 안다면 목표 달성에 도움이 된다. 그러나 목표 설정이 목표를 달성하는 가장 좋은 방법은 아닐 수 있다. 그래서 알터는 매달 몇 시간씩 할애해서 자신이 어떤 방향으로 가고자 하는지, 자신이 가진 자원과 노력을 어떻게 분배하고 싶은지를 생각했다.

이때 그는 목표를 세우지 않고 시스템을 만들었다.

알터는 목표 설정과 시스템의 차이를 이렇게 설명했다. "예를 들어 '10만 자 쓰기'를 목표로 정했다면 '매일 아침 한 시간 동안

500자 쓰기'라는 시스템으로 살짝 바꿔보는 겁니다. 이렇게 하면 결국 10만 자를 쓰게 되는데도 사람들은 대부분 이런 식으로 생각하지 않아요. 저는 이렇게 저만의 시스템을 세워서 원하는 바를 이뤄냅니다."

달성 가능한 시스템을 만들면 일일 목표를 완수하면서 계속 발전해 나가는 자신의 모습을 분명하게 확인할 수 있다. 알터는 사람들이 단순히 목표만 설정했을 때보다 시스템을 활용할 때 더 큰 성취감을 느낀다고 보았다. 또한 의욕이 상승할수록 결과의 질도 좋아진다.

알터는 곧 출간 예정인 다음 책을 집필할 때에도 2년 안에 책을 출간하겠다고 스스로 선언했다. 어떻게 보면 목표 설정을 한 것이나 다름없다(참고로 그가 쓴 책 『멈추지 못하는 사람들Irresistible』과 『만들어진 생각, 만들어진 행동Drunk Tank Pink』은 《뉴욕타임스》 베스트셀러에 올랐다). 알터는 이 목표를 달성하기 위해 '2년 안에 책 한 권을 내려면 몇 자를 써야 하지? 언제 쓰는 것이 좋을까? 이 목표를 달성하려면 어떤 시스템이 필요할까?'라고 자기 자신에게 질문을 던졌다.

그리고 다른 사람들처럼 장기 계획을 세우는 대신 일일 계획, 즉 시스템을 세웠다. 알터가 이 계획을 매일 실천한다면 시스템은 그가 원하는 결과를 만들어낸다. 이렇게 시스템을 이용하면 절대 실패할 수 없다.

캐나다 토론토대학교 게리 레이섬Gary Latham 교수와 뉴펀들랜드메모리얼대학교 트레버 브라운Travor Brown 교수는 경영대학원 신입생 125명을 대상으로 실험을 했다. 이들은 학생들이 실제로 목표 대신 시스템을 세웠을 때 어떤 결과가 나타나는지 알고 싶었다. 두 교수는 학생들을 두 그룹으로 나누고, 첫 번째 그룹에는 효과적인 학습 전략을 세운 뒤 이를 적용하는 일에 집중하도록 했다. 그리고 두 번째 그룹에는 목표 성적 달성하기처럼 1년 후 이루고 싶은 목표, 즉 장기 목표를 세우도록 했다(나는 실험 참여자들 모두 목표 지향성이 강한 예비 전문 경영인들이기 때문에 두 번째 그룹이 더 높은 성적을 받을 것이라고 조심스럽게 예상했다).

하지만 연구 결과는 내 예상과 달랐다. 놀랍게도 시스템을 만드는 데 집중한 학생들이 높은 성적을 받겠다는 목표를 세운 학생들보다 학업 성취도가 더 높았다.

단순히 목표를 세우는 것보다 구체적인 시스템을 만들고 실천했을 때 더 나은 성과가 나타나는 이유는 무엇일까? 예를 들어 당신의 시스템이 매일 저녁 두 시간씩 공부하는 것이라고 가정해 보자. 하루 단위로 본다면 겨우 두 시간 공부한 것에 불과하지만 그래도 이 시스템은 당신이 매일 목표를 달성한 것처럼 느끼게 한다. 성취 가능한 대상이라고 생각하기 때문에 동기부여가 되는 것이다. 반면 이번 학기에 A+ 성적을 받겠다는 목표를 세웠다면, 최종 성적이 부여되는 학기 말이 너무 먼 미래처럼 느껴지기 때문에 쉽게 동기부여가 되지 않고 그에 따라 학습 의욕도 줄어든다.

① 꼭 이루고 싶은 중요한 일 한 가지를 떠올려보자. 알터처럼 책 쓰기일 수도 있고, 마라톤 완주, 또는 회사에서 맡은 중요한 발표를 성공적으로 마치는 일일 수도 있다. 호주의 유명 파티시에 아드리아노 줌보Adriano Zumbo가 호주 마스터셰프 시즌 1에서 만든 크로캉부슈 '타워 오브 테러Tower of Terror' 따라 만들기 같은 계획을 세워도 좋다(크로캉부슈는 마카롱에 잼이나 시럽을 곁들여 높게 쌓아 올린 케이크로, 혹시 이 케이크를 만드는 데 성공했다면 그 식사 자리에 나를 꼭 초대해 주기 바란다).

② 마지막 순간까지 지속할 수 있는 당신만의 시스템을 만들어보자. 가장 이상적인 방법은 매일 반복하는 것이다. 만약 이것이 어렵다면 루틴을 만들어 규칙적인 일정에 따라 실천해 보자. 마라톤을 준비하는 사람이라면 매일 일정한 거리를 뛰겠다는 계획을 세워 점차 실력을 쌓을 수 있다. 중요한 발표를 앞둔 사람이라면 매일 아침 30분씩 발표 연습을 하겠다는 계획을 세울 수 있을 것이다.

③ 중간 점검을 하자. 처음 세운 시스템대로 진행했을 때 기한 안에 완수할 수 있는지 중간에 확인하는 시간을 갖자.

휴리스틱으로
번아웃을 예방하는 법

　조직심리학자이자 미국 펜실베이니아대학교 와튼스쿨 교수 애
덤 그랜트Adam Grant는 남을 돕기 위해 시간을 내주는 사람, 즉 '기버
Giver'로 유명하다. 그는 심지어 기버의 장점을 담은 책 『기브 앤 테
이크Give and Take』를 출간하기도 했다. 그러나 이런 이력 때문에 그는
주변 사람들에게서 시간을 내달라는 부탁을 많이 받는다. 많아도
너무 많아서 모든 요청에 응할 수 없을 정도다. 나는 그랜트를 보면
서 자칭 기버라고 말하는 사람들이 다른 사람의 요청을 어떤 기준
으로 승낙하고 거절하는지 궁금했다.

　그랜트는 내게 다음과 같이 말했다. "저는 한때 사람들의 부탁을
받으면 그 내용이 무엇이든 항상 '네, 알겠어요'라고 대답했어요. 그
러나 제가 점점 바빠지고 학계에서도 점차 인정받게 되면서 사람들
의 부탁을 모두 들어줄 수 없다는 사실을 알게 되었죠. 모든 부탁을

처리하기에는 하루에 낼 수 있는 시간이 물리적으로 부족했거든요."

그랜트는 심리학 개념이자 일상에서 널리 활용되고 있는 휴리스틱Heuristics 이론을 떠올렸다. 휴리스틱이란 의사결정을 빠르게 내리고 문제를 효율적으로 해결할 수 있게 도와주는 일종의 심리적 지름길이다. 그는 『기브 앤 테이크』를 집필할 당시 성공한 기버와 실패한 기버의 차이점을 찾기 위해 자료를 조사하던 중 휴리스틱을 발견해 자신의 삶에 적용했다. 그가 찾은 자료에 의하면 성공한 기버는 자기 이익을 챙길 줄 아는 이기적 이타주의자인 반면, 실패한 기버는 한없이 베풀기만 하는 어리석은 이타주의자다. 실패한 기버는 결국 남의 도움을 받기만 하는 테이커Taker에게 모든 에너지를 빼앗기는 불운을 겪는다.

그랜트는 성공한 기버인 이기적 이타주의자가 되기 위해 먼저 자신이 도울 사람들을 정해놓았다. 이에 대해 그는 다음과 같이 설명했다. "저는 제가 도울 사람들을 단계별로 구분해 놓았어요. 가족이 제일 우선이고, 그다음에는 학생, 세 번째는 동료, 마지막은 그 밖의 모든 사람이에요. 이 명단에 친구가 없다는 사실을 어느 순간 깨닫고는 친구들에게 매우 미안한 마음이 들긴 했어요. 하지만 곰곰이 생각해 보니 제가 친구들과 우정을 나누는 건 그들을 돕기 위해서가 아니라 그들과 그저 친구로 지내고 싶기 때문이더군요."

또한 그랜트는 자신이 모든 사람에게 똑같이 관대할 수 없다는 사실을 인정한다. 그는 자신이 동료 교수들보다 학생들에게 더 큰 호의를 베푸는 모습 때문에 동료들이 자신을 안 좋게 바라볼까 봐 더는 걱정하지 않는다. "저는 다른 동료 교수들에게 영감을 주기 위해 교수가 된 것이 아니에요. 제가 학생일 때 훌륭한 선생님들께 많은 영향을 받았듯 저 또한 학생들에게 그런 영향을 주고 싶어서 교수가 된 거죠."

그랜트는 사람들에게 도움을 주는 방법과 시기도 고려한다. 즉 자신의 도움으로 상대의 일에 특별한 가치가 더해지거나, 내 일에 쏟아야 할 에너지나 기량을 빼앗기지 않는 경우에만 돕는다.

이 같은 원칙을 세우기 위해 그는 지금까지 사람들의 부탁을 승낙했던 여러 상황을 떠올리면서 언제 돕는 일이 즐거웠고 좋은 결과로 이어졌는지 생각해 보았다. 그 과정에서 남들도 도울 수 있는 일이었거나 즐거운 마음으로 임하기 어려운 부탁을 승낙했을 때 자신의 도움이 별 영향을 미치지 못했음을 깨달았다.

결국 그랜트는 다음의 두 가지 상황에 해당할 때만 남들에게 도움을 주기로 했다. 첫 번째는 지식을 공유하는 경우다. 예를 들어 그는 학생들에게 주로 '교수님, 직장 심리학에 관해 궁금한 점이 있어요. 혹시 빈칸 채우기Fill in the blank 문제를 다룬 심리학 연구에 대해 아시는 바가 있으신가요?' 같은 내용의 이메일을 받는다. 그러면 그랜트는 이렇게 답한다. '그럼요. 제가 여러 논문을 읽으면서 혹시 이 정보를 궁금해하거나 활용할 수 있는 분에게 드리려고 관련 자료를 모두 모아두었어요.'

그랜트는 또한 서로에게 도움이 되는 사람들을 연결해 주는 방식으로 도움을 준다. "저는 업무 특성상 다양한 업계 종사자들을 만납니다. 이때 서로에게 도움이 될 것 같거나 함께 작업할 때 의미 있는 결과물을 만들 수 있을 것 같은 사람들을 연결해 주는 일이 정말 재미있어요."

그랜트가 이어서 말했다. "저는 이렇게 제가 아는 지식을 공유하거나 상대를 도와줄 만한 다른 사람을 소개할 수 있을 때는 기꺼이 도와드립니다. 하지만 이 두 가지 상황에 해당하지 않는 부탁을 받으면 거절 의사를 전합니다."

팟캐스트에서 그랜트를 인터뷰한 후 몇 주 뒤, 나는 그가 두 가지 원칙을 실천하는 모습을 직접 목격했다. 당시 와튼스쿨 소속 연구원이자 그랜트의 절친한 동료인 렙 리벨Reb Rebele이 내가 사는 호주 멜버른으로 이사 오려던 참이었다. 그랜트는 리벨에 관해 정성 들여 작성한 4쪽 분량의 추천서를 내게 보냈고 그와 만나줄 수 있는지 물었다(맞다. 추천서가 무려 4쪽이나 됐다! 심지어 줄 간격도 한 줄로 설정되어 있었다!). 나는 그에게 리벨과 가능한 한 빨리 만나고 싶다고 답했다. 그로부터 약 2년이 지난 지금, 나는 여전히 리벨과 매달 만나며 서로에게 지적 자극을 주는 사이로 지내고 있다. 모두 그랜트가 자신이 세운 원칙을 실천해 준 덕분이다.

실천하기

①   당신이 중요하게 생각하는 가치가 무엇인지, 어떤 대상을 도왔을 때 당신의 도움이 가장 의미 있게 쓰일 것 같은지 고민해 보자. 친구, 가족, 동료, 고객, 자녀, 배우자, 심지어 당신이 키우는 반려동물도 대상에 포함될 수 있다. 당신과 직접 관련이 없는 외부 집단을 선택해도 괜찮다. 이 중에서 당신

의 도움이 꼭 필요하다고 생각하는 대상을 4~5가지 정도 고른 뒤 우선순위를 정해보자.

② 당신만이 도울 수 있는 일이 무엇일지, 어떤 부탁을 들어주었을 때 가장 기쁠 것 같은지 생각해 보자.

③ 앞서 생각해 본 것을 바탕으로 나만의 휴리스틱 원칙을 만들어보자. 경험과 직관에 따라 의사결정을 내리는 휴리스틱을 이용하면, 당신이 시간을 들여야 하는 부탁을 받았을 때 수락 여부를 빠르고 효과적으로 결정할 수 있다.

개인 이사회가
필요한 이유

금요일 오후, 당신에게 주말 내로 결정해야 하는 중요한 일이 생겼다. 경쟁사에서 이직 제안을 받은 것이다. 이 소식을 들은 현재 회사에서는 연봉의 20퍼센트를 인상해 주겠다고 한다. 이 또한 꽤 매력적인 제안이라 고민이 깊어진 당신. 이제 이틀 내로 결정을 내려야 한다.

당신은 두 가지 선택지 중에서 좀처럼 갈피를 잡지 못한다. 상사와의 의리 때문에 결정을 내리는 일이 더 어렵게 느껴진다. 친구들과 가족에게 조언을 구해볼까 생각해 봤지만 객관적인 조언을 받기 어려울 것 같아 마음을 접었다. 바로 이때 당신에게 필요한 것이 미국 컬럼비아대학교 교수 리타 맥그래스Rita McGrath가 처음 만든 개념인 개인 이사회Personal Board of Directors다.

맥그래스는 "크고 복잡한 문제로 고민할 때 나만의 개인 이사회가 있다면 도움이 된다"며, 이들은 "내가 믿고 따를 수 있는 조언을 해주고 함께 의견을 나눌 수 있는 사람들"이라고 설명했다.

그녀는 개인 이사회를 우리가 익히 알고 있는 회사의 이사회 역할에 비유했다. "이사회가 제대로 운영되는 법인의 이사진은 회사의 미래를 장기적인 관점에서 바라보고 고민합니다. 이들은 회사가 발전하는 과정에서 놓치거나 빠트린 부분은 없는지 지적하고 회사를 위해 일하면서 쌓아온 본인의 경험과 지혜를 나누죠. 저는 이런 점이 개인 이사회와 비슷하다고 생각해요."

맥그래스는 그녀가 피드백을 받고 싶을 때 연락할 수 있는 사람들로 개인 이사회를 구성했다. 이들은 맥그래스에게 귀중한 관점이나 전문성을 갖춘 인물을 소개해 줄 수 있고, 그녀에게 없는 인적·물적 자원을 활용할 수 있다. 그녀는 자신의 이사진에 대해 이렇게 설명했다. "우리의 관계는 일반적인 소개로 만난 사람들보다 훨씬 깊고 진지해요. 이들의 조언을 따르면 실제로 고민하던 문제가 해결돼요."

나는 맥그래스가 한 달에 한 번 그녀의 개인 이사회를 소집해 화려한 고층 빌딩의 맨 위층에 있는 자신의 사무실에서 회의를 여는 모습을 상상해 보았다. 커다란 테이블에 둘러앉아 비서가 가져다주는 오트 라테를 마시며 몇 시간씩 의견을 주고받는 모습이지 않을까? 그러나 맥그래스는 개인 이사회가 이런 식으로 진행되지 않는다고 한다. 그녀는 자신의 결정에 대해 솔직한 의견이 필요할 때 일 년에 두세 번 정도만 만나 이들에게 조언을 구한다.

맥그래스의 개인 이사회는 그녀가 비공식적으로 구성한 단체라는 점에서 보통의 법인 이사회와는 다르다. 실제로 그녀가 자신의 이사진으로 선정한 사람들은 본인이 맥그래스의 개인 이사회에 속하는지도 모른다. 그러나 꼭 맥그래스의 방식대로 운영할 필요는 없다. 그보다 더 중요한 것은 개인 이사회에 누구를 포함할 것인지 신중하게 결정하고, 커리어에서 중요한 결정을 내려야 할 때 이들에게 의지하는 것이다.

실 행 하 기

① 향후 1년 또는 몇 년 동안 커리어에서 중요한 결정을 내려야 하거나 내릴지도 모르는 문제가 있는지 생각해 보자. 이직, 직업 변경, 새로운 프로젝트 합류, 창업, 심지어 에뮤(타조처럼 날지 못하는 새로 호주에만 서식한다―옮긴이) 농장 설립 투자 여부를 결정하는 문제까지 폭넓게 고려해 본다.

② 나에게 남다른 영감을 주고 시야를 넓혀줄 수 있는 사람을 찾아보자. 나와 다른 생각을 하는 사람들과 어울리며 인지적 다양성을 추구하는 것이 좋다. 여러 유형의 조언을 얻을 수 있도록 서로 다른 경험과 전문성을 가진 사람들을 모아보자. 만약 에뮤 농장에 투자할지 고민 중이라면 농장주에게 직접 접근하지 않는 것이 좋다. 그들은 당신의 이익에 관심이 없을 가능성이 크기 때문이다.

③ 내가 원하는 연락 빈도와 만남 형식을 구체적으로 결정한 다음 이를 바탕으로 개인 이사회를 구성할 수도 있다. 원한다면 개인 이사회의 이사진에게 어떤 방식으로든 사례하는 것도 좋다. 이들과의 관계를 비공식적으로

유지해도 되고, 이들에게 당신의 개인 이사회에 뽑혔다는 사실을 알리지 않아도 된다.

중요한 결정에 필요한
4F 의사 결정법

과거에 중요한 결정을 내렸던 때를 떠올려보자. 직업을 바꿔야 하는지, 아이들을 어느 학교로 보내야 하는지, 연인과 동거해도 될지, 더 나아가 세계 최대 전자상거래 기업 아마존Amazon의 창업자인 제프 베이조스Jeff Bezos처럼 배우자와 이혼하고 화성으로 이주할지 고민했을 수 있다. 이때 당신은 이런 중요한 결정들을 어떻게 내렸는가?

에밀리 오스터Emily Oster는 미국 브라운대학교 경제학과 교수다. 놀라운 점은 그녀의 아버지와 어머니, 심지어 남편까지 모두 경제학자라는 사실이다. 나는 속으로 오스터의 가족들이 모이면 인포그래픽 차트를 띄워놓고 통계 문제에 대해 열띤 토론을 벌이지 않을까 상상했다(말 그대로 내 상상일 뿐이다).

오스터의 독특한 가정 환경을 생각할 때 그녀가 의사결정 절차에 따라 선택하는 모습은 별로 놀랍지 않다. 오스터는 인생에서 중요한 결정을 내릴 때마다 자신이 만든 '4F 의사 결정법'을 따른다.

4F 중 첫 번째 F는 제대로 질문하기Frame the Question이다. 오스터는 '질문하는 것이 겉으로는 쉬워 보이지만 막상 제대로 하는 사람은 별로 없다'라고 말했다. 예를 들어 이직을 고민하는 사람들은 대부분 이직을 할지 말지를 고민하는데, 사실 여기에는 중요한 문제가 있다. 바로 이직 말고도 다른 선택지가 있다는 사실을 모른다는 것이다.

"'지금 직장을 계속 다닌다'와 같은 구체적인 선택지(A)와 '이직한다'처럼 미래에 어떤 일이 발생할지 모르는 추상적인 선택지(B) 사이에서 고민하면 안 됩니다. 제대로 질문하려면 서로 다른 구체적인 선택지 사이에서 절충점을 찾는 방식으로 질문해야 해요."

두 번째 F는 사실 확인하기Fact Finding이다. 결정을 내리려면 관련 자료와 정보가 있어야 한다. 그래서 오스터는 선택지를 고를 때 도움이 될 자료와 증거를 모으는 데 많은 시간을 보낸다.

세 번째 F는 최종 선택하기Final Decision이다. 의사결정 과정에서 최종 선택을 내리는 일은 너무도 당연해서 첫 번째 단계와 마찬가지로 설명이 필요하지 않을 것 같지만, 의외로 많은 사람이 이 단계에서 불필요하게 시간을 지체한다. 심리학자들은 의사결정 기한을 두지 않으면 결정에 대한 만족감이 높아지는커녕 오히려 떨어질 수 있다는 사실을 발견했다.

오스터는 이에 대해 다음과 같이 설명했다. "사람들은 중요한 결정을 내려야 할 때 최종 선택을 계속 미루는 경향이 있어요. 여기서 잠깐 생각했다가 또 저기서 잠깐 생각했다가, 심지어는 샤워하면서도 고민해요. 배우자에게 의견을 묻기도 하고요." 그는 과잉 정보로 분석 능력이 마비되는 덫에 빠지지 않고 결정마저 못 내리는 상황에 처하지 않기 위해 최종 결정을 내릴 회의 일정을 미리 정해둔다. 설사 그 회의의 참석자가 자신 혼자뿐일지라도 말이다.

네 번째 단계이자 마지막 F는 후속 조치하기Follow Up이다. 오스터는 후속 조치가 필요한 이유에 대해 다음과 같이 설명했다. "중요한 결정을 내리고 나면 그것으로 끝이라고 생각하는 사람이 많아요. 자신이 내린 결정이 완벽하리라고 믿는 거죠. 물론 그럴 수도 있지만 아닌 경우가 대부분이에요. 어쩌면 당신에게도 과거에 내린 결정을 수정할 기회가 있었을 거예요. 하지만 우리는 항상 그 기회를 이용하지 않죠." 이런 이유로 그녀는 자신의 결정을 검토하고 어떻게 진행되고 있는지 확인하는 시간을 항상 갖는다.

최종 결정을 되돌아보는 시간을 가지면 문제를 발견했을 때 기존 결정만 믿고 아무 조치도 취하지 않는 것이 아니라 방향을 수정할 수 있다. 더 나아가서는 기존 결정을 버리고 새로운 선택을 내릴 수도 있다. 나는 개인적으로 마지막 단계가 문제점은 개선하고 좋은 점은 반복하며 나쁜 점은 제거할 수 있도록 도와주는 역할을 한다고 생각한다.

오스터의 4F 의사 결정법을 이용한다면 결정을 내리는 일이 (특히 어려운 결정일수록) 두렵고 회피하고 싶은 과정이 아니라 자신에게 힘을 실어주는 과정으로 바뀔 수 있다. 무엇보다도 이 절차를 통해 우리는 더 나은 결정을 내릴 수 있다.

실 행 하 기

1. 중요한 결정을 내려야 한다면 먼저 제대로 된 질문을 만들어야 한다. 이때 최소 두 가지 이상의 구체적인 선택지를 가지고 비교한다.

2. 사실을 확인한다. 의사결정에 도움이 되는 관련 자료와 정보를 찾아본다.

3. 최종 결정을 내린다. 이를 위해 의사결정에 관여하는 사람들과 최종 결정을 내릴 회의 일정을 미리 정한다. 회의 참석자가 당신 혼자뿐이라면 최종 결정 기한을 스스로 정한다.

4. 후속 조치를 한다. 최종 결정을 내렸어도 진행 과정을 추적하면서 수정할 부분은 없는지 확인하는 시간을 갖는다.

더 나은 결정으로 이끄는
네 가지 질문

행복 분야의 권위자이자 베스트셀러 작가인 그레첸 루빈 Gretchen Rubin은 장단점 목록을 작성해서 비교하는 것을 좋아한다. 하지만 그녀는 이 장단점 목록이 막상 결정을 내릴 때 별로 유용하지 않다는 사실을 알게 되었다. 특히 장점과 단점이 엇비슷하거나 사과와 오렌지처럼 너무 다른 두 가지를 비교할 때면 장단점 목록은 큰 힘을 발휘하지 못했다. 루빈이 반려견 한 마리를 새로 키울지, 얀 바밍Yarn Bombing(길거리나 공공시설물을 뜨개질로 장식하는 행위—옮긴이)을 취미로 배울지 고민할 때도 마찬가지였다. 참고로 얀 바밍은 폭격Bombing이라는 뜻의 이름과 달리 평화로운 예술 행위다. 여전히 이해되지 않는다면 인터넷에 검색해 보기 바란다.

루빈은 몇 가지 간단한 질문으로 나쁜 결정은 피하고 좋은 결정을 내릴 수 있다는 사실을 깨달았다. 그래서 그녀는 혼자 결정을 내릴 때 더 나은 선택으로 이끌어줄 질문 몇 가지를 만들었다.

더 나은 결정을 내리기 위해 루빈이 자신에게 묻는 첫 번째 질문은 '어떤 선택이 내 인생을 더 좋게 만드는가?'이다. 이 질문은 루빈이 중요하게 생각하는 핵심 가치인 더 나은 삶Better Life과 연관된다. 그녀는 반려견을 키울지 말지 결정할 때 이 질문을 이용했다면서 다음과 같이 설명했다(앞서 언급한 얀 바밍은 결국 배우지 않기로 했다).

"어떤 사람들은 반려견을 키우지 않는 것이 더 좋은 삶이라고 생각할지 몰라요. 여행도 자유롭게 다닐 수 있고 반려견을 키우는 데 들어가는 비용도 아낄 수 있으니까요. 하지만 우리 가족에게는 강아지와 함께 사는 것이 더 나은 삶이에요. 그래서 우리는 반려견을 키우기로 결정했고 지금 이렇게 강아지와 같이 행복한 삶을 살고 있어요."

루빈의 두 번째 질문은 '이 선택으로 내가 더 행복해지는가?'이다. 그녀는 관계가 깊어지거나 넓어지는 선택이라면 더 큰 행복을 가져다줄 가능성이 크다면서, 특히 무언가를 배우거나 성장하는 데 도움이 되는 일은 우리를 행복하게 만든다고 말했다.

그다음으로는 자신에게 '과정을 즐길 수 있는가?'라고 묻는다. 이 세 번째 질문은 루빈이 아버지에게서 들은 조언을 바탕으로 만든 것이다. 우리는 가끔 정말 원하는 일이 아니더라도 그 일을 하기로 결정한다. 그러고는 훗날 누리게 될 커다란 보상을 기대하며 하기 싫은 일을 억지로 하기 싫은 일을 하면서 수년을 버틴다.

루빈에게는 변호사가 되기 위해 보낸 시간이 그랬다. 지금은 전업 작가이지만 사실 그녀는 십여 년 전 변호사로 일했다. 당시 루빈은 변호사 일을 좋아하지 않았다. 미국변호사협회American Bar Association에서 발표한 통계에 따르면 청년들에게 자신의 직업을 추천하지 않겠다는 현직 변호사가 무려 44퍼센트나 된다고 한다. 루빈도 그중 한 명이었다.

그녀는 몇 년 안에 파트너 변호사로 승진할 수 있다는 가능성을 믿고 계속 버틸 수도 있었다. 하지만 변호사 일을 그만두고 전업 작가가 되기로 결심했다. 그 덕분에 이렇게 수백만 명의 독자들이 그녀의 책을 읽을 수 있게 됐으니 얼마나 다행인가. 루빈은 베스트셀러 작가가 되고 싶어 하면서도 글 쓰는 과정을 싫어하는 사람들에게 이런 말을 남겼다.

"과정을 즐기지 못하면 바라던 대로 일이 이뤄지지 않을 때 문제가 발생하는 경우가 많아요. 우리는 미래에 일어날 '결과'를 통제할 수 없어요. 하지만 '과정'은 통제할 수 있죠."

루빈은 『존 F. 케네디를 읽는 40가지 방법Forty Ways to Look at JFK』을 집필하던 당시를 떠올리며 이렇게 말했다. "판매량이 저조하긴 했지만 저는 이 책을 쓸 때 참 행복했어요. 그래서 독자들에게 외면받는 모습을 지켜보면서 너무나 슬펐죠. 그래도 이 책을 쓴 걸 후회하지는 않아요. 집필하는 내내 정말 즐거웠으니까요."

루빈이 의사결정을 내릴 때 스스로 던지는 마지막 질문은 '내가 하려는 일이 상상 속의 나를 위한 것인가? 아니면 진짜 나를 위한 것인가?'이다. 그녀는 이 질문에 대해 다음과 같이 설명했다. "어떤 선택을 할 때 진짜 내가 아닌 상상 속의 내가 원하기 때문은 아닌지 자문해요. 저에게 다시 한번 생각하라고 경고하기 위해 만든 질문이죠."

'진짜 내 모습으로 살기'는 루빈의 핵심 가치 중 하나다. 그녀는 다른 사람을 따라 하지 않고 있는 그대로의 자기 모습대로 살아야 한다고 믿는다. 좀 더 쉽게 설명하기 위해 루빈은 세일 중인 테이블 냅킨을 살지 말지 고민하는 상황을 예로 들었다. 사실 그녀는 평소에 테이블 냅킨을 사용하지 않는다. 그렇다면 테이블 냅킨을 사고 싶어 하는 사람은 진짜 나일까? 아니면 상상 속의 나일까?

실 천 하 기

① 나의 핵심 가치를 찾아보자. 핵심 가치란 자기 인생에서 가장 중요하게 생각하는 본질로, 만족스럽고 행복한 삶을 영위할 수 있게 도와준다.

② 핵심 가치를 찾았다면 이를 의사결정을 돕는 질문 형태로 만들어보자. 예를 들어 행복하게 사는 것이 당신의 핵심 가치라면 루빈의 질문 중에서 '어떤 선택이 나를 더 행복하게 할까'를 자신에게 물어본다.

③ '과정을 즐길 수 있는지'도 반드시 질문하자. 달콤한 성과는 힘든 여정의 가장 마지막 단계에 있기 마련이므로 매력적인 면만 부각된 선택지는 피하는 것이 좋다. 만약 과정을 즐겼다면 설사 목표한 바를 이루지 못하더라도 실망감이 훨씬 덜할 것이다.

1장 우선순위

해야 하는 일인지
한 번 더 질문하라

은행에 관해 이야기할 때 윤리를 가장 먼저 떠올리는 사람이 있을까? 놀랍겠지만 그런 사람이 있다. 바로 호주 코먼웰스 은행 Commonwealth Bank of Australia의 전 비상임이사 웬디 스톱스Wendy Stops 이다. 스톱스는 윤리에 대해 정말 많이 생각한다. 심지어 윤리적인 문제가 없는지 스스로 확인하는 절차를 만들어 실천할 정도다.

스톱스는 내가 진행하는 팟캐스트에서 "우리는 어떤 일을 할 때 이미 정해진 절차나 방침대로 해야 한다는 생각에 빠지기 쉽다"라고 말했다. 하지만 그렇게 일하다 보면 결정을 내려야 하는 순간에 깊이 고민하지 않고 관행대로 진행하게 된다.

이를 막기 위해 스톱스는 코먼웰스 은행에서 만든 '해야 하는 일인가Should we' 테스트를 개인적인 의사결정 과정에도 이용한다. 이 테스트는 은행 직원에게 고객의 상황이나 환경, 입장에서 생각해 보도록 한 다음 "진짜로 고객을 위해 옳은 결정을 내렸다고 생각하는가?"라고 묻는다.

스톱스는 고객이 주택 담보 대출을 받으러 은행에 온 상황을 예로 들었다. "당신이 은행원이라면 대출 심사를 문제없이 통과해 대출 집행의 마지막 단계에 다다른 고객에게도 '정말 옳은 결정을 내린 것이 맞는지?' 재차 물어봐야 해요." 다시 말해 대출 담당자라면 은행이 이 일을 할 수 있는지만 생각하지 말고, 해야 하는 일인지도 고민해야 한다는 것이다.

그녀는 덧붙여 이렇게 말했다. "이는 간단해 보이지만 실제로는 어려운 일이에요. 만약 은행이 '할 수 있는 일인지'만 생각한다면 고객 요청에 따라 대출을 집행할 수도 있어요. 고객이 '저는 그 대출이 정말 필요해요. 제발 실행해 주세요'라고 말할 수 있으니까요." 하지만 만약 은행이 '해야 하는 일인가'라고 질문을 바꿔 묻는다면, 고객이 대출금을 상환하지 못할 거라는 사실이 명백하기 때문에 대출 집행을 거절할 수도 있다. 이렇듯 '해야 하는 일인가' 테스트는 정책이나 과정을 따랐는지에서 한발 더 나아가 고민하게 만든다. 잠시 멈추고 이 결정이 정말 옳은지 신중하게 생각하도록 한다.

나는 '해야 하는 일인가' 테스트를 고객 업무뿐만 아니라 직원 관리 분야에도 활용한다. 코로나19가 전 세계를 강타했던 2020년 3월, 내가 운영하는 컨설팅 회사 인벤티움도 큰 타격을 입었다. 진행 중이던 모든 일이 말 그대로 취소되거나 연기됐고, 결국 우리 회사는 직원 네 명을 해고해야 했다. 나를 포함한 모든 직원의 가슴을 아프게 하는 결정이었다.

나는 이 상황에 '해야 하는 일인가' 테스트를 적용했다. 그 덕분에 떠나는 직원들에게 법적으로 꼭 따라야 하는 절차에 더해 인간적인 도움을 줄 수 있었다. 나와 인벤티움 대표는 최소한의 지원을 넘어 우리가 추가로 해줄 수 있는 일을 찾아보았다. 어떻게 하면 실직한 직원들이 이 시간을 조금이라도 덜 힘들게 보낼 수 있을지 오랫동안 고민했다. 먼저 휴대전화에 저장된 모든 연락처를 샅샅이 뒤져 이 네 명의 재능 있는 직원들을 채용할 수 있을 것 같은 회사의 대표들에게 전화를 걸었다. 또 당시에는 온라인 모임이 일반적이지 않았음에도 팀원들과 함께하는 송별회를 온라인으로 진행할지를 두고 오래 논의했다(이 건은 결국 개별 환송이 더 의미 있을 것 같다는 결론을 내렸다). 직원 해고는 결코 즐거운 일일 수 없다. 하지만 나와 대표가 상황을 재구성하고 적절한 조치를 취한 덕분에 떠나는 팀원들의 마음을 조금이나마 다독일 수 있었다고 생각한다.

실행하기

① 고객, 직원, 회사 동료나 친구에 관해 어떤 결정을 내려야 한다면 기존의 방침이나 절차를 무작정 따르지 않도록 한다. 단순히 정해진 규정에 따라 결정을 내리는 상황이 많을 것이다. 그렇다 하더라도 맹목적으로 관행을 따르고 싶은 유혹을 뿌리치고 한 걸음 물러서서 이 일이 우리가 '해야 하는 일인지' 자문해 본다.

② 대답이 '아니요'라면 그 대신 무엇을 해야 하는지 생각해 본다.

보이지 않는
빙산까지 고려하라

몇 년 전 호주의 한 명문 대학교 경영대학원에서 MBA 과정 평가 위원회의 위원으로 함께 일해달라는 요청을 받았다. 나는 담당자에게 소요 시간 등 몇 가지를 질문한 다음 늘 그래왔던 것처럼 '네, 알겠습니다'라고 말하려고 했다. 대학원생들이 비즈니스 업계에서 성공하도록 돕는 일에 관심이 많기도 했고, 우리 회사의 컨설턴트 채용 면접장에서 이 학교 MBA 출신 학생들을 많이 보았기 때문에 왠지 마음이 갔다. 또 학생들이 이 MBA 과정을 수료하면 졸업 후 현장에서 바로 활약할 수 있으리라고 확신했다.

고민 끝에 결국 학교 측의 요청을 받아들였다. 하지만 늦은 밤 창문 하나 없는 캄캄한 강의실에서 무려 4시간이나 이어진 첫 회의가 끝나자마자 곧바로 내 결정을 후회했다.

벤처 캐피털 회사 캐릭터Character의 공동 창립자 겸 무한책임

투자자General Partner이자 베스트셀러『스프린트Sprint』와『메이크 타임Make Time』을 펴낸 작가이며, 구글 벤처스Google Ventures의 전 디자인 파트너이기도 한 존 제라츠키John Zeratsky는 내 문제를 빙산의 환상Iceberg Yes 오류에 빗대어 설명했다. "우리는 프로젝트, 일, 자원봉사 등 살면서 무언가를 결정할 때 눈에 보이는 흥미로운 부분만 보는 경향이 있어요. 빙산에 비유하자면 수면 위에서 반짝거리는 빙산의 일각만 보는 거죠."

하지만 그는 빙산의 거대한 몸체가 대부분 수중에 잠겨 있는 것처럼, 우리가 하는 일에도 겉으로 보이지 않는 시간과 노력이 많이 필요하다는 사실을 지적한다. 일의 빛나고 흥미로운 부분에 도달하려면 힘들고 어려운 과정을 반드시 거쳐야 한다. 내가 창문도 없는 답답한 대학교 강의실에서 밤늦게까지 무려 4시간이나 회의를 했던 것처럼 말이다.

제라츠키도 예전에는 제안이 흥미롭게 보이면 선뜻 수락하곤 했다. 하지만 막상 해보니 몸이 고되고 시간도 많이 들여야 하는 일이 많았다. 결국 그는 자신의 의사결정 방식을 바꿨다. 이제 그는 사람들에게 시간을 내달라는 부탁이나 새로운 제안을 받으면 가장 빛나는 빙산의 일각뿐만 아니라 수중의 거대한 몸체에 대해서도 생각한다. 다시 말해 부탁받은 일의 가장 성공적인 모습만 생각하는 것이 아니라 그 부분에 도달하기까지 해야 하는 모든 작업을 신중하게 고민한다. 업무에 필요한 예상 소요 시간도 빼놓지 않고 고려하면서 말이다.

그는 이에 대해 다음과 같이 말했다. "예를 들어 저는 강연 요청을 수락할 때 그 강연을 준비하는 시간도 미리 비워놓습니다. 이런 원칙을 세워놓아서 전처럼 사람들의 요청을 쉽게 수락하지 못하지만 그래도 이 방법이 더 좋다고 생각합니다."

제라츠키는 부탁을 거절하는 일이 반드시 나쁜 것만은 아니라고 강조한다. "제가 어떤 부탁에 '아니요'라고 대답한다면, 이는 그 일에 포함된 행사나 회의, 직책에 따른 역할 등 단편적인 부분뿐만 아니라 전반적인 부분을 모두 고민한 다음에 거절하는 것입니다. 제가 할 수도 있는 모든 일을 신중히 고려하는 것이죠."

이 같은 제라츠키의 방식은 계획 오류Planning Fallacy(비현실적인 최적의 상황을 가정하는 탓에 무리한 계획을 세워 결국 중간에 포기하거나 예상보다 많은 시간과 비용이 드는 현상—옮긴이)라는 심리 문제를 극복한 것이다. 미국 뉴욕대학교 스턴경영대학원 저스틴 크루거Justin Kruger 교수의 연구에 따르면 사람들은 예상 업무 소요 시간을 실제보다 항상 적게 예측한다고 한다. 심지어 사람들의 예상치는 실제 소요 시간에서 살짝이 아니라 아주 크게 빗나갔다. 크루거의 또 다른 연구도 비슷한 결과를 보였다. 실험 참여자들은 3주 안에 작업을 마칠 수 있다고 예상했지만 실제로는 한 달이나 걸렸다. 8일이면 끝낼 수 있다고 예측한 일도 결과적으로 14일이 걸렸다. 예상보다 50퍼센트 이상 오래 걸린 것이다.

그러나 크루거는 사람들이 일의 모든 측면을 고려했을 때 이러한 계획 오류가 줄어든다는 사실을 알아냈다. 따라서 빙산의 환상 오류가 있음을 인정하고 일어날 수 있는 모든 일을 미리 고려해서 의사결정을 내린다면 소요 시간을 더 정확하게 예측할 수 있다. 상대의 제안을 수락할지는 이러한 정보를 고려한 다음 결정하면 된다.

다시 내 이야기로 돌아가자면, 길고 길었던 회의를 마친 그날 저녁 나는 결국 MBA 과정 평가 위원회를 그만두었다. 만약 내가 빙산의 환상 오류에 빠지지 않고 내가 겪게 될 모든 작업을 미리 고려했더라면, 몇 시간씩 걸리는 회의를 정말 싫어한다는 사실을 간과하지 않았더라면, 처음 제안을 받았을 때 분명 다른 결정을 내렸을 것이다.

실 행 하 기

1. 만약 상당한 시간을 투입해야 하는 부탁이나 제안을 받았다면, 눈부신 빙산의 일각에 도달할 때까지 필요한 모든 시간과 노력을 계산해 보자. 만약 예상 소요 시간과 업무량을 정확히 알 수 없다면 일을 제안한 상대방에게 물어보자!

2. 이 일을 완수하기까지 필요한 모든 작업을 자세히 생각해 보고, 작업마다 대략 얼마의 시간이 소요될지 예상해 보자.

3. 수중에 가려진 빙산의 몸체를 모두 확인했다면 상대의 제안을 수락할지 말지 현명하게 판단할 수 있다.

후회 없는 결정을
내리는 법

누군가 마감 기한까지 한참 남은 일을 부탁하면 섣불리 수락하기 쉽다. 나만 해도 4~5개월 후 열릴 행사의 강연 요청을 받으면, 속으로 '이거 재미있겠는걸! 그때는 아직 계획된 일이 없으니 수락해야겠어!' 같은 생각이 든다. 하지만 늘 그렇듯 행사 일정이 가까워질수록 우리는 점점 바빠지고 결국 과거에 자신이 내린 결정을 후회하게 된다.

만약 당신도 나처럼 남의 부탁을 잘 거절하지 못하는 사람이라면 기한이 한참 남은 일을 부탁받을 때 그 자리에서 곧장 수락할 가능성이 크다. 정신분석학자 지크문트 프로이트Sigmund Freud는 쾌락 원리Pleasure Principle가 작동했기 때문에 이런 행동을 한다고 보았다. 쾌락 원리란 쾌락을 추구하고 고통을 회피하고자 하려는 심리를 말한다. 그러나 이 같은 결정은 즉각적인 쾌락을 얻는 대신 장기적인 고통으로 이어지는 위험을 낳는다. 다시 말해 눈앞의 상대방을 기쁘게 하려고 성급히 부탁을 수락해 버리면 약속을 지키기 위해 하기 싫은 일을 억지로 하게 될 수 있다.

운동선수이자 동기부여 전문가로 여러 분야에서 활약하고 있는 투리아 피트Turia Pitt(마라톤 경기 중 발생한 산불로 전신 화상을 입고 생사가 위태로웠으나, 불굴의 의지로 극복하여 5년 후 철인 3종 경기를 완주했다. 지금은 희망을 전하는 강연자이자 운동선수로 활동하고 있다―옮긴이)는 자신 또한 쾌락 원리의 덫에 자주 빠진다고 고백했다. 그녀는 행사일까지 한참 남은 강연 요청도 종종 수락한다며 이렇게 말했다. "그런 제안을 받으면 보통 '6개월 후니까 충분히 할 수 있을 거야'라는 생각이 들어요. 하지만 날짜가 가까워질수록 '맙소사, 내가 왜 이 강연을 하겠다고 했지?'라며 후회합니다. 너무 많은 일을 승낙해 버리면 결국 일상이 엉망진창이 되고 부탁을 거절하지 못한 자신이 미워져요. 조깅도 못 하고 가족들과도 함께 시간을 보내지 못하면서 일에만 매달려야 하니까요."

피트는 미래의 바쁨 정도를 섣불리 판단하지 않고 거절할 때의 미안함을 회피하고 싶은 유혹에 빠지지 않기 위해서 상대에게 답하기 전 본인에게 이렇게 묻는다. "저는 제 자신에게 '혹시 이 강연을 당장 다음 주 화요일에 해야 한다면 어떤 기분이 들 것 같은가? 그래도 수락할 것 같은가? 강연 날짜가 빨리 오길 바랄 것 같은가? 아니면 두려워서 도망치고 싶을 것 같은가?'라고 물어봅니다."

이렇듯 그녀는 의사결정 전에 잠시 멈추고 스스로 이런 질문을 던짐으로써, 먼 미래의 활동이 가까운 미래의 활동보다 훨씬 더 매력적이고 흥미롭게 보이는 문제를 극복한다.

《성격 및 사회 심리학 저널Journal of Personality and Social Psycho-logy》에도 이와 비슷한 연구가 발표됐다. 연구진은 실험 참여자들에게 정부 정책, 신설된 시험 시행 방식 등 여러 활동과 계획을 평가하도록 했다. 그 결과 사람들이 가까운 미래의 활동보다 먼 미래의 활동에 더 호의적인 태도를 보인다는 사실을 발견했다.

이런 결과는 우리가 날짜가 임박한 행사나 계획과 달리 먼 미래에 일어날 일에 대해서는 잠재적인 문제를 잘 알아차리지 못하기 때문에 나타난다.

피트는 '만약 이 일을 당장 다음 주 화요일에 해야 한다면?'이라고 본인에게 물어보면서 제안에 대한 자신의 감정을 정확하게 파악한다. 우리도 그녀의 '다음 주 화요일 원칙Next Tuesday Rule'을 이용한다면, 잠재적인 문제를 제대로 파악하지 못해 상대의 제안이나 부탁을 덜컥 수락하는 불상사를 피할 수 있다. 혹시 타인에게 관대한 예스맨인가? 그렇다면 당신도 피트처럼 '다음 주 화요일 원칙'의 도움을 받을 수 있을 것이다.

실행하기

① 먼 미래에 계획된 일을 부탁받거나 제안받았다면 즉시 수락하고 싶은 충동을 억누르고 곧장 대답하지 않는다.

② 본인에게 다음과 같이 질문해 본다. "만약 이 일을 먼 미래가 아닌 당장 다

음 주 화요일에 해야 한다면 어떤 기분이 들 것 같은가?"

③   도저히 못 할 것 같다면 거절한다. 지금 당장은 거절의 말을 하는 것이 힘들

겠지만, 장기적으로 본다면 그 부탁이나 제안을 수락해서 오랜 시간 겪게

될 고통과 원망의 감정을 피할 수 있다.

꼭 참석해야 하는
회의를 고르는 법

'더 많은 회의에 참석할 수 있다면 좋을 텐데…'라고 말하는 사람은 이 세상에 단 한 명도 없을 것이다. 보통의 직장인들에게 회의는 존재 자체로 골칫거리이며 야근을 유발하는 범인이다. 저녁이 되어야만 회의 지옥에서 벗어나 비로소 본인 일을 처리할 수 있기 때문에 회의가 싫을 수밖에 없다.

실제로 회의 만족도로 직업 만족도를 가늠할 수 있다는 사실이 여러 연구를 통해 속속 밝혀졌다. 한 연구에 따르면 직업 만족도의 약 15퍼센트가 자신이 참석하는 회의에 대한 만족도에 따라 좌우된다고 한다. 또 다른 연구에서는 회의 만족도가 직업 만족도를 '가장 잘 나타내는 유일한' 지표라고 발표하기도 했다. 따라서 회의 시간을 잘 보내는 것이 직장인에게 매우 중요한 문제이며, 이를 해결하는 가장 효율적인 방법은 회의의 우선순위를 정하는 것이다.

미국 라이스대학교 경영학과 교수 스콧 소넨샤인Scott Sonen-shein의 주요 관심사도 회의다. 그는 자신도 실제로 정말 많은 회의에 참석해 왔다고 고백했다. 그러면서 15년 전 텍사스주 휴스턴에 있는 이 대학 교수로 부임했을 때 교수진 회의에 처음 참석했던 기억을 떠올렸다.

"그때 저는 참석자들이 자리에 앉아 시간을 낭비하고 있는 모습을 보고 굉장히 충격을 받았어요. 1시간 30분짜리 정기 회의였는데, 논의할 내용이 별로 없는 날에도 늘 1시간 30분을 꽉 채워서 끝내더군요."

이 회의는 매년 아홉 번씩 열렸고, 별로 기여하는 바가 없어도 참석은 필수였다. 1년 후 새로운 학장이 취임했을 때 그는 이 정기 회의가 꼭 열릴 필요가 있는지 의문을 제기했다. 학장은 소넨샤인의 의견을 듣더니 곧바로 회의 횟수를 아홉 번에서 세 번으로 줄였다. 무려 여섯 번이나 줄어든 것이다. 농담처럼 들리겠지만 정말로 그랬다.

연구에 따르면 사람들은 회의를 필요해서가 아니라 습관처럼 하는 경향이 있다고 한다. 하지만 회의가 하나둘씩 늘어나 참석해야 하는 회의가 너무 많아지면 시간을 낭비하는 느낌이 들어 기분이 언짢아진다. 이 문제를 해결하기 위해 소넨샤인은 사람들이 불필요한 회의를 정리할 수 있는 원칙을 만들었다. 자신의 캘린더에 입력된 회의마다 다음의 세 가지 질문을 던져보는 것이다.

내 업무에 꼭 필요한 회의인가?

이 회의에 참석하면 내가 바라는 직장 생활에 한 발 더 가까워지는가?

이 회의에 참석하는 동안 즐거움을 느끼는가?

위의 세 가지 질문 중에서 하나라도 해당하지 않는 회의는 참석하지 않는 것이 좋다. 그 회의가 바로 당신의 아까운 시간을 축내는 범인이다.

물론 소넨샤인도 머리로는 회의에 참석하지 않는 것이 옳다는 것을 알지만 막상 실천하기 어렵다는 사실을 인정한다. "사람들은 회의에서도 포모증후군Fear of Missing Out syndrome(자신만 소외되거나 뒤처질지 모른다는 두려움—옮긴이)을 앓고 있어요. 회의에 참석하지 않으면 다른 사람들이 자신을 중요하지 않은 사람으로 여길지 모른다거나, 행여 본인만 중요한 결정을 놓칠지 모른다는 두려움을 느껴요. 거의 모든 회의에 참석하면 일을 제일 열심히 하는 사람처럼 보일 거라고 착각하죠."

우리는 이 같은 회의 포모증후군에서 벗어나야 한다. 회의 참석 횟수와 사내에서 자신의 위치를 동일시해서는 안 된다. 회의는 단지 일을 진행하고 끝내는 하나의 방법일 뿐이다. 당신이 아무런 기여도 하지 못하는 회의는 참석할 가치가 없다. 회의 시간에 몰래 이메일을 확인하는 것도 업무라고 볼 수 없다.

1장 우선순위

① 캘린더를 보면서 지난 2주 동안 참석한 회의를 모두 적어보자. 앞으로 2주 간 참석할 회의를 적어도 좋다. 그런 다음 회의마다 다음 세 가지 질문에 대해 생각해 본다.

- 내 업무에 꼭 필요한 회의인가? (예: 책이나 자료에서 얻을 수 없던 정보를 배우는가? 문제 해결에 도움이 되는가? 중요한 결정을 내리는 회의인가?)

- 이 회의에 참석하면 내가 바라는 직장 생활에 한 발 더 가까워지는가? (예: 커리어 발전이나 업무 능력 향상 측면에서 유익한 회의인가?)

- 이 회의에 참석하는 동안 즐거움을 느끼는가? (예: 회의에 참석해서 동료들과 더 가까워지는 것 같은가? 회의 시간이 즐거운가?)

② 위 세 가지 질문 중에서 하나라도 해당하지 않으면, 그 회의는 캘린더에서 지운다. 시간을 효율적으로 사용하기 위해 회의 우선순위를 정하는 것이다. 만약 당신이 회의 주최자라면 참석자들에게 회의가 사라졌음을 알린다. 취소 이유도 잊지 않고 함께 전달한다. 만약 당신이 회의 참석자라면 주최자에게 당신의 의견을 보낸다. 필요하다면 회의 횟수를 조정하는 것도 좋다. 그래도 여전히 그 회의가 당신과 상관없는 것 같다면 그때는 주최자에게 정중하게 불참 의사를 밝힌다.

③ 이 내용을 A4용지 1장 분량으로 정리해서 내 홈페이지(amantha.com/timewise)에 올려놓았다. 필요하다면 내려받아 사용하기 바란다.

건강하게 불균형한 삶을
추구해야 하는 이유

당신이 직장인이라면 한 번쯤 (어쩌면 거의 매일) 업무와 일상의 균형이 무너졌다고 느낀 적이 있을 것이다. 워라밸을 지키기 위해 시도해 본 여러 방법에 대해 회사 상사에게서 들어본 적이 있거나, 일과 삶의 균형을 완벽하게 유지하는 방법에 관한 기사를 읽어보았을 수도 있다. 이처럼 많은 사람이 워라밸을 바람직한 삶의 기준으로 생각한다.

그러나 직원 몰입 분야의 세계적인 전문가 마커스 버킹엄Marcus Buckingham은 업무와 일상이 균형을 이루어야 한다는 개념 자체에 문제가 있다고 말한다. "일과 삶을 분리해서 생각하는 것 자체가 잘못됐어요. 가족이나 공동체처럼 일도 우리 삶의 일부잖아요. 일은 나쁜 것이고 삶은 좋은 것이 아니라, 일의 나쁜 측면과 삶의 좋은 측면이 균형을 이루도록 해야 하는 거죠. 다시 한번 강조하지만 일과 삶을 분리해서 생각하는 워라밸은 잘못된 개념이에요. 일, 가족, 공동체처럼 우리 삶을 구성하는 여러 요소에는 우리가 좋아하는 측면도 있고 싫어하는 측면도 있는 겁니다."

버킹엄은 우리가 좋아하는 일과 싫어하는 일을 모두 고려해야 하며, 일과 삶이 반드시 균형을 이루지 않아도 된다고 주장한다. 그렇다. 소위 전문가들이 하는 말과 정반대로 행동해야 한다는 것이다. 그는 이에 대해 다음과 같이 설명했다. "우리가 하고 싶어 하는 일과 우리에게 활력을 주는 일은 더 많이 하고 하기 싫은 일은 덜하는 삶, 즉 건강하게 불균형한 삶을 살기 위해 항상 필사적으로 노력해야 합니다."

버킹엄의 설명을 듣고 있으니 직업에 관해 조언할 때 많이 회자되는 말이 떠오른다. 바로 좋아하는 일을 하라는 것. 하지만 버킹엄은 이 말이 전혀 도움 되지 않는 조언이라고 말한다.

"그보다는 '당신이 하는 일에서 좋아하는 부분을 찾아보세요'가 훨씬 더 유용한 조언이죠. 미국 미네소타주에 있는 연구중심병원 메이오 클리닉Mayo Clinic에서 의사들을 대상으로 조사한 자료를 살펴보았는데요. 전체 업무 시간 중 자신이 좋아하는 일을 하는 시간이 20퍼센트 미만이라고 해요. 만약 이 비율이 1퍼센트포인트씩 줄어들면 번아웃 위험도 이에 따라 1퍼센트포인트씩 증가한다고 합니다."

즉, 좋아하는 일을 하지 못하는 것과 번아웃 사이에 강한 연관성이 있다는 것이다. 이 결과대로라면 좋아하는 활동을 적게 할 경우 번아웃에 빠질 위험이 커진다.

하지만 버킹엄은 업무 시간의 20퍼센트 이상을 좋아하는 일을 하며 보낸다고 해서 번아웃 위험이 그만큼 감소하지 않는다고 주장한다. 그는 "자기가 좋아하는 일을 하는 시간을 전체 업무 시간의 20퍼센트, 35퍼센트, 심지어 40퍼센트까지 늘린다고 해서 회복 탄력성이 늘거나 번아웃 위험이 줄어들지는 않습니다. 결국 좋아하는 일을 짧게라도 자주 하는 것이 오래 일할 수 있는 비결인 것 같습니다"라고 설명했다.

그는 업무 시간의 최소 20퍼센트 이상을 차지하는 활동을 '빨간 실Red Thread' 활동이라고 부른다. 여기서 빨간 실이란 하면 할수록 기분이 좋아지고 활력이 생기며 행복감을 느끼는 작업을 말한다. "빨간 실 활동이란 하지 않을 때는 얼른 하고 싶어서 안달이 나고, 하고 있을 때는 시간 가는 줄 모르고 몰입하는 활동을 말해요. 자신이 정말 좋아하는 활동이 무엇인지 알아내려면 먼저 자기 자신을 관심 있게 지켜보는 것이 중요합니다."

버킹엄은 또한 워라밸 대신 건강하게 불균형한 삶을 살기 위해 매주 금요일마다 지난 한 주를 돌아보는 시간을 보낸다. 일주일 동안 했던 일 중에서 어떤 일이 좋았고 싫었는지 스스로 점검하는 것이다. 그런 다음 다가오는 일주일에 좋아하는 일은 더 많이 하고, 싫어하는 일은 더 적게 할 수 있는 계획을 세운다.

실천하기

①   한 주를 마무리할 때나 새로운 한 주를 시작할 때, 지난 일주일을 되돌아보

면서 어떤 일이 좋았고 싫었는지 생각해 보자.

② 좋아하는 일을 더 많이 할 방법은 없는지 계획을 세워보자.

③ 싫어하는 일을 더 적게 하기 위해 버킹엄이 소개하는 다음의 네 가지 방법 중 하나를 골라 실천해 보자.

- 그 일을 완전히 중단한다. 예를 들어 회사에서 거의 아무도 읽지 않는 월 간 보고서를 작성하고 있다면 이 일을 그만두더라도 아무도 눈치채지 못 할 수 있다.

- 당신이 싫어하는 일을 누군가 좋아한다면 그 사람에게 이 일을 맡아달라 고 부탁한다. 만약 그 사람이 싫어하는 일을 내가 좋아한다면 그 일을 내 가 대신하면서 서로 도울 수도 있다.

- 내 장점을 활용해 싫어하는 일을 덜 할 수 있는 방법을 찾는다. 예를 들어 버킹엄은 사교 행사에서 사람들과 어울리는 일은 싫어하지만 사람들을 인터뷰하는 일은 좋아한다. 그래서 그는 행사나 파티가 열리면 사람들과 어울리기 위해서가 아닌 인터뷰할 기회라고 여긴다.

- 싫어하는 일을 바라보는 시각이나 관점을 바꾼다. 예를 들어 당신이 한 회사의 대표이고 직원 한 명을 어쩔 수 없이 해고해야만 한다면, 이 상황 을 그 직원이 잘하지 못하는 업무에서 벗어나 잘하고 좋아하는 일을 찾 을 기회로 삼고 도와줄 수 있다.

금요일 오후를
잘 활용하는 법

월요일 아침이 되면 지난 한 주 동안 무슨 일을 했는지 잘 기억나지 않는 경우가 많다. 겨우 업무 내용을 기억해 냈지만 쌓여 있는 새 메일들에 파묻혀 발버둥을 치다 보면 어느새 한 시간이 훌쩍 지나 있다. 이때쯤이면 슬슬 다음 주에 처리해야 할 엄청난 양의 업무들이 걱정되기 시작하면서 숨이 가빠진다. 일시적인 업무 기억상실증에 걸려 잊고 있던 일을 뒤늦게 처리하느라 시간을 낭비했다는 죄책감도 든다. 월요일 아침부터 만사가 엉망진창인 것만 같아 기분이 우울해진다.

로라 밴더캠Laura Vanderkam은 전 세계적으로 유명한 시간 관리 전문가로 평단의 호평을 받은 여러 권의 책을 출간한 작가이기도 하다. 밴더캠은 월요일 아침부터 정신없이 보내지 않기 위해 매주 금요일 오후마다 20분씩 시간을 내서 다음 주 계획을 미리 세운다.

"금요일 오후에 새로운 일을 시작하는 건 힘들어요. 하지만 미래의 내가 해야 할 일을 생각하는 건 할 수 있겠더라고요. 몇 분만 시간을 내서 계획을 세우면 자칫 낭비될 수 있는 시간을 일주일 중 가장 생산적인 시간으로 바꿀 수 있어요."

밴더캠은 다음 주에 할 일을 '일, 인간관계, 나'로 나눠 작성하고 항목별로 우선순위를 정한다. 그녀가 이렇게 세 가지 항목으로 나눠 우선순위를 정하는 이유는 많은 고성과자와 A 유형 성격(심혈관계 질환에 걸리기 쉬운 성격적 특성에 따라 구분한 성격 유형 분류로 A 유형과 B 유형으로 나눈다—옮긴이)의 사람들이 겪기 쉬운 일 중독을 예방하기 위해서다. 혹시 본인을 위한 일에도 우선순위를 정해야 한다는 말이 터무니없게 들린다면, 당신도 나처럼 많은 일을 계획한 뒤 항상 시간에 쫓기는 성격 급한 A 유형일 가능성이 크다.

"제 캘린더에는 예전부터 계획했지만 여태 성취 못 한 일들이 남아 있어요. 새로운 계획들도 있고요. 저는 이 일들을 우선순위에 따라 먼저 정리한 다음 그 일정부터 계획하는 편이죠."

밴더캠은 이렇게 할 일 목록을 작성하고 나면 우선순위에 따라 분류하고, 중요하지 않은 일은 목록에서 지운다. 이 작업을 미리 해놓으면 월요일 아침에 한 주를 시작하기가 훨씬 수월해진다. 그녀는 이 방법을 쓴 이후로 더는 월요일 아침을 혼란스럽게 보내지 않는다고 말했다.

좀 더 자세히 설명하자면, 밴더캠은 하루를 마무리할 때 단 몇 분의 시간을 내서, 캘린더에 입력된 일정과 주간 우선순위 목록을 보며 다음 날 할 일을 결정한다. 단, 이때 할 일은 많이 적지 않는다.

어느 때는 다섯 개만 적는 날도 있다. 그녀는 할 일 목록을 잔뜩 적
는 사람들에 대해 이렇게 말했다. "어떤 사람들은 목록에 할 일을
25개씩 적기도 하는데 저는 절대 그렇게 하지 않아요. 목록에 적어
놓고 실천하지 않는다면 무슨 의미가 있겠어요. 그렇지 않나요? 그
일들은 처음부터 목록에 없었던 것이나 다름없어요. 처리되지 않은
일이 쌓여 있는 모습을 보면 결국 제 기분만 나쁠 뿐이죠." 만약 당
신이 할 일 목록을 길게 적어야 마음이 놓이는 사람이라면, 가장 중
요한 일만 적은 일간 우선순위 목록과 할 일 목록을 분리해서 작성
할 것을 권한다.

실 천 하 기

① 매주 금요일 오후마다 20분씩 나 자신과 회의하는 시간을 미리 정한다. 사
람들이 일에 집중하지 못하고 마음이 느슨해지는 금요일 오후 3시나 4시
에 하면 좋다(내가 아는 한 사람들 대부분은 금요일 오후 3시가 넘어서면 긴장이
풀어지는 경향이 있다).

② 종이에 3열짜리 표를 그리고 1행의 각 칸에 '일', '인간관계', '나'라고 적는
다. '일' 항목 아래에는 회사 업무와 관련된 일을, '인간관계' 항목에는 인생
에서 중요한 사람들과 관련된 일을, '나' 항목에는 나를 돌보는 것과 관련된
일을 적는다.

③ 항목마다 다음 주에 이루고 싶은 중요한 일을 최소 한 가지 이상 적는다. 예
를 들어 '일' 항목에는 중요한 프로젝트 진행하기를, '인간관계' 항목에는 오

1장 우선순위

랫동안 만나지 못한 친구와 약속 잡기, 가족들과 함께하는 특별한 계획 세우기 등을 적을 수 있을 것이다. '나' 항목에는 책 읽기, 마사지 받기, 헬스장에서 피티 수업 받기 등을 적을 수 있다(이 책 84쪽에서 소개하는 올리버 버크먼의 우선순위 전략법 중 '닫힌 목록'을 참고한다면 할 일 목록을 더 쉽게 작성할 수 있을 것이다).

④ 캘린더와 시계를 보면서 이 활동들을 언제 시작하고 끝낼 것인지 정한다 (이를 일정 관리 작업이라고 부른다). 적당한 시간을 찾기 어렵다면 다음 주에 예정된 일정 중에서 취소하거나 조정할 수 있는 일이 있는지 찾아보자.

⑤ 매일 저녁에 하루를 마무리할 때 몇 분만 시간을 내서 주간 우선순위 목록을 검토한다. 이때 다음 날 이루고 싶은 일만 적은 할 일 목록을 간단히 작성한다. 할 일은 최대 5개를 넘지 않도록 한다.

큰 그림을 보는
규칙적인 습관의 힘

게리 메히건Gary Mehigan은 10년 넘게 호주 요리 서바이벌 TV 프로그램인 「마스터셰프MasterChef」의 심사위원으로 활동하며, 나와 같은 평범한 사람들이 집에서 따라 만들기 힘든 멋진 요리를 평가하는 일을 해왔다. 하지만 지금처럼 호주 전역에 얼굴이 알려지기 전만 해도 그는 레스토랑 여러 곳을 운영하는 평범한 요식업자일 뿐이었다.

메히건은 레스토랑을 개업한 해에 가진 것을 대부분 잃었다. 건강은 더 오래 일할 수 없을 정도로 망가졌고, 잠을 줄여가면서 거의 종일 일했지만 돈은 그만큼 많이 벌리지 않았다. 매일매일 닥치는 일을 처리하기에 급급하다 보니 먼 미래를 바라보고 준비할 여유도 없었다. 결국 메히건과 동업자들은 이 난국에서 벗어나고자 사업 컨설팅 전문가를 찾아갔다.

"컨설팅 코치의 조언은 매일 저녁 그날 있었던 일을 종이 한 장에 적는 것이었어요. 저는 이 시간을 가장 좋아했어요. 하루 동안 내가 어땠는지 되돌아보고 다음 날을 빠르게 준비할 수 있었거든요. 이 시간 덕분에 매일 밤 집에서 따뜻한 차 한 잔을 마시면서 생각을 정리할 수 있었어요."

코치는 메히건에게 다음의 세 가지 질문에 대한 답을 생각해 보도록 했다. 첫 번째는 자신의 하루를 돌아볼 수 있게 도와주는 질문이었다. 코치는 메히건에게 오늘 하루는 어땠는지, 다른 직원들과의 관계는 어땠는지, 오늘 하루 잘한 일과 못한 일은 무엇이었는지 등을 스스로 질문하게 만들었다. 그는 당시를 떠올리며 이렇게 말했다. "처음에는 대답이 빨리 떠오를 만한 질문들을 던졌어요. 그래서 마치 일기를 쓰는 것처럼 생각이 술술 떠올랐죠."

그다음에는 두 번째 질문 '내일은 무엇을 성취할 것인가?'를 생각했다. 이 질문은 메히건의 사고를 오늘에서 내일로 전환시키면서, 내일은 무엇을 달성해야 하고 어떻게 해야 변화할 수 있을지 고민하게 만들었다. 메히건은 이 질문 덕분에 일상에 변화를 가져올 수 있는 일을 한 가지씩 생각해 보게 되었다고 말했다.

마지막 질문은 '내일은 어떤 직원과 더 대화를 나누고 누구를 가르치면 좋을까?'였다. 이 질문은 메히건이 지난 몇 주간 자신이 어떤 직원에게 신경을 덜 썼고, 누구와 시간을 적게 보냈는지 생각해 보는 기회가 됐다.

그는 세 가지 질문의 대답을 토대로 한 장 분량의 이브닝 페이지Evening Page(저녁에 작성하는 일기—옮긴이)를 작성한다. 그리고 다음 날 아침이 되면 전날 작성한 이브닝 페이지를 빠르게 읽은 다음 하루의 방향을 정해서 아침을 시작한다.

그는 매일 이 작업을 수행할 때마다 자신의 약점을 드러내는 일이 가장 어려웠다고 고백했다. 특히 마지막 질문에 대해 생각하면서 자신이 몇몇 직원과는 충분한 시간을 보내지 못한다는 사실을 알게 됐다. 메히건은 종이에 매번 같은 이름을 적으면서 다음 날 출근하면 이들과 더 많이 대화해야겠다고 다짐했다.

예를 들어 매일 걸어서 레스토랑에 출근하는 메히건은 출근길에 가끔 음료 부서에서 일하는 바리스타 바버라를 만난다. 하루는 바버라를 만났을 때 "오늘은 커피를 몇 잔 정도 팔 것 같나요?"라고 말을 걸었다. 전날 작성한 이브닝 페이지 덕분이었다. 메히건은 이 질문이 바버라에게 의미 있게 작용하리라는 사실을 알았다. 사실 바버라는 커피를 내리는 바리스타라서 매출을 신경 쓸 필요가 없다. 하지만 메히건이 바버라에게 이런 목표에 관해 묻기 시작하자 그녀의 행동이 변하기 시작했다. 바버라의 목표가 메히건의 목표와 일치하기 시작한 것이다.

"제가 게으르게 행동하고 아무 시도도 하지 않았을 때는 성과를 내기는커녕 방향성이 없는 채로 살았어요. 같이 일하는 직원들도 마찬가지였고요."

일과를 마친 뒤 한 장짜리 이브닝 페이지를 완성하는 데는 10분 정도밖에 걸리지 않는다. 하지만 메히건은 이 시간이 매우 귀중하다는 사실을 이제 잘 안다. 그래서 그는 새로운 매니저를 고용할 때마다 시간을 더 현명하게 사용할 수 있도록 이브닝 페이지 작성법

1장 우선순위

을 가장 먼저 가르친다.

실 천 하 기

① 　매일 저녁 하루를 돌아보고 내일을 준비하는 시간을 만들어보자. 10분 정
　　도면 충분하다.

② 　자신에게 가장 도움이 될 만한 질문을 생각해 보자. 메히건처럼 세 가지 범
　　주로 나누어 생각해 보아도 좋다.

　　첫 번째 범주에서는 당신의 하루를 돌아보는 질문을 한다.

　　• 오늘 하루를 어떻게 보냈는가?

　　• 다른 직원들과의 관계는 어떠했는가?

　　• 오늘 하루 잘한 일과 못한 일은 각각 무엇이었는가?

　　두 번째 범주에서는 내일 할 일에 관한 질문을 한다.

　　• 내일은 어떤 일을 성취할 것인가?

　　• 내일 하루 동안 일상에 변화를 가져올 수 있는 일을 단 한 가지만 한다면
　　　무엇을 할 것인가?

　　세 번째 범주에서는 주변 사람들에 관한 질문을 한다.

　　• 내일은 누구와 대화를 나누고 시간을 보낼 것인가?

　　• 내일은 누구를 가르칠 것인가?

③ 　다음 날 아침이 되면 전날 작성한 한 장 분량의 이브닝 페이지를 빠르게 읽
　　고 하루를 시작한다.

④ 　이 과정을 매일 반복한다.

'할 수도 있는 일'
목록

　몇 년 동안 나는 업무용 할 일 목록을 두 개씩 작성하고 있다(할 일 목록을 쓰는 것을 정말 좋아해서 하나로는 충분하지 않았다), 하나에는 고도의 집중력이 필요한 일, 양질의 시간을 오래 투입해야 하는 일을 주로 적고, 다른 하나에는 쉽고 빠르게 처리할 수 있는 일, 머리를 많이 쓰지 않아도 되는 일을 적는다. 하지만 요즘에는 이 목록 관리에 소홀했더니 할 일들이 쌓여 있는 상태다(매일 할 일들을 하지 못했다는 죄책감도 같이 쌓였다).

　구글 벤처스 출신이자 베스트셀러 『스프린트』와 『메이크 타임』의 공동 저자 존 제라츠키는 일할 때 할 일 목록을 많이 활용하곤 했다. 심지어 할 일 목록 애플리케이션 몇 개를 직접 만들기도 했다. 그는 중요하다고 생각하는 일만 할 일 목록에 적었기 때문에 그 일들은 곧바로 실행에 옮겼다. 하지만 시간이 지나면서 자신이 정작

　　　　　　　　　　　　　　　　　　　　　　　　1장 우선순위

중요한 업무는 놓치고 있고 작고 사소한 일을 처리하는 데만 급급했다는 사실을 깨달았다.

그 순간 제라츠키는 새로운 형태의 할 일 목록을 떠올렸다.

"저는 해야 하는 일 중에서 사소한 작업은 '할 수도 있는 일' 목록에 적어두고 처리해요. 반드시 해야 하는 중요한 일이 아닌 할 수도 있는 일들은 따로 적는 거죠. 물론 이 작업이 이상해 보일 수 있어요. 하지만 할 일 목록에 무언가를 적는다는 것은 단순히 기록하는 행위이면서 동시에 미래의 자신에게 그 일을 하도록 지시하는 거잖아요? 바로 이 지점에서 제 생각의 전환이 일어났어요."

이 전략의 핵심은 할 수도 있는 일 목록에 적힌 일이 선택 사항처럼 보이도록 하는 것이다. 우리는 인간이기 때문에 강제로 하는 일보다 자발적으로 하는 일을 더 선호한다. 《성격 및 사회 심리학 회보Personality and Social Psychology Bulletin》에도 이를 뒷받침하는 논문이 실렸다.

연구진은 실험 참여자들에게 친구 한 명과 함께 슈퍼마켓에 방문하는 상상을 하도록 했다. 그러고는 짝을 이룬 친구에게 줄 물건을 여섯 개씩 구매하라고 요청했다. 여섯 개 중 세 개(머그잔, 초콜릿, 펜)는 자신이 직접 골랐고, 나머지 세 개(작은 조각상, 사탕, 자)는 친구가 골랐다(구매한 물건만 보면 아이들을 대상으로 한 연구처럼 보인다). 2분 뒤 이들은 연구진에게 이 여섯 개의 물건을 고를 때 자신이 어떤 감정을 느꼈는지 자세하게 대답했다. 연구진은 실험 참여자들의 답변을 토대로 사람들은 친구가 고른 물건보다 자신이 고른 물건을 더 중요하게 여기는 경향이 훨씬 높으며, 이는 선택의 자유가 큰 영향을 미치기 때문이라는 결론을 내렸다.

제라츠키가 할 수도 있는 일 목록을 사용하면서 얻은 또 다른 이점이 있다. 바로 중요하지 않은 일을 오늘 내로 처리해야 한다는 압박감에서 벗어났다는 점이다. 그는 이제 할 수도 있는 일 목록을 검토하는 시간도 캘린더에 미리 등록해 놓는다.

제라츠키는 가끔 사소한 일들이 너무 많이 쌓여 있다고 느껴질 때면 하루 날을 잡아서 종일 이 일들만 처리하며 보낸다고 말했다. 이전에는 덜 중요한 일들이 매일 쌓여가는 모습을 보면서 두려워했 다면 이제는 이 일들을 한 번에 처리할 수 있다는 사실을 알기에 오 히려 이 시간을 즐기고 있다.

실 천 하 기

① 할 수도 있는 일 목록을 만든다.

② 이 목록에는 정작 중요한 일을 처리하지 못하도록 막는 일상 업무나 급하지 않은 일만 적는다. 이 일들을 처리할지 말지는 당신의 선택에 달려 있다.

③ 할 수도 있는 일 목록에 적은 일들이 쌓여가고 있다면 시간을 따로 정해서 한꺼번에 처리한다. 몇 시간 만에 끝날 수도 있고 종일 걸릴 수도 있다.

1장 우선순위

할 일 목록에
상한선이 필요한 이유

존 제라츠키의 '할 수도 있는 일 목록'을 참고해서 당신의 할 일 목록을 정리했는가? 아직 하지 않았다면 당신의 할 일 목록은 여전히 처리하지 못한 작업으로 넘쳐날 것이다. 이 책을 읽다 보니 죄책감이 들어서 책을 그만 읽고 싶어졌을 수도 있다(사실 읽는 것보다 실천하는 것이 더 중요하다!). 또는 할 일 목록을 정리하고 싶어도 무엇부터 해야 할지 몰라 막막할 수도 있다.

영국 일간지 《가디언The Guardian》의 기자이자 베스트셀러 작가인 올리버 버크먼Oliver Burkeman은 한때 할 일 목록을 볼 때면 답답함을 자주 느꼈다고 고백했다. 그는 자신의 할 일 목록에 빽빽이 적힌 일들을 보면서 이것들을 전부 해낼 방법이 있긴 한 건지 알고 싶었다. 그러던 어느 날 버크먼은 모더스 코오퍼앤드아이에서 경영전문 컨설턴트로 재직 중인 짐 벤슨Jim Benson의 퍼스널 칸반Personal

Kanban 기법을 알게 됐다.

"퍼스널 칸반은 제가 최근 몇 년 동안 접한 아이디어 중 가장 놀랍고 혁신적인 방법이에요." 버크먼이 설명했다. "기본 원리는 간단합니다. 당신이 한 번에 처리할 수 있는 일에 대한 상한선을 매우 낮게 설정하는 겁니다."

버크먼은 자신이 작성하고 있는 두 개의 할 일 목록에 퍼스널 칸반 기법을 활용하고 있다. 첫 번째 할 일 목록은 할 일 개수의 상한선을 두지 않는 '열린 목록'이다. 그는 이 목록에 대해 "해야 하거나, 하고 싶거나, 하려고 계획 중인 일을 여기에 적어요. 이 목록에는 할 일을 300개 넘게 적어도 괜찮아요"라고 설명했다.

사실 열린 목록은 제라츠키의 할 수도 있는 일 목록과 크게 다르지 않아 보인다. 하지만 퍼스널 칸반 기법의 진가는 버크먼의 두 번째 할 일 목록인 '닫힌 목록'에서 드러난다.

"예를 들어 닫힌 목록에 할 일을 최대 다섯 개까지만 적을 수 있다고 가정해 봅시다. 그럼 당신은 열린 목록에 적힌 할 일 다섯 개를 닫힌 목록으로 옮겨 적는 겁니다. 방식은 다음과 같아요. 닫힌 목록에 올라간 작업 중에서 하나라도 완수해 빈칸이 생기기 전까지는 열린 목록에서 닫힌 목록으로 할 일을 옮겨 적지 않는 겁니다. 다시 말해 먼저 닫힌 목록에 적은 다섯 개의 작업을 마치는 데만 몰두하는 거죠. 작업 하나를 끝냈다면 줄을 긋고 닫힌 목록에서 삭제합니다. 그럼 새롭게 생긴 빈칸에 또 다른 작업을 채워 넣습니다."

이제 당신의 할 일 목록이 어떤 상태인지 살펴보자. 해야 할 일이 10개 넘게 또는 빽빽이 적혀 있다면, 당신은 이 일들을 두서없이 처리하면서 시간을 무계획적으로 사용하고 있을 가능성이 크다. 어떤 일을 하다가 살짝 불편하거나 버거워지면 금세 그만두고 다른 일로 넘어가 버릴지도 모른다. 그러나 이런 식이라면 절대 의미 있는 진전을 만들어낼 수 없다. 당신이 한 회사의 대표이든 바쁜 부모이든 학생이든 마찬가지다.

버크먼은 이 방식이 미치는 긍정적인 영향이 생각보다 크다는 사실을 깨달았다. 그는 "실제로 우리는 한 번에 처리할 수 있는 일이 몇 가지밖에 되지 않기 때문에 매번 자신의 한계를 마주합니다. 열린 목록과 닫힌 목록을 함께 사용하면 자신의 한계를 인지할 수 있어 현명한 결정을 내릴 수 있어요"라고 말했다. 실제로 우선순위라는 뜻의 영어 단어 'Priority'는 15세기에 처음 등장했을 때만 해도 한 번에 한 가지만 우선 사항으로 정할 수 있거나 정해야 한다는 의미를 지닌 단수형 단어였다. 20세기부터 복수형 단어로 사용되고 있지만 엄밀히 따지면 여러 개가 모두 우선순위에 오를 수 없으므로 사실상 비논리적인 표현이다.

실 천 하 기

①   할 일 목록을 '열린 목록'과 '닫힌 목록' 두 가지로 나눠 만든다.

②   현재 작업 중인 일은 모두 열린 목록에 적는다.

③   열린 목록의 할 일 중 몇 개를 닫힌 목록으로 옮기고 싶은지 정한다. 버크먼은 3~5개를 추천한다.

④ 열린 목록의 할 일 중에서 가장 중요한 작업을 위에서 정한 개수만큼 골라 닫힌 목록으로 옮겨 적는다. 이때 닫힌 목록의 빈칸을 전부 채운다.

⑤ 닫힌 목록의 할 일 중 지금부터 집중해서 할 일 한 가지를 고른다.

⑥ 이 일을 하는 도중 불편하거나 버겁다고 느껴지면 그 일을 닫힌 목록에서 삭제하고, 열린 목록의 할 일 중에서 하나를 새로 골라 닫힌 목록으로 옮겨 적는다.

⑦ 새롭게 생겨난 할 일은 열린 목록에 적는다. 닫힌 목록에 빈칸이 생길 때만 열린 목록의 할 일을 닫힌 목록으로 옮길 수 있다는 사실을 기억한다.

우선순위
핵심 정리

목표가 아닌 시스템 세우기

이루고 싶은 중요한 일 한 가지를 떠올려보고 그 일을 성취하는 데 필요한 시스템을 세워본다. 되도록 매일 실천하는 시스템으로 만든다(아니면 적어도 규칙적으로 실천해서 습관으로 자리 잡도록 한다).

나만의 휴리스틱 만들기

내가 중요하게 여기는 가치가 무엇인지 생각해 보고, 어떤 단체 또는 유형의 사람들을 돕는 것이 가장 의미 있을지 고민해 본다. 또한 나만이 도와줄 수 있는 일은 무엇인지, 어떤 도움을 주었을 때 가장 기쁠 것 같은지 생각해 본다. 이렇게 알게 된 사실을 바탕으로 빠르고 효율적으로 의사결정을 내릴 수 있는 나만의 휴리스틱 원칙을 만든다.

개인 이사회 구성하기

인생에서 중대한 결정을 내릴 때 통찰력과 도움을 줄 수 있는 사람들을 찾는다. 다양한 경험과 배경을 가진 이들을 모아 나만의 개인 이사회를 구성한다. 중요한 선택을 내려야 할 때나 여러 선택지 중에서 결정을 내리기 어려울 때마다 공식적으로든 비공식적으로든 이들에게 의견을 구한다.

4F 의사 결정법 이용하기

중요한 결정을 내려야 하는 상황을 앞두고 있다면 4F 의사 결정법을 이용한다. 첫 번째는 제대로 질문하기다. 최소한 두 개 이상의 구체적인 선택지를 두고 비교하는 것이 좋다. 두 번째는 사실 확인하기다. 의사결정에 도움이 될 자료나 정보를 검색한다. 세 번째는 최종 결정 내리기다. 최종 결정을 내리는 날짜를 명확하게 정한다. 마지막은 후속 조치하기다. 기존에 내린 결정을 검토하고 수정이 필요한지 다시 생각해 보는 시간을 정해서 캘린더에 입력한다.

더 나은 결정으로 이끄는 가치 기반 질문법

인생에서 가장 중요하게 여기는 나의 핵심 가치가 무엇인지 생각해 보고 이를 바탕으로 질문을 만들면 의사결정을 내릴 때 도움이 된다. 예를 들어 이타적인 삶이 당신의 핵심 가치라면, '다른 사람에게 긍정적인 영향을 더 많이 미칠 것 같은 선택지는 무엇인가?'라고 본인에게 질문한다. 이때 '내가 이 과정을 즐길 것 같은가?'도 항상 함께 물어보아야 한다. 마지막에 큰 보상이 있을지 모른다는 이유로 매력적으로만 보이는 선택지는 피하도록 하라.

'할 수 있는 일인지'가 아닌 '해야 하는 일인지' 묻기

단순히 정해진 규정에 따라 결정을 내리는 상황이 많을 것이다. 하지만 이런 상황에서도 맹목적으로 관행을 따르고 싶은 유혹을 뿌리쳐야 한다. 먼저 상황에서 한발 물러난 다음 자기 자신에게 이 일이 '내가 해야 하는지 일인지' 질문해 보자. 만약 대답이 '아니요'라면 이 일 대신 무엇을 해야 하는지 생각해 본다.

빙산의 환상 주의하기

누군가에게 제안이나 부탁을 받았다면, 그 일의 가장 매력적인 모습인 '빙산의 일각'에 도달하기 위해 얼마만큼의 시간과 노력을 들여야 하는지 구체적으로 생각해 보아야 한다. 그렇게 수중에 잠긴 빙산의 몸체를 전부 고려해야 그 제안의 수락 여부를 현명하게 결정할 수 있다.

다음 주 화요일 원칙

일정이 한참 남은 일을 부탁받았을 때 '만약 이 일을 당장 다음 주 화요일에 해야 한다면 기분이 어떨 것 같은가?'라고 자기 자신에게 물어본다. 이때 설레는 마음이 들지 않는다면 상대에게 거절 의사를 밝혀라.

불필요한 회의 정리하기

캘린더를 보며 지난 2주 동안 참석했던 회의를 전부 적고, 회의마다 아래의 세 가지 질문을 던져본다.

1. 내 업무에 꼭 필요한 회의인가?

2. 이 회의에 참석하면 내가 바라는 직장 생활에 한 발 더 가까워지는가?

3. 이 회의에 참석하는 동안 즐거움을 느끼는가?

위 세 가지 질문 중에서 하나라도 해당하지 않는 회의는 일정에서 지우고 앞으로 참석하지 않는다.

지난 한 주간 좋았던 일과 싫었던 일을 돌아보기

한 주의 시작이나 마지막 날에는 지난 일주일 동안 어떤 일을 좋아했고 싫어했는지 되돌아보는 시간을 보낸다. 좋았던 일은 더 많이 할 방법이 없을지 생각해 보고, 싫었던 일은 더 적게 하거나 그만두거나 다른 사람이 이 일을 대신할 수는 없을지 고민해 본다. 만약 싫었던 일을 앞으로도 계속해야 한다면, 내 강점을 이용해 그 일에서 받는 부정적인 영향을 줄이는 방법은 없는지 알아본다. 또는 싫어하는 일을 바라보는 관점을 바꿔보는 것도 좋다.

세 가지 범주로 나눠 주간 리뷰 하기

매주 금요일 오후마다 자기 자신과 20분 동안 회의하는 시간을 보낸다. 종이에 3열짜리 표를 그리고, 1행에 세 가지 범주인 '일', '인간관계', '나'를 적는다. 범주마다 다음 주에 성취하고 싶은 중요한 일을 최소한 한 개씩 적고, 이 활동을 언제 할 것인지도 함께 정한다.

매일 저녁 나를 돌보는 시간 보내기

매일 저녁 10분씩 하루를 돌아보는 시간을 보낸다. 오늘 하루가 어땠는지, 어떤 일이 있었고 내가 어떻게 반응했는지 되새겨 본다. 그런 다음 내일을 생각하면서 '내일 하루 동안 일상에 변화를 가져올 수 있는 일을 단 한 가지만 한다면 무엇을 할 수 있을까?'라고 자문해 본다. 마지막으로 다른 사람들에 대해 생각하는 시간을 보낸다. 내일은 누구와 시간을 보낼 것인지, 누구를 가르칠 것인지 미리 생각해 보는 것이다. 다음 날 아침이 되면 전날 밤 적은 이브닝 페이지를 빠르게 읽어보고 하루를 시작한다.

할 수도 있는 일 목록 만들기

해야 하는 일이 아닌 할 수도 있는 일만 적는 목록, 즉 '할 수도 있는 일 목록'을 만든다. 급하지 않은 일상적인 일은 당신의 하루에 끼어들어 정작 중요한 업무에 집중하지 못하게 막는다. 이런 일들을 할 수도 있는 일 목록에 적는 것이다. 이 목록에 적은 일들은 이름처럼 내 선택에 따라 할 수도 있고 하지 않을 수도 있다. 만약 할 수도 있는 일 목록에 처리하지 않은 작업이 쌓이기 시작하면 시간을 따로 정해서 한꺼번에 처리한다.

열린 목록과 닫힌 목록 만들기

할 일 목록을 만들 때 '열린 목록'과 '닫힌 목록' 두 개로 나눠 만든다. 열린 목록에는 현재 내가 하는 일을 전부 적는다. 닫힌 목록에는 몇 개의 할 일을 적을 것인지 정한다(3~5개를 추천한다). 그런 다음 열린 목록의

할 일 중에서 가장 중요한 일들을 골라 닫힌 목록의 빈칸에 옮겨 적는다. 닫힌 목록의 할 일 중 한 가지를 골라 집중해서 하다가 그만두고 싶어지면 그 일을 닫힌 목록에서 지운다. 그러고는 열린 목록에서 할 일을 새로 골라 닫힌 목록으로 옮겨 적는다.

TIME

2장

구조화

생산적인 하루를 만들어라

WISE

월요일 아침을 맞이한 당신. 컴퓨터를 켜고 활기찬 에너지로 하루를 시작한다. 이번 주에 목표한 일도 중요도에 따라 정리해 놓았다. 오늘 계획 중 가장 중요한 일을 시작하는데 문득 받은편지함을 살짝 열어보고 싶은 충동이 든다. 결국 안타까운 실수를 저지르고 마는 당신. 그 순간 지금까지 주도적으로 이끌던 하루는 순식간에 수동적으로 끌려가는 하루로 바뀌어버린다.

받은편지함을 열자마자 상사와 동료가 보낸 '긴급한' 요청 메일 몇 건이 눈에 들어온다. 캘린더를 열어 이 일을 처리할 일정을 확인해 보지만, 이미 다른 회의들이 공격적인 바이러스처럼 캘린더 이곳저곳을 잠식해 좀처럼 가능한 시간이 보이지 않는다. 스트레스는 점점 커지고 오늘 하루 중요한 일에만 집중하겠다는 꿈은 어느새 머나먼 기억 속으로 사라져 버린다.

하지만 걱정할 필요 없다. 당신만 그런 것이 아니다.

사실 많은 사람이 수동적인 방식으로 일한다. 일정표에 입력된 회의들은 동료들이 잡은 것이고, 종일 한 일이라고는 밀려오는 이메일에 회신한 것뿐이다. 요청받은 일은 모두 급한 일처럼 느껴진다. 회사 생활이 계속 반복되는 두더지 게임 같지만 그렇다고 해서 회사 일이 게임처럼 재미있는 것도 아니다.

혹시 이 상황이 낯설지 않은가? 그렇다면 더 늦어지기 전에 하루의 주도권을 찾아와 능동적인 삶을 만들어보자.

이 장에서는 시간을 효율적으로 사용하기 위해 당신의 하루와 일주일을 미리 계획해야 하는 이유와 그 방법을 알아본다. 또한 크로노타입에 따라 하루를 설계하는 법과 이를 뒷받침하는 최신 연구 결과를 소개한다. 손가락만 까딱거리며 시간이 부족하다고 불평하는 대신 휴식 시간을 일정으로 미리 잡아놓아야 하는 이유를 알아보고, 마지막으로 약에 의존하지 않고도 하루를 기분 좋게 마무리하는 방법을 배워본다.

크로노타입에 따라
하루를 계획해야 하는 이유

생산성 관련 조언을 들어보면 정말 중요한 요소인 개인별 크로노타입Chronotype에 관한 고려가 빠져 있다. 여기서 '크로노타입'이란 하루 중 에너지가 가장 높을 때와 가장 낮을 때에 영향을 미치는 일주기 수면-각성 리듬을 말한다.

가장 많이 알려진 크로노타입으로는 종달새형과 올빼미형이 있다. 연구에 따르면 전체 인구의 10퍼센트 정도가 종달새형이라고 한다. 전형적인 '아침형' 동물로 알려진 종달새처럼 이들은 이른 새벽에 알람이 울리지 않아도 개운하게 기상한다. SNS에는 종달새형에 속한 사람들이 새벽 5시 기상 모임 회원으로 활동하며 올린 새벽 기상 인증 글로 넘쳐난다. 다른 사람들이 지친 몸을 이끌고 겨우 일어나 모닝커피를 마시고 있을 때 자신들은 새벽부터 많은 일을 이뤘다고 자랑한다. (솔직히 고백하자면 나도 종달새형 인간이다. 새벽 6시부터 글을 썼다는 사실을 누구에게도 자랑하지 않으려 했지만 당신이 궁금해할 것 같아 털어놓는다.)

올빼미형에게 종달새형은 매우 짜증 나는 상대다. (올빼미형들이여, 솔직히 인정하자.) 올빼미형은 종달새형과 정반대의 특징을 보인다. 이들은 전체 인구의 20퍼센트 정도를 차지한다. 이름에서 알 수 있듯 올빼미형은 밤에 활동적이다.

그런데 종달새형도 올빼미형도 아닌 그 중간 어딘가에 속하는 사람들이 있다. 이들을 '제3의 새형'이라고 부른다. 제3의 새형은 이른 새벽에도, 늦은 밤에도 활발하지 않다. 아침에는 퀭한 눈과 부스스한 머리를 하고 있고 밤이 되면 다 타버린 촛불처럼 지쳐 쓰러진다. 제3의 새형은 몇 시간 늦기는 하지만 종달새형 생체 리듬을 따르는 경향이 있다.

종달새형과 제3의 새형은 완전히 깨어난 후 2시간 동안 인지적 주의력이 최고조에 달한다. 점심시간 후부터 컨디션이 떨어지지만 늦은 오후에 다시 반등한다. 반면 올빼미형은 이와 정반대의 패턴으로 생활한다.

이제 당신은 이런 생각이 들 것이다. '아침형 인간과 저녁형 인간으로 구분하는 것이 어쩌면 넷플릭스를 보느라 밤늦게까지 깨어 있는 올빼미형과, 새벽 5시에 기상하며 부지런한 척하는 종달새형에게 자신들의 행동을 정당화하는 변명거리를 제공하는 것은 아닐까?' 전혀 그렇지 않다. 연구를 통해 증명된 바에 따르면 자신의 크로노타입을 이해하고 그에 따라 생활하는 것이 우리 모두를 더 행복하게 만든다. 생산성이 훨씬 크게 향상됨은 말할 것도 없다. 일례로 이란에서 교대 근무를 하는 의료계 종사자 210명을 대상으로 진행한 연구에서도 종달새형은 아침 근무 시간에 활기차게 일하는 모습을 보였다. 올빼미형도 마찬가지로 밤 근무 시간에 더 활기를 띠었다.

《뉴욕타임스》 베스트셀러 『언제 할 것인가When: The scientific Secrets of Perfect Timing』의 저자 다니엘 핑크Daniel Pink는 이 책을 쓸 때 크로노타입에 관한 수많은 연구 자료를 읽어보았다. 자신이 제3의 새형임을 알게 된 그는 업무 시간을 완전히 재구성했다.

"저는 하루에 써야 하는 단어 수를 미리 정해놓았어요. 그리고 아침이 되면 저 자신에게 '좋아, 오늘은 700단어를 써야 해'라고 말해주었죠. 글을 쓰는 날에는 작업실에 휴대전화를 가져가지 않고 이메일도 열어보지 않아요. 700단어를 쓰기 전까지는 어떤 일도 하지 않는 겁니다. 그 밖의 일들은 글쓰기를 마치고 나면 자유롭게 해요."

핑크가 이어서 설명했다. "이른 오후부터 중반까지는 주로 이메일에 답장하거나 서류를 정리하고 스캔하는 작업을 합니다. 별로 힘들거나 어렵지 않은 일을 이때 하죠. 그러고 나면 제 컨디션이 최저점을 지나 반등하는 오후 3~4시쯤 되는데, 보통 이때 인터뷰를 합니다. 인터뷰 일정이 없으면 이 시간에 몸과 마음이 조금 느슨해져도 되는, 그래서 새로운 가능성과 아이디어를 받아들일 수 있는 일을 하죠."

이 같은 일정에 따라 작업한 덕분에 『언제 할 것인가』는 핑크가 처음으로 출판사에 늦지 않고 원고를 넘긴 책이 됐다.

실천하기

① 내 홈페이지(amantha.com/what-is-your-chronotype/)에서 '당신의 크로노
  타입은?(What's your Chronotype?)' 퀴즈를 풀어본다.

② 퀴즈를 통해 확인한 자신의 크로노타입에 맞춰 하루 일정을 계획한다. 퀴
  즈에서 제안하는 스케줄을 참고해서, 높은 집중력이 필요한 일을 하는 시
  간대와 가볍고 쉬운 업무를 하는 시간대를 정한다.

③ 필요하다면 아래 가이드라인을 활용해도 좋다.

종달새형(아침형 인간)

• 높은 집중력이 필요한 업무: 오전 7시부터 10~11시까지

• 가볍고 쉬운 업무: 오전 11시부터 오후 2시까지

• 컨디션이 반등하는 시간(높은 집중력이 필요한 업무를 추가로 할 수 있음):
  오후 2~4시까지

제3의 새형(아침형 인간도 저녁형 인간도 아닌 중간 유형)

• 높은 집중력이 필요한 업무: 오전 9시부터 오후 12시까지

• 가볍고 쉬운 업무: 오후 12시부터 2~3시까지

• 컨디션이 반등하는 시간(높은 집중력이 필요한 업무를 추가로 할 수 있음): 오
  후 3~5시까지

올빼미형(저녁형 인간)

• 높은 집중력이 필요한 업무: 오후 4시부터 계속

- 가볍고 쉬운 업무: 오후 1~4시까지

- 컨디션이 반등하는 시간(높은 집중력이 필요한 업무를 추가로 할 수 있음): 오전 10시부터 오후 1시까지

효과적으로 시간을 활용하는
스위치 로그 기법

하루를 마무리할 때 '오늘 종일 뭘 했지?' 같은 생각을 한 적 있는가? 혹시 이 질문에 아무 대답도 못 한 적은 없는가?

사람들의 평균 근로 시간인 주 40시간을 분으로 환산하면 2400분이나 된다. 그러나 사람들 대부분은 이렇게 넘쳐나는 시간을 어떻게 분배해야 하는지 알지 못한 채 살고 있다. 심지어 업무와 휴식에 쓴 시간을 실제보다 과장해서 기억한다. 구독형 이메일 서비스를 제공하는 IT 기업 슈퍼휴먼Superhuman의 창업자이자 대표인 라훌 보라Rahul Vohra는 이 같은 문제를 해결하기 위해 '스위치 로그 기법'이라는 아이디어를 생각해 냈다.

"사람들은 자신이 시간을 어떻게 보내는지 안다고 생각하지만 실제로는 그렇지 않아요. 물론 일정표에 오늘 할 일과 예상 소요 시간을 쓰기는 하죠. 하지만 현실은 이와 다르게 흘러갑니다. 긴급한 문제는 주의를 기울여야 하니 시간이 더 오래 걸리고, 중요한 업무가 일정표에 빠져 있기도 해요. '측정할 수 없으면 개선할 수 없다'라는 말을 들어보신 적 있나요? 저는 이 말에서 힌트를 얻었어요."

보라는 자신에게 던지는 질문을 '시간을 어떻게 보내고 있는가?'에서 '시간을 어떻게 측정하고 있는가?'로 바꿨다.

해결책은 스위치 로그 기법에 있었다. 컴퓨터 시스템에서 발생하는 모든 활동을 기록하는 로그Log 작업에서 착안한 방식으로, 스위치 로그 기법은 하던 일을 전환Switch할 때마다 기록하는 방법이다. 보라는 이 기법이 놀라울 정도로 간단하면서도 효과적인 방식이라고 소개했다. "규칙은 다음과 같아요. 첫째, 어떤 일을 시작할 때 기록한다. 둘째, 하던 일을 전환할 때 기록한다. 셋째, 휴식할 때 기록한다. 그리고 이 부분이 흥미로운데요. 세 가지 규칙 외에는 제약 사항이 없습니다. 무슨 일을 하든 상관없어요. 자신의 직관에 따라 중요해 보이는 일을 하면 됩니다."

보라가 이용하는 채널은 슬랙Slack(메신저 및 프로젝트 관리용 협업 툴—옮긴이)이다. 그는 일을 시작할 때마다 슬랙에서 자기 자신에게 메시지를 보내는 방식으로 시간과 작업 내용을 기록한다. 예를 들면 이런 식이다. 먼저 Task Switch를 줄여 TS라고 쓰고 그 뒤에 콜론(:)과 작업 이름을 적어(TS: 일정표 디자인 검토) 본인에게 메시지를 보낸다. 다른 일로 전환하거나 휴식을 취할 때도 이 작업을 반복한다. 마지막으로 일과를 마치고 나면 이 기록들을 보면서 하루 동안 자신이 어떻게 시간을 사용했는지 분석한다.

"분석도 비교적 간단합니다. 하루 동안 했던 모든 작업을 범주화하는 겁니다. 제가 사용하는 범주는 제품 디자인, 채용, 홍보(PR), 운영 관리, 리더십, 이메일과 명상인데요. 이렇게 만든 범주별로 사용한 시간을 계산합니다."

보라는 그 예시로 자신이 올해 초 한 주 동안의 활동 사항을 분석한 결과를 내게 보여주었다. 그러면서 자신이 전체 시간의 4퍼센트만 채용 업무에 사용했고, 홍보 업무에는 무려 22퍼센트나 할애했다는 사실을 분석을 통해 알게 되었다고 말했다. "시리즈 B 투자를 받은 스타트업의 대표로서 저는 채용 업무에 제 시간의 약 30퍼센트를 할애해야 해요. 그래서 제가 홍보 일에 시간과 노력을 직접 기울이기보다 저보다 능력이 뛰어난 홍보 전문가를 고용하는 게 더 나은 선택이라고 판단했어요. 이런 분석을 거친 덕분에 곧바로 실행할 수 있는 해결책을 찾았죠."

실 천 하 기

① 스위치 로그 기법을 수행할 때 사용할 소프트웨어를 선택한다. 보라처럼 슬랙을 이용해도 되고, 마이크로소프트 엑셀Microsoft Excel이나 구글 시트 Google Sheets 등을 활용할 수도 있다. 아날로그 방식으로 노트와 펜을 이용해도 좋다.

② 새로운 업무를 시작할 때 'TS: 업무명'을 입력한다.

③ 다른 업무로 전환할 때 'TS: 업무명'을 새로 입력한다.

④ 업무를 전환하거나 휴식을 취할 때마다 매번 이 작업을 반복한다.

2장 구조화

⑤ 업무를 전환할 때 깜빡하고 기록하지 못할 수도 있다. 보통은 5분이나 10분 정도 지난 후에 자신이 기록한 것과 다른 업무를 하고 있다는 사실을 깨닫는다. 걱정할 필요 없다. 알아차렸을 때 곧바로 전환한 업무 내용을 입력한 다음 하던 일을 계속하면 된다.

⑥ 스위치 로그 기록에 따라 캘린더를 수정하지 않아도 된다. 즉, 캘린더에 입력된 일정이 스위치 로그 기록과 반드시 일치할 필요는 없다.

⑦ 하루 또는 일주일을 마무리할 때 그동안의 데이터를 분석해 본다. 모든 업무를 범주화하고 범주마다 시간을 얼마나 사용했는지 계산한다. 그리고 이 결괏값과 자신이 중요하게 생각하는 가치, 우선순위 업무가 일치하는지 비교해 본다. 만약 일치한다면 시간을 현명하게 사용했다는 뜻이다! 만약 일치하지 않는다면 앞으로 몇 주간 자신의 행동 중에서 무엇을 바꿀 수 있을지 생각해 보자.

⑧ 이 책에서 스위치 로그 기법을 소개했을 때 속으로 '지옥처럼 끔찍한 방법이군!'이라고 생각했는가? 사실 나도 처음에 보라의 설명을 들었을 때 같은 반응을 보였다. 당신의 생각이 맞다. 이 기법으로 효과를 보려면 지옥 같은 과정을 통과해야 한다. 직접 해보니 정말 끔찍했다. 하지만 장담하건대 마지막에 얻게 될 깨달음을 생각한다면 그만한 고통은 감수할 만하다.

매일 하이라이트를 만들어라

자칭 생산성에 미친 사람이자 베스트셀러 『스프린트』와 『메이크 타임』의 공동 저자인 제이크 냅Jake Knapp은 어느 날 할 일 목록이 자기 삶을 지배하고 있다고 느꼈다. 그는 구글에서 일했던 10여 년 동안 할 일 목록에 의존하며 살았다. 바라는 건 오로지 할 일 목록에 적힌 일을 모두 끝내는 것이었다. 하지만 한 가지 문제가 그를 괴롭혔다. 바로 할 일 목록에는 끝이 없다는 사실이었다. 하나를 끝내면 새로운 할 일이 또 생겨나기 일쑤였다.

그래서 냅은 기존과 다른 방식으로 하루를 보내보기로 했다. 그는 할 일 목록에 올린 사소한 일들을 모두 완수해야 한다는 집착을 내려놓기 시작했다. 그리고 완전히 다른 일에 집중했다.

"매일 아침 저는 스스로에게 '지금이 하루를 마무리하는 저녁이라고 상상해 보자. 어떤 일이 오늘의 하이라이트(그날 해야 할 일 중

        2장 구조화

에서 가장 중요한 일—옮긴이)이기를 바라는가? 어떤 일에서 만족감과 즐거움을 느낄 것 같은지 한 가지만 골라보자'라고 말합니다. 머릿속에 떠오른 일이 작고 사소한 작업일 수도 있고요. 짧게는 60분, 길게는 90분까지 걸리는 작업일 수도 있어요. 무엇이든 상관없습니다. 하이라이트 한 가지를 정해서 종이에 적는 겁니다."

냅이 이 작업을 한다고 해서 나머지 할 일을 하지 않는 것은 아니다. 그는 여전히 이메일을 확인하고, 별로 중요하지 않지만 해야 하는 일을 할 일 목록에 적는다. 그러나 이 사소한 일들이 하루를 지배하지 못하도록 하이라이트를 우선 업무로 올린다.

"저는 '오늘 정말 많은 일을 할 거야'라고 생각하지 않아요. 정말 중요한 일 한 가지만 잘했다면 그걸로 충분히 만족합니다."

냅은 하이라이트에만 집중하기로 결정한 후부터 캘린더에 하이라이트만을 위한 일정을 따로 잡아놓는다. 그러면 이 일을 다른 어떤 일보다 최우선으로 처리할 수 있다.

심리학자들의 연구 결과에 따르면, 하루의 하이라이트를 계획하거나 상상하는 간단한 행위만으로도 목표를 달성할 가능성이 커진다고 한다. 또한 하루 중 직면할 수 있는 어려움에 대한 회복력도 상승한다.

심리학자이자 미국 뉴욕대학교 교수인 가브리엘레 외팅겐 Gabriele Oettingen이 발표한 연구도 이러한 효과를 뒷받침한다. 연구진은 실험 참여자를 세 집단으로 나누고, 첫 번째 집단에는 그날의 하이라이트, 즉 창의적인 작업이 될 것 같은 일을 상상하도록 했다. 또한 그 작업을 성공했을 때 어떤 기분이 들 것 같고 어떤 장애물이 발생할 것 같은지 생각해 보도록 했다. 반면 두 번째 집단에는 장애물은 생각하지 않고 오직 하이라이트만 상상하도록 했다. 마지막으로 세 번째 집단에는 오직 장애물만 생각하도록 지시했다.

그 결과 하이라이트와 잠재적 장애물을 같이 상상한 첫 번째 집단 참여자들이 가장 높은 성과를 보였다. 이들은 하이라이트를 생각할 때의 긍정적 감정을 잠재적 장애물과 연결시켰고, 그 덕분에 어려움이 닥치더라도 잘 극복할 수 있다는 자신감을 가질 수 있었다. A 유형 성격인 나는 냅에게 추가로 질문하지 않을 수 없었다. "하이라이트는 왜 꼭 한 개여야 하죠? 한 개보다 두 개가 더 좋지 않나요?"

냅은 내가 놓친 부분을 친절하게 설명해 주었다. "사람들은 일할 때, 심지어 일 외적인 삶에서도 항상 바빠야 한다고 생각하는 것 같아요. 우리 부모님들만 보아도 정말 열심히 사시잖아요. 우리는 모두 바쁜 사람들이에요. 그래서 더 많은 일을 더 빨리해야 한다고 생각하죠. 하지만 하이라이트 전술은 우리에게 이렇게 말해요. '이봐, 한 가지 일에만 집중해 봐. 더 적은 일에 더 많은 에너지를 쏟아도 괜찮아.'"

나는 냅에게 진심으로 고마웠다. 내 안의 과잉성취자가 듣고 싶어 했던 말이었기 때문이다.

1. 하루를 시작할 때 자신에게 질문해 보자. '지금이 하루를 마무리하는 저녁이라고 상상한다면, 어떤 일이 오늘의 하이라이트이기를 바라는가? 어떤 일에서 만족감과 즐거움을 느낄 것 같은가?'

2. 하이라이트에 적합한 일을 한 가지 선택한다. 완수하는 데 60~90분이 소요되는 일이 가장 이상적이다.

3. 하이라이트만을 위한 시간을 캘린더에 미리 입력한다. 컨디션이 최상인 시간대에 하이라이트를 하는 것이 가장 좋다. (사람들은 보통 아침에 컨디션이 가장 좋다.)

4. 이 하이라이트를 오늘 하루 동안 해야 하는 다른 어떤 일보다 최우선으로 처리한다.

시급 10달러 작업보다
1만 달러 작업을 많이 하는 법

자신의 연봉을 시급으로 계산해 본 적이 있는가? 당신이 직장인이 아닌 사업가나 프리랜서라면 연 수입을 일한 시간으로 나눠 시급을 계산해 보았을 수 있다. 혹시 그 과정에서 본인 일 중에 가장 가치가 높고 낮은 일이 무엇인지 확인해 본 적은 없는가?

세계적으로 저명한 사업 전략가인 페리 마셜Perry Marshall은 시급에 관해 오래 고민해 왔다. 그는 본인 업무의 가치를 완전히 새로운 방식으로 계산한다. (그리고 이 방식은 복잡한 수학 문제를 계산하는 능력과 전혀 상관이 없다.)

마셜은 치과에서 안내데스크 직원으로 일하며 시간당 15달러를 받는 헬렌을 예로 들었다. "헬렌이 하는 일 대부분은 그 가치가 시간당 0달러에 가깝습니다. 하지만 그녀의 업무 중에는 시간당 수천 달러의 가치가 있는 일이 몇 가지 있어요."

2장 구조화

예를 들어 5000달러 상당의 충치 치료가 필요한 환자가 있다고 가정해 보자. 이 환자는 구글에서 헬렌이 일하는 치과를 검색해 전화를 건다. 전화를 받은 헬렌은 이 환자에게 다른 고객을 응대하고 있으니 잠시 기다려달라고 말한다. 2분 뒤 헬렌이 다시 수화기를 들었을 때는 이미 전화가 끊어진 상태다. 2분 전만 해도 헬렌의 치과에서 5000달러를 쓸 계획이었던 이 고객은 통화대기음에 지쳐 도망간 뒤 다시는 돌아오지 않았다.

"5000달러를 잃는 데 고작 2분밖에 걸리지 않았어요." 마셜이 말했다.

사람들은 누구나 하루 동안 가치가 낮은 일과 높은 일을 모두 하면서 살아간다. 마셜은 자신의 업무 중에서 시간당 1000달러 또는 1만 달러를 버는 일이 무엇인지 잘 파악한 다음 이 일을 일정에 더 많이 포함시켜야 한다고 강조한다.

또한 가치가 낮은 일이 무엇인지 아는 것만으로는 충분하지 않다. 마셜은 시간당 가치가 낮은 업무가 무엇인지 파악했다면 그 일을 줄이거나 전부 그만둘 방법을 찾아야 한다고 말한다. 예를 들어 조수나 비서 등 제3자에게 이 일을 위임하거나 외주를 주고 본인은 가치가 높은 활동에 더 많은 시간을 쏟는 것이다.

모든 시간이 똑같은 가치를 창출하지는 않는다. 그러므로 자신이 어떻게 시간을 이용하는지 잘 아는 사람이 시간을 훨씬 더 생산적으로 보낼 수 있다.

① 사소한 관리 업무부터 전문적인 지식이 필요한 업무까지 내가 하는 일을 전부 목록에 작성한다.

② 이 일들을 다음의 네 종류로 나눈다.

   a) 시간당 10달러 가치의 업무(예: 심부름, 회계 부서에 영수증 제출하기, 다이어리에 회의 일정 정리하기)

   b) 시간당 100달러 가치의 업무(예: 일회성으로 발생하는 고객 문제 해결하기)

   c) 시간당 1000달러 가치의 업무(예: 주간 계획을 세우고 업무를 우선순위에 따라 정리하기)

   d) 시간당 1만 달러 가치의 업무(예: 매출 관련 회의하기, 반복적으로 발생하는 고객 문제 해결하기)

③ 시간당 10달러 가치의 업무를 다른 사람에게 위임할 수 있는지 알아본다. 예를 들어 시급이 5~10달러인 인공지능 가상 비서를 고용할 수 있다. 시간당 10달러 가치의 업무를 제3자에게 4시간 동안 위임하면 40달러의 비용이 든다. 그러나 당신이 이 4시간 동안 시간당 1000달러짜리 업무를 한다면 같은 시간에 훨씬 더 많은 가치를 창출할 수 있다. 이는 고급 통계학 박사 학위가 없어도 누구나 알 수 있는 사실이다.

④ 이 사고방식을 업무 외적인 부분에도 적용한다. 가치가 낮은 업무는 외주를 주고 그 시간에 가치가 높은 업무를 수행하는 것이다. 나만 해도 이케아 가구를 조립하는 일을 에어테스커Airtasker(호주의 인력 중개 플랫폼—옮긴이)에서 고용한 전문가에게 대신 맡겼다. 그리고 그 시간 동안 내 기준에서 더 큰 가치를 가진 일을 했다. 바로 일곱 살짜리 딸과 해리포터 레고를 조립

하며 이야기를 나누는 행복한 시간을 보낸 것이다. (혹시 나만 이 일이 가치

있고 멋지다고 생각하는가?)

일정표에서
불싯 업무를 없애라

일정표에서 이번 주 일정을 살펴보자. 당신의 역할이나 주최 목적이 명확하지 않은 회의가 들어 있는가? 별로 즐거울 것 같지도, 업무에 직접적인 도움이 될 것 같지도 않은 행사가 있는가? 혹시 아무도 읽지 않을 것 같은 보고서를 작성하는 일정을 따로 잡아놓았는가?

만약 위 질문에 '그렇다'라고 대답했다면 당신의 캘린더는 쓸모없는 일정으로 채워져 있을 가능성이 크다.

일정 관리 소프트웨어 기업 선사마Sunsama의 창업자 아슈토시 프리야다르시Ashutosh Priyadarshy는 업무와 관련 없거나 목표 달성에 전혀 도움 되지 않는 일들로 캘린더가 꽉 차 있는 경우가 많다고 말한다. 그러면서 하루를 최적화하고 싶다면 캘린더에서 쓸모없고 무의미한 업무인 '불싯Bullshit 업무'를 주기적으로 삭제해야 한다고 강조한다.

"저는 그날 계획한 일들을 살펴보면서 '이 일이 내가 원하는 결과와 직접적이고 확실한 관련이 있는가?'라고 스스로 물어봅니다. 고객 유치 업무처럼 제가 집중하는 일에서 두세 걸음 떨어져 있다는 판단이 들면, 그 업무는 대체로 불싯 업무일 가능성이 커요."

프리야다르시는 네트워킹 행사를 예로 들었다. 네트워킹 행사에 참석하면 사람들을 만나 새로운 지식을 얻고 신규 고객도 유치할 가능성이 있지만 사실 확실히 그러리라는 보장은 없다. 그는 다음과 같이 덧붙여 말했다. "저는 오직 확실하고 긴급하고 중요하다고 생각하는 일에만 집중합니다. 나머지 일은 신경 쓰지 않으려 해요."

대기업에 다니는 친구들과 대화하다 보면 업무 시간의 상당 부분을 프리야다르시가 말하는 '불싯 업무'를 하며 보낸다는 충격적인 말을 자주 듣곤 한다. 이들은 조직의 목표에 아무 영향도 미치지 못하는 '업무'를 하고, 참석 인원을 줄이거나 짧게 진행한다면 훨씬 나은 결과를 얻을 수 있는 회의에 참석하느라 아까운 시간을 보내고 있는 것이다.

프리야다르시는 전날 밤에 다음 날 할 일을 계획하는 습관을 들인 덕분에 다이어리에 업무, 회의, 행사를 적을 때마다 '불싯 업무'인지 아닌지 생각하게 됐다. 그는 "이렇게 규칙적으로 하루 일정을 계획하고 검토하는 습관을 들이면 나의 하루에 '불싯 업무'가 들어서기 어려워요"라고 웃으며 말했다. 자신의 하루에서 '불싯 업무'를 없애고 싶지 않은 사람이 과연 있을까?

실천하기

1. 다이어리에 작성한 계획을 검토하는 시간을 정한다. 매일 실천하는 것이 가장 좋다.

2. 모든 회의, 행사, 고정 활동마다 '내 목표를 달성할 수 있게 도와주는 일인가?'라고 자신에게 물어본다. 대답이 '아니요'라면 계획에서 지우고 '예'라면 그대로 둔다. '그럴 수도 있다' 또는 '간접적으로 도와준다'라는 대답이 나오는 업무도 계획에서 지운다. 처음에는 이 과정이 탐탁지 않게 느껴질 수 있다. 하지만 불싯 업무로 채워졌던 시간에 목표 달성을 직접적으로 돕는 업무를 한다면, 중요한 일을 더 빠르고 의미 있게 이뤄낼 수 있을 것이다.

시간을 도둑맞지 않는 법

존 제라츠키는 어떻게 하면 시간을 더 잘 활용할 수 있을지 항상 고민하는 사람이다. 그는 15여 년간 구글, 유튜브 등 여러 IT 기업에서 디자이너로 일했다. 이후 구글 벤처스로 이직해 제이크 냅과 함께 효율적인 업무 수행 절차인 '디자인 스프린트Design Sprint'를 개발했다. 디자인 스프린트는 시간제한이 있어서 기업이 새로운 아이디어를 창출하고 테스트하는 과정을 빠르고 효율적으로 진행할 수 있게 도와준다. 또한 제라츠키는 자칭 '시간 얼간이'이다. 그는 제이크 냅과 함께 시간을 효율적으로 활용하는 법에 관한 책『메이크 타임』을 출간하기도 했다.

제라츠키는 일정 관리에도 관심이 많다. (일정 관리에 관심 없는 사람이 있을까 싶지만 그래도 나와 제라츠키를 따라올 사람은 없을 것이다.) 보통 직장에서 사용하는 업무용 캘린더는 다른 직원들이 볼 수 있다. 그래서 당신의 동료는 언제든지 회의를 잡아서 당신의 캘린더에 일정을 입력할 수 있다. 그러니까 누구든 당신의 시간을 가로챌 수 있다는 말이다. 정말 재미있지 않은가!

그러나 제라츠키는 일정 관리를 자신의 하루를 스스로 주도할 기회로 여긴다. 그는 어떤 일을 해야 자신이 바라는 이상적인 하루를 보낼 수 있는지 잘 안다. 먼저 오전에는 집중해서 일하는 시간을 보내야 한다. 에너지를 보충하는 식사 및 휴식 시간, 이메일과 기타 업무를 확인하고 처리하는 시간, 운동 시간, 아내와 친구랑 대화하는 시간도 필요하다.

그는 이 일정을 전부 담을 수 있도록 나만의 캘린더를 따로 만들었다.

"저는 구글 캘린더 안에 저만의 캘린더를 따로 만들었어요. 제가 바라는 이상적인 하루를 만들어줄 일정은 이곳에 입력합니다. 식사 시간, 집중해서 일하는 시간, 운동 시간 등 이상적인 하루를 구성하는 일정들이 모두 들어가 있죠."

제라츠키의 하루는 새벽 6시 30분, 커피와 함께 시작된다. 이때 전자 기기는 만지지 않는다. "아침에 일어나서 스마트폰을 보거나 컴퓨터를 켜지 않는 대신 커피를 내리고 몇 분 동안 창밖을 바라보는 시간을 보내요. 제게 정말 중요한 시간이죠. 잠들기 전에 모든 전자 기기를 모아놓는 배터리 충전함도 아내와 함께 만들었어요. 이 휴대폰 보관함은 우리와 전자 기기 사이에 적당한 경계를 만들어줍니다. 전자 기기 사용은 순전히 제 의지에 달려 있어요. 보관함을 열기로 마음먹었다면 '좋아, 이제 나는 전자 기기를 사용할 준비가 됐어!'라고 저 자신에게 말합니다."

커피를 다 마시면 제라츠키는 하루 계획 중 가장 중요한 일을 시작한다. 주로 높은 집중력이 필요한 일이다. 또한 그는 휴식 시간과 식사 시간도 미리 일정으로 잡아놓는다. "어느 날 제가 식사와 휴식을 거른다는 사실을 알게 되었어요. 일에 집중하면 너무 깊게 몰입하는 경향이 있거든요. 끼니때가 늦어지고 쉬는 시간을 건너뛰면 금방 지쳐버려요. 하지만 휴식 시간을 미리 정해놓으면 균형 잡힌 하루를 보낼 수 있죠."

기타 관리 업무나 회의는 오후로 몰아서 잡는다. 제라츠키는 일정 관리 애플리케이션 '캘린들리Calendly'를 이용해 회의 가능 시간을 오후 2~5시로 설정해 놓고 이 시간에만 회의를 잡는다. 운동은 오후 5시에 하고, 나머지 저녁 시간에는 가족이나 친구들과 함께 보낸다.

제라츠키는 마지막으로 이런 말을 남겼다. "저는 다른 사람이 잡은 일정에 끌려다니면서 하루를 보내지 않아요. 제가 정한 일정대로 살아가죠."

실천하기

① 내가 꿈꾸는 이상적인 하루를 떠올려보고, 이 하루 동안 어떤 일을 할 것 같은지 생각해 본다. 가족과 함께 시간 보내기, 운동, 몰입해서 일하기, 회의, 이메일 확인, 회사 동료나 친구들과 어울리기, 식사, 휴식 등 여러 가지가

떠오를 것이다.

② 각 활동을 하기에 가장 적당한 시간을 생각해 본다.

③ 이제 이상적인 하루를 구체화해 본다. 업무 시간에 한해서만 상상할 수도 있고, 제라츠키처럼 하루 전체를 그려볼 수도 있다.

④ 캘린더를 이용해 일정을 관리하는 방식에는 두 가지가 있다. 첫 번째는 제라츠키처럼 구글 캘린더에서 나만의 캘린더를 따로 만드는 것이다. 이 캘린더에 입력한 일정은 남들이 볼 수 없을 뿐 아니라 보기 기능을 껐다 켤 수도 있기 때문에 일정 관리를 위한 기본 캘린더로 이용하면 좋다. 두 번째는 기존의 업무용 캘린더를 이용하는 것이다. 여기에 모든 일정을 입력해 놓아서 다른 사람들이 중복으로 일정을 잡지 못하도록 한다. 내가 개인적으로 알아낸 바로는 일정에 중요 표시를 해놓았을 때 동료들이 그 일정을 진지하게 받아들였다. 특히 '절대 일정을 잡지 마시오' 같은 확실한 문구를 써놓았을 때 효과가 좋았다.

⑤ 그래도 가능하다면 나만의 캘린더를 만들어서 자신이 계획한 일정에 따라 하루를 설계해 보자.

2장 구조화

매시간을
생산적으로 만드는 법

흔히 하루를 멋지게 시작하려면 아침 식사로 단백질이 풍부한 음식을 먹고 가장 중요한 일을 제일 먼저 처리해야 한다고 말한다. 하지만 미국 브라운대학교 경제학과 교수 에밀리 오스터Emily Oster 의 주장에 따르면 꼭 그렇지만도 않다. (물론 아침 식사가 아니라 업무에 관한 이야기다.)

오스터는 시간을 어떻게 활용할지 고민할 때 '최적화'라는 경제학 개념을 이용한다. 경제학 용어를 언급해서 당신의 관심이 사라질 수도 있으니 (어쩌면 이 용어만 기억할지도 모른다) 그 전에 무슨 뜻인지부터 설명하겠다. 경제학에서 최적화란 경제 주체가 자신이 현재 가지고 있는 자원의 효용을 극대화하는 행위를 말한다. 이 개념을 시간에 적용하면 우리는 중요한 행위보다는 시간 효용을 극대화하는 행위, 다시 말해 시간을 가장 효율적으로 활용하는 행위를 해야 한다.

"저는 매시간을 될 수 있으면 생산적으로 보내려고 해요. 즉, 특정 시간 동안 큰 작업 하나에만 몰두하는 것이 아니라, 주어진 시간을 잘 활용해서 그 밖의 모든 일을 전부 해내려고 하죠."

물론 가장 중요한 일 한 가지만 처리하겠다고 생각할 수도 있다. 하지만 시간을 효율적으로 활용하고 싶다면 덜 중요하고 규모가 작은 업무 한 건을 맡는 것이 가장 좋다. 크고 중요한 업무를 맡으면 그만큼 신경을 많이 써야 하므로 높은 긴장감으로 몸이 지칠 수 있다. 이 경우 오히려 집중력과 기억력이 저하되어 좋은 성과를 내지 못할 수도 있다.

오스터를 인터뷰하던 당시 나는 이 책을 집필하고 있었다. 그래서 자연스럽게 그녀에게 최적화 개념을 내 상황에 어떻게 적용하면 좋을지 물어보았다. 오스터는 원고 집필 시간의 한계 가치(투입되는 시간이 늘어남에 따라 주관적으로 느끼는 가치의 변화—옮긴이)가 줄어드는 현상을 설명해 주었다. 즉, 아침 두 시간 동안은 생산성이 매우 높지만 그 이후부터는 아무리 시간을 투입해도 생산성이 계속 떨어질 수밖에 없다는 것이다. 슬프게도 그녀의 예측은 매우 정확했다.

"사람들을 '이건 굉장히 중요한 일이니까 끝까지 계속해야 해'라고 생각하면서 자기 자신을 유혹하죠. 하지만 실제로 이렇게 추가 투입한 시간은 생산적이지 않아요." 오스터는 생산성이 떨어지는 듯하면 다른 활동으로 바꾸거나 행정 업무를 하는 것이 오히려 시간을 가장 잘 활용하는 방법이라고 말했다. 생산성이 떨어지는 시점에 세 시간을 더 붙잡고 있어도 질적으로든 양적으로든 형편없는 결과를 얻게 된다.

집필 작업의 한계에 도달했다면 책 쓰기에 한 시간을 더 매달리는 것이 비생산적일 수 있다. 따라서 남은 시간 동안 책 쓰기를 계속 이어가는 것보다 완전히 다른 작업을 하는 것이 더 낫다. 가치가 높은 일을 붙잡고 있으면서 보통 이하의 성과를 내는 대신, 그 시간에 행정 업무처럼 가치가 낮은 일을 하면 주어진 모든 시간을 더 현명하게 사용할 수 있다.

실 천 하 기

① 생산성이 높은 하루를 보내고 싶다면 가장 중요한 프로젝트를 우선적으로 처리해야 한다는 조언은 귀담아듣지 말자. 가장 중요한 프로젝트에 몇 시간을 투자하면서 하루를 시작할 수도 있지만, 그보다는 자신의 컨디션을 점검하고 언제부터 생산성이 줄어들기 시작하는지를 파악하는 것이 더 현명하다.

② 생산성의 한계에 다다랐다면 남은 시간을 최대한 활용하기 위해 비교적 하기 쉬운 (어쩌면 덜 '중요한') 일로 바꿔보자. 생산성이 떨어진 후에도 계속 중요한 업무에만 매달리는 것보다 그 시간에 덜 중요한 행정 업무를 처리하면 시간을 더 효율적으로 활용할 수 있다.

휴식 시간을
나중으로 미루지 마라

지금 당신의 캘린더를 살펴보라. 수많은 회의 일정으로 어수선해 보이겠지만, 그래도 지금까지 이 책의 독자라면 몰입이 필요한 업무 시간 정도는 캘린더에 등록해 놓았으리라고 믿는다. (서점을 돌아다니다 우연히 이 책을 읽게 되었는가? 그렇다면 계속 읽기 바란다. 유용한 정보를 많이 얻을 수 있을 것이다.)

그런데 혹시 일정을 세울 때 휴식 시간도 계획하는가? 당신이 다른 사람들과 같다면 아마 '아니요'라고 대답할 것이다. 사람들은 보통 휴식을 중요하게 생각하지 않는다. 쉬는 것은 하루 중 틈이 날 때나 하는 일이라고 생각한다.

미국 조지타운대학교 컴퓨터공학과 교수이자 베스트셀러 『딥 워크Deep Work』, 『하이브 마인드A World Without Email』를 펴낸 작가인 칼 뉴포트Cal Newport는 하루를 계획할 때 시간 블록 기법(시간을 블록 단위로 나누고 블록마다 업무나 활동을 할당해 처리하는 일정 관리법—옮긴이)을 이용한다. 특히 이 방식으로 하루 계획을 세울 때 휴식 시간도 빼놓지 않고 일정으로 입력한다.

그는 다음과 같이 설명했다. "시간 블록 기법을 이용하는 사람들의 생산성이 향상하는 이유는 휴식 시간도 시간 블록으로 넣기 때문입니다. 이건 미묘한 심리 문제인데요. 휴식 시간을 미리 계획하지 않으면 사실상 모든 순간을 휴식 시간으로 이용할 수 있어요. 그러다 보니 종일 '지금 쉴까? 지금 이메일을 확인할까? 지금 SNS를 확인할까?' 같은 생각이 자꾸 들어 머릿속이 복잡해집니다. 휴식 시간을 미리 정해놓지 않으면 이런 논쟁을 자기 자신과 계속하게 되는 거죠."

보통은 이 논쟁에서 이기기보다 지는 경우가 더 많다. 그렇게 원할 때마다 휴식을 취하다 보면 결국 주의력이 훨씬 더 분산된다. 하지만 휴식 시간을 미리 정해두면 언제 쉴지 정하느라 자기 자신과 씨름하면서 에너지를 낭비할 필요가 없다.

이 시점에서 당신은 이런 생각이 들지 모른다. '그건 당신에게나 해당하는 소리지. 내 다이어리는 일정으로 가득 차 있다고! 쉴 시간이 없단 말이야!' 다행히도 좋은 소식이 있다. 휴식 시간은 그렇게 길지 않아도 된다고 한다. 미국 콜로라도대학교 연구팀은 최적의 휴식 시간을 알아내기 위한 연구를 진행했다. 이들의 연구 결과에 따르면 30분 동안의 걷기 휴식 1회와 5분 동안의 걷기 휴식 6회는 활력을 키우고 집중력을 높이며, 기분을 개선하고 오후에 느끼는 피로감을 효과적으로 감소시키는 것으로 나타났다. 당신도 회의와 회의 사이에 5분 정도의 휴식은 취할 수 있지 않은가?

이 외에 휴식이 갖는 매력적인 장점이 하나 더 있다. 짧은 휴식은 기억력 향상에 도움이 된다. 한 연구에서는 실험 참여자들을 두 집단으로 나누고 이들에게 이야기 한 편을 들려준 다음 첫 번째 집단에는 10분간 휴식을 취하도록 했다. 그리고 두 번째 집단에는 곧바로 높은 집중력이 필요한 업무를 끝내도록 했다. 그 결과 휴식을 취한 집단의 참여자들이 이야기의 세부 내용을 더 잘 기억했으며 심지어 이 효과가 일주일 넘게 이어졌다. 단지 짧은 휴식을 취했을 뿐인데 이토록 놀라운 차이가 나타난 것이다.

실천하기

① 하루 일정을 세울 때 가장 중요한 휴식 시간인 '점심시간'을 미리 잡아둔다. 여유 시간이 없어 식사를 걸러야 하는 상황을 막으려면, 점심시간으로 최소한 30분을 잡아 캘린더에 반복 일정으로 등록한다. 그래야 이 시간 동안에는 아무도 다른 회의를 예약하지 않는다. (점심 일정을 캘린더에 등록해 놓으면, 다른 사람들도 그 시간을 피해서 회의 일정을 잡으려 할 것이다.) 휴식 시간은 언제든지 바꿀 수 있다. 단, 적어도 하루에 30분은 혼자만의 시간을 가져야 한다.

② 하루 일정을 세울 때 짧은 휴식 시간을 미리 잡아둔다. 최대 5분이면 충분하다. 시간보다 중요한 것은 규칙적인 실천이다.

③ 구글 캘린더의 일정 설정에서 '빠른 회의'에 체크하면, 30분짜리 회의가

2장 구조화

25분으로 입력되도록 기본값이 바뀐다. 그러면 회의가 연달아 있을 때도 일정 중간에 5분간의 휴식 시간을 충분히 집어넣을 수 있다.

하루를 정신없이
보내지 않는 법

직장 동료가 '정신없이 바쁜' 하루를 보냈다며 한탄하는 말을 들어본 적이 있을 것이다. 연이은 회의로 점심 먹을 시간도 없었다고 투덜대면서, 식사 시간조차 아까우니 누군가 링거로 음식을 주입해 줬으면 좋겠다는 농담을 했을지 모른다. (설마 나만 이런 생각을 하는 걸까?)

그런데 듣다 보니 동료들이 마치 초대받은 회의가 너무 많아 바쁜 VIP처럼 느껴진다. 그 순간 나도 중요한 사람처럼 보이려면 다이어리에 회의를 촘촘히 채워 넣어야 할 것만 같은 기분이 든다. 성공한 사람이라면 종일 연이은 일정으로 숨 가쁜 하루를 보낼 테니 말이다.

그러나 세계적으로 성공한 사람들의 하루는 실제로 이와 정반대다.

　　　　　　　　　　　　　　　　　　　　　2장 구조화

대런 머프Darren Murph는 소프트웨어 개발회사이자 세계에서 가장 많은 인원이 원격 근무를 하는 기업 깃랩GitLab의 원격 근무 총괄 담당자다. (믿기 어렵겠지만 실제 존재하는 직책이 맞다). 사무실이 없는 이 기업은 전 세계 70여 개 국가에서 1300명이 넘는 직원이 모두 원격으로 근무하고 있다. 머프는 자신의 하루를 전부 일정으로 채우는 것은 굉장히 위험하다고 주장한다.

그는 "하루를 일정으로 꽉 채우면 여유 시간이 전혀 없게 됩니다"라고 말했다. 살다 보면 갑자기 일어나는 일이 생기기 마련이다. 예를 들어 아이가 아프니 학교로 데리러 오라는 전화를 받을 수 있다. 고객이 지금 당장 처리해야 한다며 급한 요청을 할 수도 있고, 오늘 내로 끝낼 계획이었던 작업이 예상보다 훨씬 오래 걸릴 수도 있다.

이런 일들은 보통 한 시간 또는 그 이상으로 걸리기 일쑤다. 그러다 보면 당신의 스트레스 지수는 점점 올라가고, 특히 회의가 연달아 잡혀 있는 상황이라면 다른 사람의 일정을 방해하는 문제까지도 일으킬 수 있다.

또한 머프는 빈틈없이 일정을 잡아두면 혁신이 일어나기 힘들다고도 지적한다. "직원들이 종일 쉬지 않고 일만 하는 회사에서 과연 창의적인 아이디어가 나올 수 있을까요? 이런 회사에서는 혁신도 우연한 대화도 일어날 수 없어요. 애초에 그럴 시간이 마련되어 있지 않기 때문이죠."

혹시 누군가 당신에게 종일 회의에 참석하느라 미치도록 바빠서 힘들다고 불평한다면, 이제 당신은 전처럼 불안한 마음이 들지 않을 것이다. 오히려 덜 정신없고 덜 바빴던 자신의 하루를 떠올리면서 '어쩌면 내가 더 성공한 사람일지도 몰라'라고 속으로 으쓱할지도 모른다.

실천하기

① 다이어리에 일정이 꽉 차 있다고 해서 생산적으로 살고 있다고 착각하면 안 된다. 오히려 아무것도 하지 않는 시간인 '버퍼 타임Buffer Time(완충재 역할을 하는 시간—옮긴이)'을 의도적으로 집어넣어야 한다. 버퍼 타임을 일정에 넣어두면 업무가 지연되거나 예기치 않은 일이 발생하는 상황에 대비할 수 있다. 또는 창의적이고 우연한 일이 일어날 수 있는 시간으로 활용할 수도 있다. 다음은 일정을 세울 때 주의해야 할 사항이니 참고하기 바란다.

- 캘린더에 휴식 시간을 입력해 놓는다. (124쪽에서 소개한 칼 뉴포트의 조언대로 실천하고 있기 바란다.) 이렇게 하는 이유는 당신의 재충전 시간이 다른 사람에게 방해받지 않도록 보호하기 위해서다. 회의나 업무가 예정 시간보다 길어진다면 이때 버퍼 타임을 활용할 수 있다.

- 시간 블록 기법으로 하루 계획을 세운다면 업무별 소요 시간을 실제보다 짧게 예상하는 실수를 저지를 수 있으니 주의한다.

- 회의 사이마다 휴식 시간을 넣는다. 오래 쉬지 않아도 괜찮다. 5분 또는 10분 동안 간단한 일을 하거나 다음 회의를 위해 메모를 검토하는 시간을 보내보자. 그러면 하루를 더 원활하게 보낼 수 있고 내가 하루를 주도하는 느낌을 받을 수 있다.

무의미한 이메일 확인을
멈추는 법

    나의 생산성을 가로막는 가장 큰 장애물은 이메일이다. SNS의 방해에 굴복하지 않고 메시지 도착 알림음에도 휩쓸리지 않는 방법을 터득했지만, 아직도 받은편지함에 자주 들어가 이메일 더미 속에서 시간을 보내며 '진짜 해야 할' 업무를 미루곤 한다.

    읽지 않은 메일을 0건으로 만들기 위해 (아무리 많아도 최대 10건을 넘지 않도록 한다.) 받은편지함에서 한참을 머무르지만, 잠깐만 지나도 새 메일은 금세 쌓여 있다. 해야 할 일이 넘쳐나는 걸 알면서도 괜히 받은편지함만 들쑤시고 다니는 내 모습이 게을러 보이지만 이 시간이 너무 즐거워 멈출 수가 없다. (물론 이 습관이 잘못됐다는 것을 알기에 죄책감도 든다.) 그래서인지 존 제라츠키가 받은편지함을 목적에 맞게 사용하는 법을 소개했을 때 나는 완전히 매료되었다.

    제라츠키는 구글 벤처스에서 일할 당시 동료 제이크 냅과 함께 기획·실행 프로세스인 디자인 스프린트를 개발했다. 제라츠키는 나처럼 시간 관리에 관심이 많아 어떻게 하면 시간을 효율적으로 활용할 수 있을지 자주 고민한다. 그러던 중 자신이 받은편지함을 확인하고 싶은 유혹에 쉽게 현혹된다는 사실을 깨달았다.

"저는 스마트폰으로 이메일을 확인하지는 않지만 하루의 대부분을 컴퓨터 앞에서 보내죠. 그래서 받은편지함을 열어보고 싶은 유혹에 항상 노출되어 있어요." 그는 이 문제를 해결하기 위해 오전과 오후에 각각 한 번씩만 이메일을 검토한다. 오전에는 짧게, 오후에는 길게 확인하며, 이 시간도 빼먹지 않고 캘린더에 입력해 놓는다.

심리학자 코스타딘 쿠스레브Kostadin Kushlev와 엘리자베스 던Elizabeth Dunn이 캐나다 브리티시컬럼비아대학교에서 진행한 연구에 따르면, 하루에 이메일을 세 번 확인한 사람이 이메일을 수시로 확인하는 사람보다 스트레스 수준이 훨씬 낮게 나타났다. 이에 비춰볼 때 이메일을 일괄 처리하는 습관은 제라츠키가 생산적으로 일할 수 있게 도울 뿐 아니라 그의 정신 건강에도 긍정적으로 작용했을 것이다.

이 외에도 제라츠키는 이메일을 처리하는 시간에 훨씬 더 집중할 수 있는 전략을 직접 만들었다. 그의 설명을 듣고 나는 흥분하지 않을 수 없었다.

"저는 이메일을 확인하는 오전과 오후 시간에 각각 목적을 부여합니다. 오전 시간은 '낚시하는 곰' 모드로 보냅니다. 이메일을 확인하는 동안 저는 스스로를 낚시하는 곰이라고 상상해요. 맛 좋은 연어를 낚기 위해 강둑에 서서 낚싯바늘을 이곳저곳에 던지는 곰이라

2장 구조화

고 생각하는 거죠. 이 시간 동안 저는 중요하고 급하게 처리해야 하는 이메일을 찾습니다. 빨리 응답해야 하는 이메일이면 곧바로 답장하고, 처리할 일이 많은 이메일이면 즉시 처리하거나 나중에 처리하기 위해 캘린더에 입력해 놓습니다."

제라츠키는 '낚시하는 곰' 모드로 보내는 오전에는 새 이메일을 전부 읽으려 하지 않는다. 그리고 오후가 되면 오전과는 다른 자세로 이메일을 확인한다.

"활력과 창의적인 생각이 줄어드는 오후는 '풀 먹는 소' 모드로 이메일을 확인하기 적절한 때입니다. 소들이 에너지를 아끼기 위해 들판의 풀을 천천히 뜯어 먹는 것처럼 저도 오후에는 이메일을 차근차근히 검토하며 보냅니다. 받은편지함의 가장 밑에 쌓인 이메일부터 하나하나 읽으면서, 답하고, 보관하고, 삭제하는 작업을 하죠."

그는 이렇게 오후에는 주로 '풀 먹는 소' 모드로 이메일을 검토하지만, 갑자기 중요하거나 급한 이메일이 생기면 잠시 '낚시하는 곰' 모드로 전환하기도 한다. 또한 제라츠키는 새 이메일을 받은 당일에 모두 읽으려고 하지 않는다. 그 대신 1~2주에 한 번씩 받은 이메일을 대대적으로 정리한다.

마지막으로 그는 받은편지함에서 이메일로 위장한 업무를 구분해 내는 작업을 한다. (이메일이 교활한 닌자 가면을 쓰고 변장한 모습을 상상하면 웃음이 난다.) 이 작업 또한 기존과는 다른 태도로 임해야 한다.

"가끔 받은편지함의 맨 밑에서 중요한 이메일을 발견할 때가 있습니다. 중요한 메일이기 때문에 오래 공들여서 답장하고 싶은 마음이 들어요. 그러려면 오랜 시간 집중해서 답장을 써야 하죠. 하지만 제가 미리 정한 이메일 확인 시간 내에 이런 작업을 할 수는 없어요. 그래서 이런 중요한 이메일은 놔두었다가 가장 늦게 답장을 보내는 편입니다."

영상에 대한 피드백 제공, 법적 계약 검토, 신규 고객을 위한 제안서 작성 등에 관한 이메일이 이 유형에 속한다. 기본적으로 상당한 시간 동안 집중해서 처리해야 하는 작업들이다.

그는 이런 유형의 이메일을 발견하면 즉시 다른 편지함으로 옮기고 이들을 처리하는 시간을 따로 정해 캘린더에 입력해 놓는다. 여기서 주목할 점은 제라츠키도 집중과 몰입이 필요한 작업을 처리하는 시간을 따로 빼놓는다는 사실이다.

실 천 하 기

① 이메일만 확인하는 시간을 정한다. 하루에 3회 정도가 가장 적당하다.

② 회차마다 어떤 목적으로 이메일을 확인할 것인지 생각해 본다. 제라츠키처럼 목적을 두 가지로 나눠도 좋다.

- 오전 시간(낚시하는 곰): 중요하고 긴급한 내용의 이메일만 확인하고 답장하는 시간
- 오후 시간(풀 먹는 소): 받은편지함의 이메일을 꼼꼼히 확인하고, 답장하고, 정리하는 시간

③ 이메일만 확인하는 시간에 각각 이름과 목적을 부여한다. 제라츠키처럼

2장 구조화

'낚시하는 곰'과 '풀 먹는 소'라고 이름 붙여도 되고, 곰과 소가 싫다면 본인이 원하는 대로 이름을 지어도 좋다.

4. 이메일로 위장한 업무를 구분해 내는 일도 잊어서는 안 된다. 이런 유형의 이메일은 별도의 편지함으로 옮긴 뒤 한꺼번에 처리할 시간을 따로 마련해 캘린더에 일정으로 입력해 놓는다.

하루의 시작이
그날을 결정한다

가끔 일을 시작하는 것이 정말 힘들 때가 있다. 높은 집중력이 필요한 작업일수록 더욱 그렇다. 이 책을 집필하는 동안 매일 글자 수 목표를 세우고 일했지만, 사실 괜찮은 생각이 떠오르기 전까지 20여 분 동안 깜박이는 커서만 쳐다보고 있는 날이 많았다. (어느 날에는 '괜찮은' 생각조차 결국 떠오르지 않기도 했다.) 나는 그저 완전히 몰입해서 글을 쓰고 싶었다. 하지만 자꾸만 다른 생각이 떠올랐다.

레이첼 보츠먼Rachel Botsman은 신뢰와 기술 분야의 세계적인 전문가이자 영국 옥스퍼드대학교에서 최초로 신뢰에 관한 수업을 진행하고 있는 교수다. 보츠먼은 원래 새벽 6시부터 아침 9시까지 글을 썼다. 그녀는 이 새벽 시간을 사랑했다. 이 시간에는 그 어느 때보다 많은 것을 이뤄낼 수 있다는 사실을 알았기 때문이다. 하지만 아이가 생기자 그토록 사랑한 새벽에 아무것도 할 수 없게 됐다.

새로운 가족 구성원이 생기면서 그에 맞는 삶의 리듬을 찾으려고 노력하던 중, 그녀는 하루를 잘 시작해야 나머지 시간도 잘 보낼 수 있다는 사실을 깨달았다. 보츠먼은 '하루의 시작이 그날을 결정한다'라고 강조했다.

"제가 깨달은 정말 쉬운 비결 한 가지는 다음과 같아요. 만약 당신이 전날 썼던 글의 흐름이 좋았다면 그 단락을 마무리 짓지 마세요. 단락을 반쯤 끝낸 다음 멈추는 겁니다. 다음 날 아침에 전날 멈춘 문장을 이어서 쓰면 정말 쉽게 따라잡을 수 있습니다. 전날 마무리 지은 일을 다음 날 새롭게 이어서 시작하려면 더 힘들어요. 마치 차량 엔진 시동을 새로 켜는 것과 같죠."

조직 심리학자이자 미국 펜실베이니아대학교 와튼스쿨 교수인 애덤 그랜트도 비슷한 전략을 사용한다. 그는 다음 날 쉽게 흐름을 되찾을 수 있다는 점에 착안하여 이 전략에 '내리막길에 주차하기'라는 이름 붙였다.

또 어떤 사람들은 이 전략을 헤밍웨이 트릭Hemingway Trick이라고 부른다. 대문호 어니스트 헤밍웨이의 명언 중에 이런 말이 있다. "글이 술술 써질 때 거기서 딱 멈춰야 한다." 실제로 그는 매일 문장을 쓰다가 중간에 중단하는 일이 많았다고 한다. 작가 로얄드 달Roald Dahl도 글을 쓸 때 빈 종이를 마주하는 두려움을 피하고자 같은 전략을 사용했다.

작업하다 중간에 멈추면 다음 날 추진력을 얻기 쉬울 뿐 아니라 우리 뇌가 정보를 기억하는 데도 도움이 된다. 심리학자 블루마 자이가르닉Bluma Zeigarnik은 1927년 유명한 실험을 실시했다. 이 실험에서 웨이터들은 주문을 받는 동안 방해를 받거나 미완성된 주문을 받았을 때, 주문 내용이 아무리 복잡해도 정확하게 기억했다. 하지만 완성된 주문을 주방에 전달하자마자 이들은 주문 내용을 전혀 기억하지 못했다. 기억에서 아주 빠르게 지워진 것이다. 자이가르닉 효과Zeigarnik effect로 알려진 이 연구는 우리 뇌가 미완성된 상태를 싫어하기 때문에 완성될 때까지 정보를 붙잡아 둔다는 사실을 증명했다.

이 같은 연구 결과를 살펴볼 때 헤밍웨이 트릭은 우리 뇌가 미완성 상태의 업무를 계속 기억하고 있어 다시 시작할 때 쉽게 몰입할 수 있다는 특징이 반영된 전략이라고 할 수 있다.

실천하기

① 일을 마칠 때 하던 일을 마무리 짓고 퇴근하고 싶은 유혹이 들더라도 뿌리친다. 당신이 하던 일이 글쓰기이든, 발표 자료 준비든, 코딩이든 상관없다. 무슨 일을 하고 있었든 중간에 그 일을 의도적으로 멈춘다. 이렇게 중간에 끊으면 다음 날 일을 다시 시작하기가 훨씬 수월하다.

2장 구조화

퇴근 시간도
미리 준비하라

나는 퇴근 후에도 일을 놓지 못하는 사람이었다. 회사에서 노트북을 닫고 가방에 넣은 다음 동료들과 작별 인사까지 나눴지만 일에서는 완전히 퇴근하지 못했다. 집으로 돌아와 딸을 재운 뒤 가방에서 노트북을 꺼내 전원을 다시 켜고 저녁 식사를 하기 전까지 다시 일했다. 심지어 식사를 마친 후에도 또다시 노트북 앞에 앉았다. 밤이 되어 스마트폰 애플리케이션이 전자 기기 사용 중단 알림을 보내면 그제야 비로소 노트북을 끄고 완전히 퇴근했다.

어쩌면 당연한 말이지만 나는 단 한 번도 퇴근했다는 느낌을 받아본 적이 없다. 그러다 보니 업무와 일상의 구분이 모호해졌다. 영화 「사랑의 블랙홀Groundhog Day」에서 주인공 빌 머리가 매일 똑같은 일이 반복되는 하루를 보낸 것처럼 내 일상도 이와 크게 다르지 않았다.

재택근무가 길어지자 일과 삶의 경계는 더욱 불분명해졌다. 밤 늦게까지 일하는 날도 전보다 훨씬 많아졌다.

확실하게 퇴근하는 법을 알면 일을 대하는 감정이 긍정적으로 바뀐다. 다음 날 출근하는 것도 두렵지 않게 된다. 하지만 많은 사람이 나처럼 매일 똑같은 하루를 보내면서 업무 몰입도와 생산성을 높일 기회를 놓치고 있다.

이 문제를 해결하기 위해 베스트셀러 작가이자 행복 전문가인 그레첸 루빈은 '퇴근 시간' 리추얼을 만들었다. 그녀는 퇴근 시간 10분 전이 되면 자기 자신에게 '지금부터 10분 동안 책상을 정리하자'라고 말한다.

"책상 위에 흩어진 자료들은 파일에 다시 집어넣거나 코르크 게시판에 붙여놓습니다. 쓰레기를 버리고 펜도 제자리에 다시 꽂아놓아요." 이 시간 동안 루빈이 하는 일은 대청소라기보다 정리 정돈을 하고 물건을 원래 자리에 돌려놓는 정도에 가깝다.

루빈은 '퇴근 시간 10분 전'이라고 부르는 이 시간이 머릿속에서 업무를 지우고 일상으로 복귀시키는 역할을 한다는 사실을 알게 됐다. '퇴근 시간 10분 전' 리추얼을 하면 다음 날 아침에 재택근무를 수월하게 시작할 수 있다. 책상이 정리되어 있으니 메모해 둔 서류나 책더미, 읽으려고 쌓아둔 신문 기사나 자료들 사이에서 헤매지 않아도 된다.

"저는 외적인 질서가 내면의 평온을 가져온다고 믿어요. 제가 이 리추얼을 좋아하는 이유죠."

심리학자들은 이 같은 리추얼이 주는 가장 큰 장점으로 삶의 의

2장 구조화

미 부여를 꼽았다. 한 연구에서는 실험 참여자들에게 하루 동안 어떤 기분이었고 무슨 활동을 했는지 일기를 쓰도록 했다. 이들은 일기 쓰기 리추얼을 하는 동안 삶의 의미와 목적의식을 갖고 하루를 보냈고 그 결과 회복력과 의지력이 높아진 모습을 보였다. 반면 리추얼을 수행하지 않았을 때는 마음이 불안정하고 감정이 들쭉날쭉한 기분을 경험했다. 당연히 삶의 의미와 목적의식도 강하게 인지하지 못했다.

국제학술지《심리과학 저널Psychological Science》에 발표된 연구에 따르면 정리 정돈과 물건 치우기 리추얼은 매우 유익한 습관이라고 한다. 한 실험에서는 연구진이 실험 참여자들에게 후회하는 결정 같은 부정적인 사건을 종이에 적도록 했다. 그리고 실험군에만 종이를 접어 봉투에 넣도록 했다. 그 결과 실험군에 속한 참여자들은 자신의 감정이 전보다 나아졌다고 답했다. 이들은 불안감보다 안도감을 느꼈고, 그 부정적인 일이 마무리된 듯한 감정을 경험했다.

하루를 마무리할 때 사무실에서 물건을 정리하는 습관도 마찬가지다. 이 간단한 행위로 우리는 정서적 활력을 얻고 하루 업무를 끝맺은 느낌을 받는다. 또한 다음 날 아침 컴퓨터 앞에 다시 앉을 때 지저분한 종이 숲을 헤매지 않아도 된다.

실 천 하 기

① 　　당신이 사무실에서 근무하든 재택근무를 하든 상관없다. 퇴근 시간 전

5~10분 동안 정리 정돈 시간을 갖는다.

② 먼저 책상과 주변 환경을 정리한다. 문구, 서류 파일, 커피잔 등 하루 동안 책상 위에 쌓아놓은 물건들을 제자리에 돌려놓는다. (내 경우 딸아이가 서재로 아무 물건이나 가져오는 습관이 있어서, 책상 위에 레고 블록, 장난감, 정원 도구들이 뒤섞여 있다.)

③ 다음으로는 컴퓨터 환경을 정리한다. 작업을 마친 프로그램이나 낮 동안 열어두었지만 이제는 꺼도 되는 문서 창을 닫는다. 또 받은편지함도 닫아서 다음 날 아침부터 이메일을 확인하며 하루를 시작하고 싶은 유혹에 빠지지 않도록 사전에 차단한다.

구조화
핵심 정리

크로노타입에 따라 하루 일정 계획하기

종달새형, 올빼미형, 제3의 새형 중에서 자신의 크로노타입이 무엇인지 찾아본다. 크로노타입별 생체 리듬을 참고하여 집중과 몰입이 필요한 작업과 인지적 부담이 적은 작업을 언제 하면 좋을지 정한다.

스위치 로그 기법

업무를 전환할 때마다 기록을 남긴다. 새로운 작업을 시작하면 사용하는 프로그램에 'TS: 작업 이름'을 기록한다. 다른 작업으로 전환할 때나 휴식을 취할 때도 이 과정을 반복한다. 일주일을 마무리할 때 한 주간의 데이터를 모아 분석한다. 이때 시간을 들여 처리한 업무와 내가 중요하게 여기는 우선순위 업무가 일치하는지 비교한다. 만약 일치하지 않으면 자신의 행동 중에서 무엇을 바꾸면 좋을지 생각해 본다.

하이라이트만을 위한 일정 잡기

아침에 업무를 시작할 때 자신에게 이렇게 질문한다. '지금이 하루를 마무리하는 저녁이라면, 어떤 일이 오늘의 하이라이트이기를 바라는가?' 그런 다음 여러 할 일 중에서 완수하기까지 60~90분이 소요되는 일을 고른다. 이 정도 길이의 업무가 하이라이트에 가장 적합하다. 캘린더에 하이라이트만을 위한 시간을 적어둔다. 당신의 컨디션이 최상인 시간대에 배정하는 것이 좋다. 마지막으로 하이라이트 업무를 하루 동안 해야 하는 다른 어떤 일보다 최우선으로 처리한다.

시급 1만 달러 업무를 더 많이 하기

자신이 현재 하고 있는 업무를 종이에 전부 적어본다. 사소한 행정 업무부터 전문적인 지식이 필요한 업무까지 모두 적는 것이다. 그런 다음 이 업무들을 '시간당 10달러 가치의 업무, 시간당 100달러 가치의 업무, 시간당 1000달러 가치의 업무, 시간당 1만 달러 가치의 업무'로 분류한다. 시간당 10달러 가치의 업무 목록을 보면서 이 일을 다른 사람에게 위임하고 그 시간에 가치가 더 높은 일을 할 방법은 없을지 고민해 본다.

캘린더에서 불쾟 업무를 없애기

캘린더 검토 일정을 따로 세워보자. 가급적 매일 하는 것이 좋다. 캘린더에 입력된 모든 회의와 행사, 고정 활동을 보면서 '내 목표를 달성할 수 있도록 도와주는 일'인지 생각해 본다. 만약 대답이 '아니요'라면 불쾟 업무일 가능성이 크므로 캘린더에서 삭제한다.

나만의 캘린더 만들기

내가 꿈꾸는 이상적인 하루를 떠올려보고, 그날 무슨 일을 하고 어떤 활동을 할 것 같은지 생각해 본다. 각 활동을 하기에 가장 적당한 시간도 함께 고민한다. 이제 당신이 상상한 이상적인 하루를 현실화하는 작업을 시작한다. 구글 캘린더에서 나만의 캘린더를 따로 만들고 당신이 상상했던 활동을 이곳에 입력한다. 이 캘린더는 당신만 볼 수 있다. 이렇게 내가 만든 일정에 따라 하루를 주도적으로 계획해 보자.

시간을 효율적으로 활용하기

하루를 시작하는 아침에는 가장 중요한 일에 매달려 몇 시간을 보내는 것보다 자신의 컨디션을 점검하고 언제부터 생산성이 줄어드는지 파악하는 것이 좋다. 생산성의 한계에 다다랐다면 앞으로 남은 시간을 최대한 활용하기 위해 비교적 쉬운 (어쩌면 덜 '중요한') 일로 바꿔보자. 그러지 않고 계속 중요한 일에만 매달리면 집중할 수 있는 에너지가 계속 줄어들기 때문에 결국 형편없는 결과를 얻게 된다. 그럴 바에는 이 시간에 행정 업무 같은 덜 중요한 일을 처리하는 것이 시간 활용 측면에서 더 효율적이다.

휴식 시간을 별도의 일정으로 계획하기

점심시간도 캘린더에 일정으로 등록한다. 시간은 최소 30분으로 잡는다. 회의 일정 사이사이마다 5~10분간의 짧은 휴식 시간도 적어둔다. 휴식 시간을 일정으로 잡아두면 언제 쉴지 정하느라 본인과 씨름하면서 에너지를 낭비하지 않아도 된다.

일정에 빈틈을 만들기

일정을 빈틈없이 계획하면 자신이 생산성 높은 하루를 보내는 것 같은 기분이 든다. 하지만 이 가짜 기분에 속아서는 안 된다. 오히려 아무것도 하지 않는 시간을 일정에 일부러 집어넣어야 한다. 그래야 회의나 업무가 계획한 시간보다 길어지거나 갑자기 예상치 못한 일이 발생해 처리해야 할 때 이 '버퍼 시간'을 활용할 수 있다. 이를 창의적이고 우연한 일이 일어날 수 있는 시간으로 이용해도 좋다.

이메일 확인 시간에 목적 부여하기

이메일을 확인하는 시간을 따로 정해놓는다. 그리고 이 시간 동안 어떤 목적으로 이메일을 확인하면 좋을지 고민해 본다. 예를 들어 중요하고 긴급한 이메일만 골라 답장하거나(낚시하는 곰 모드), 받은편지함을 하나하나 읽어보며 정리하는 시간(풀 먹는 소 모드)으로 보낼 수 있다. 고민이 끝났다면 이제 이메일을 확인하는 시간마다 생각해 놓은 목적을 부여한다. 또한 이메일로 위장한 업무를 골라내는 작업도 잊어서는 안 된다. 이런 유형의 이메일을 발견했다면 별도의 편지함으로 옮겨놓고 한꺼번에 처리할 시간을 따로 정해 일정표에 입력한다.

헤밍웨이 트릭

하루 업무를 마칠 때 하던 일을 마무리 짓지 말고 의도적으로 중간에서 멈춘다. 하던 일이 글쓰기이든 발표 자료 준비든 코딩이든 상관없다. 이렇게 중간에서 멈추면 다음 날 작업을 다시 시작하기가 훨씬 수월하다.

2장 구조화

퇴근 준비 리추얼 만들기

당신이 사무실에서 근무하든 재택근무를 하든 상관없다. 퇴근 시간이 가까워져 오면 5~10분 동안 업무 환경을 정리하는 시간을 보낸다. 먼저 책상과 주변을 정리한다. 문구, 서류 파일, 커피잔 등 책상 위에 지저분하게 펼쳐진 물건들을 제자리에 가져다 놓는다. 그런 다음 컴퓨터 환경을 정리한다. 작업을 마친 프로그램을 종료하고 종일 열어둔 문서 창을 닫는다. 마지막으로 받은편지함을 닫아서 다음 날 아침부터 이메일을 확인하고 싶은 유혹에 빠지지 않도록 한다.

TIME

효율화

더 빠르고 스마트하게 일하라

WISE

하루가 끝나갈 때쯤 '아직도 몇 시간이나 남았네! 그동안 무엇을 하면 좋을까?'라고 생각해 본 적이 있는가? 당연히 없을 것이다. 우리는 항상 시간이 부족하다고 느끼기 때문이다. 그런데 사실 따지고 보면 시간은 부족하지 않다. 그래서 3장에서는 당신의 소중한 시간을 되찾는 방법을 배워보려 한다.

가장 먼저 좀비와 쥐, 로봇 세상에 대해 알아본다. 갑자기 낯선 단어가 등장해서 당황했는가? 물론 인류의 종말이 다가오고 있다는 내용 따위는 없다. 이 장의 제목이 효율성인 만큼 당신의 시간을 가장 효율적으로 사용하는 여러 전략을 소개할 것이다.

효율성을 높이는 가장 좋은 방법은 방해 대상을 제거하는 것이다. 살인을 말하는 것이 아니다. 구체적으로 말하자면 당신의 시간을 갉아먹는 좀비 업무를 없애라는 말이다. 좀비 사냥에 나서야 하는 이유를 알아보고, 업무 자동화를 이용해 일 처리 속도를 높이는 방법을 배워본다.

그런 다음 업무 효율성을 저해하는 주범인 회의를 간결하고 효과적이며 영향력 있게 진행하는 전략을 알아본다. 회의는 언제 해야 하고, 회의 시간에는 무엇을 해야 하며, 누구를 초대할 것인지 (또는 초대하지 않을지) 등을 정하는 기준을 살펴볼 것이다.

마지막으로 받은편지함을 정리하는 법, 시간제한 전략을 이용해 시간을 스마트하게 사용하는 법, 키보드 단축키로 생산성을 높이는 전략을 소개한다.

좀비 사냥에
나서야 하는 이유

혹시 회사에서 좀비를 본 적이 있는가? 이들은 시체 썩는 냄새를 풍기며 사무실 이곳저곳을 돌아다니고 있을 것이다.

갑자기 좀비 이야기를 꺼내서 당황했을 수 있다. 물론 진짜 좀비는 당신 회사에 난입하지 않았다. 하지만 좀비처럼 당신의 에너지를 갉아먹는 사람이라면 이야기가 조금 달라진다.

스콧 D. 앤서니Scott D. Anthony는 파괴적 혁신 이론의 창시자이자 혁신 전문 컨설팅 회사 이노사이트Innosight의 시니어 파트너이다. 그는 좀비, 더 구체적으로 말하자면 좀비 프로젝트에 대해 오래 고민해 왔다.

"좀비 프로젝트란 마치 좀비들이 발을 질질 끌고 걸어 다니는 것처럼 죽지 않고 계속 남아 있는 프로젝트를 말해요. 더는 그 어떤 영향도 미치지 못하리란 걸 알면서 그냥 남겨두는 일들이죠. 이런 일들이 계속 남아 있으면 당신의 시간과 에너지를 모두 빼앗고, 결국 혁신의 에너지도 새로운 일에 도전할 역량도 모두 사라지게 만들어요."

그런데 좀비 프로젝트는 우리 주변에 왜 이렇게 많은 걸까? 연구에 따르면 사람들은 자신이 과거에 내린 선택이 잘못된 판단에 따른 것이라고 인정하기를 꺼린다. 사실 놀랍지 않은 연구 결과다. 우리는 자신의 시간을 투자할 프로젝트를 선택할 때 정말 신중하게 고민한다. 그래서 자신이 선택한 프로젝트가 딱히 가치가 없다는 사실을 알게 되면, 오히려 더 많은 시간을 투입해서 가치 있는 결과를 만들어야 한다고 스스로 설득한다. 시간과 노력을 많이 투입하면 그만큼 더 나은 결과물이 나오리라고 믿는 것이다. 심리학에서는 이런 심리를 몰입의 상승Escalation of Commitment이라고 부른다.

앤서니는 대기업에 이런 좀비 아이디어가 가득한 이유가 두려움과 수치심 때문이라고 주장한다. 다른 직원에게 "무려 12개월 동안 수백만 달러를 그 아이디어 하나에 쏟아부었어요. 그런데 아직도 아무런 성과를 못 내고 있네요. 이제 여기서 그만해야 할 것 같아요"라는 말을 들을까 봐 무서운 것이다.

그러나 좀비 프로젝트를 찾아 죽이는 일은 생각보다 더 고통스럽다.

앤서니는 고객사 내부에서 좀비 프로젝트를 찾아 중단시키는 일을 하면서 자신이 붙들고 있던 좀비 업무도 많이 없앴다. 몇 년 전 그는 이노사이트의 경영총괄 대표 자리를 대학 동기에게 넘기면서 자신의 삶에 존재하는 좀비 업무를 완벽하게 제거할 수 있었다.

"그건 정말 좋은 기회였어요. 저는 회사 일에서 한발 뒤로 물러나 제 캘린더를 보면서 '여기에 입력된 정기 회의 중 나와 동료들이 시간을 투자할 만큼 가치 있는 회의가 있는가? 단지 몇 주마다 진행되도록 일정에 입력되어 있어서 만나고 있지는 않은가?'라고 자문해 보았어요."

그는 캘린더에 입력된 모든 정기 회의에 관해 이런 식으로 질문하고 답하면서 좀비처럼 남아 있는 회의를 여러 개 찾아냈다. 그렇게 삭제한 회의가 무려 전체의 50~70퍼센트나 됐다. 더 놀라운 건 이 회의가 일정에서 사라졌다는 사실을 아무도 알아채지 못했다는 점이다. 다른 동료도 이 회의들을 별로 중요하게 여기지 않았기 때문이다.

그가 삭제한 회의 중에는 10년 넘게 지속해 온 임원 회의도 있었다. "우리는 상시로 만났고, 회의 안건을 매번 성실하게 찾아서 모였죠. 하지만 저와 동료는 안건을 보면서 이메일로 논의해도 충분하다는 사실을 알게 됐어요. 그래서 임원 회의를 더는 열지 않는 대신 이메일로 새로운 소식을 공유하기 시작했죠. 그 덕분에 회의에 참석하던 임원진의 시간을 아낄 수 있게 됐어요. 업무 효율성도 전혀 떨어지지 않았고요."

실천하기

① 캘린더나 다이어리 일정표에서 향후 2주간 계획된 업무 관련 활동을 살펴

본다. 지난 2주 동안 했던 활동을 검토해도 좋다.

2. '내가 관여하는 프로젝트나 정기 회의 중에서 목적 없이 진행되고 있거나, 더는 가치를 창출하지 못하는 것이 있는가?'라고 스스로 물어본다. 정기 회의의 경우 이 빈도로 회의를 여는 것이 합당한지, 이메일이나 채팅 메시지 같은 비실시간 소통 방식으로 진행할 수는 없는지 생각해 본다.

3. 이 과정을 통해 좀비처럼 남아 있는 프로젝트와 활동, 회의를 모두 없앤다.

4. 더 많은 조언이 필요하거나 당신이 속한 조직에서 좀비 죽이기 캠페인을 시작하는 데 도움을 받고 싶다면, 내 홈페이지(amantha.com/timewise)의 자료를 참고하기 바란다.

반복 업무에
시간을 낭비하지 마라

내 업무 중에는 너무나도 지겹지만 꼭 해야 하는 반복 업무가 몇 가지 있다. 그중 하나가 내가 진행하는 팟캐스트 에피소드를 소프트웨어 플랫폼에 올려서 모든 팟캐스트 애플리케이션에 배포하는 일이다. 비록 15분 정도밖에 걸리지 않지만 매주 해야 하는 귀찮은 작업이라 항상 마지막 순간까지 미루곤 한다.

그러던 어느 날, 행정 업무를 처리하고 있는데 문득 좋은 생각이 떠올랐다. 나를 대신해 이 일을 처리해 줄 사람을 고용하는 것이다! 사실 이 아이디어는 칼 뉴포트가 내게 해준 조언이었다.

당시 뉴포트는 내게 이렇게 말했다. "다음의 상황에 해당한다면 외부 인력에 맡기는 대안을 고려해 보세요. 1년에 30회 이상 수행하는 일은 자동화를 하거나 외주를 주는 편이 나아요. 저는 이걸 30회 법칙이라고 불러요. 여러 번 수행할 일이라면 외주나 자동화에 비용이 들어도 오히려 이 비용이 긍정적인 수익을 창출해 낼 수 있어요."

나는 뉴포트의 조언에 따라 팟캐스트 에피소드를 올리는 일을 인벤티움의 가상 비서 '일레인'에게 맡기기로 했다. 인수인계 문서를 작성하는 데 약 1시간 정도 소요됐지만, 일레인에게 업로드 업무를 일임한 덕분에 매주 나를 괴롭혔던 반복 업무에서 해방될 수 있었다. 사실 이것만으로도 매우 감사한데 여기에 매주 15분의 시간까지 추가로 얻게 됐다.

이참에 반복 업무를 자동화하는 일에도 도전해 보았다. 나는 프로그램을 직접 코딩하지는 못하지만 자동화 작업에는 정말 관심이 많다. 그래서 즐겨 보는 뉴스레터 이메일 몇 통을 한 번에 모아 읽을 수 있도록 이 이메일들이 편지함에 도착하면 자동으로 '나중에 읽을 이메일' 보관함에 옮겨지게끔 설정했다. 이렇게 자동화 방법을 익히고 설정하기까지 1시간 30분 정도 걸렸다. 그래도 한번 설정해 놓으니 받은편지함에 들어온 수백 통의 이메일을 하나씩 옮기고 정리하는 데 걸릴 수많은 시간을 아낄 수 있게 됐다.

내가 시간을 들여 자동화한 또 다른 업무가 있다. 바로 비슷한 내용의 이메일에 답장하는 일이다. 나는 내 팟캐스트 채널에 출연하고 싶다는 요청 메일을 매일 2~10통씩 받는다. 보통 50여 통의 메일을 받으면 그중 1통 정도만 수락한다. 그러다 보니 거절 메일을 쓰는 업무를 자동화해야겠다는 생각이 들어 정중하게 거절하는 내용을 담은 이메일 양식을 따로 만들었다. (구글에서는 이 기능을 '스마트 답장'이라고 부른다.) 이 방법을 활용하면 매번 몇 분씩 시간을 들여서 이메일을 작성할 필요가 없다. 키보드에서 단축키 두 개만 누르면 미리 작성해 놓은 본문이 입력되므로 손쉽게 답장을 보낼 수 있다.

실 천 하 기

①   매주 또는 2주마다 반복하는 업무를 노트에 모두 적어본다. 칼 뉴포트의 30회 법칙을 기억하는가? 1년에 30회 이상 수행하는 작업은 반복 업무로 분류할 수 있다.

②   이 업무가 외주를 주거나 자동화하기에 적당한지 생각해 본다. 복사·붙여넣기 업무(보고서 작성 등), 분류 업무(받은편지함 정리 등), 회의 일정 잡기, 각종 비용 납부 업무처럼 기본적으로 절차에 따라 처리하거나 처리할 수 있는 일은 자동화하기에 적합하다. 반면 반복적으로 수행하긴 하지만 항상 같은 절차를 따르지 않거나, 사람의 개입이 필요한 일은 자동화보다 외주를 맡기는 것이 더 적절하다.

③   업무 자동화에 도움이 되는 소프트웨어를 활용한다. 나는 원고를 집필할 때 업무 자동화 툴 '재피어Zapier'를 이용해서 서로 다른 두 개의 프로그램을 연동시킬 수 있었다. 다양한 작업을 자동화해 주는 맥OS 기반의 응용프로그램 '키보드 마에스트로Keyboard Maestro'도 추천한다.

④   업무 외주화의 경우, 당신이 일하는 조직 내부에 업무를 맡길 수 있는 사람이 있을 수 있다. 만약 마땅한 사람을 찾을 수 없다면 외부 서비스를 이용해보자. 인벤티움처럼 가상 비서 서비스를 이용해도 좋다. 나와 직원들은 이 서비스를 이용한 후로 단순한 행정 업무나 반복 작업을 외부 인력에 맡기

는 것이 비용 효율적인 해결책이라는 사실을 알게 되었다.

티타임 초대를
거절해야 하는 이유

캐롤라인 크레스웰Carolyn Creswell은 내 딸이 가장 좋아하는 뮤즐리 바(곡물, 견과류, 말린 과일 등을 혼합한 시리얼 바의 일종—옮긴이)를 만든 카르만스 키친Carman's Kitchen의 창업자이자 대표다. 그녀는 창업 준비생들에게 티타임 요청을 많이 받는다. 호주에서 가장 성공한 여성 사업가 중 한 명인 그녀에게 사업에 관한 조언을 듣고 싶어 하기 때문이다.

그녀는 과거를 회상하며 이렇게 말했다. "제가 처음 사업을 시작했을 때는 눈코 뜰 새 없이 바빴어요. 밤늦게까지 일했고 주말에도 당연히 일해야 했죠. 그 시간 동안 제가 깨달은 것이 하나 있어요. 만약 길에서 만난 어떤 사람이 당신에게 20달러만 달라고 한다면 당신은 당연히 안 된다고 말하겠죠. 하지만 질문을 바꿔서 그 사람이 '20분만 얘기할 수 있을까요?', '잠깐 커피 한잔 마실 수 있을까요?'라고 묻는다면 '그럽시다'라고 대답해야 할 것만 같아요."

사람들은 자신의 시간을 요구하는 요청을 받으면 쉽게 승낙한다. 상대가 부탁한 것이 돈이 아니라 시간이기 때문이다. 그래서 요청을 들어줘도 돈이 전혀 안 드는 것처럼 느껴진다. 하지만 업무 시간을 할애해서 상대방과 커피를 마신다고 가정할 때 이를 시급으로 계산한다면 분명 비용이 발생한다. 게다가 티타임 때문에 처리하지 못한 일을 하느라 야근을 해야 할 수도 있다.

크레스웰은 다른 사람을 돕고 싶은 마음은 굴뚝같지만 그렇다고 해서 일과 삶의 균형을 깨트리고 가족과 보내는 시간까지 할애하면서 상대를 돕지는 않는다. 그래서 그녀는 오후 5시 30분쯤 모든 일이 의도대로 잘 진행되고 있고, 가족들과 저녁 식사를 하기 위해 사무실에서 제때 출발할 수 있을 것 같을 때만 티타임 요청에 응한다.

"저는 누군가를 돕고 싶은 마음이 늘 있기 때문에 출근길이나 퇴근길을 이용해서 창업 준비생들에게 전화로 조언을 해줍니다. 누군가 저에게 커피 한잔 마실 수 있냐고 물어보면 저는 '커피 대신 전화로 이야기하는 건 어떨까요?'라고 대답해요. 상대가 승낙하면 통화 약속을 잡습니다. 예를 들면 19일 화요일 오전 9시에 전화하자는 식으로 일정을 잡아놓는 거예요. 단, 이런 종류의 통화는 업무를 할 수 없는 출퇴근 시간에 합니다."

이렇듯 크레스웰은 외부에서 사람들을 직접 만나는 대신 차 안에서 보내는 비생산적인 시간을 이용해 전화 통화로 도움이 필요한 사람들을 돕는다. "저는 이렇게 시간을 효율적으로 활용하고 있어요. 다른 사람에게 모든 것을 다 내어주다 보면 정작 제 일은 처리

3장 효율화

하지 못하는 상황을 방지하고자 마련한 방법이죠."

나 또한 사람들에게 '조언을 받고 싶다'라는 이메일과 잠깐 시간을 내달라는 요청을 많이 받고 있던 터라, 크레스웰의 말을 듣자마자 곧바로 실행에 옮겼다. 나는 이런 요청을 받으면 대체로 거절하는 편이다. 하지만 만약 수락해야 하는 상황이면 직접 만나 티타임을 갖는 대신 크레스웰처럼 차로 이동할 때나 산책하는 시간을 이용해 상대와 전화 통화를 나누는 것으로 대신하고 있다.

실 천 하 기

① 누군가에게 커피 한잔 마시자는 요청을 받으면, 먼저 자신이 진심으로 수락하고 싶은지 생각해 본다. 물론 당신이 정말 만나고 싶은 사람일 수도 있지만 의무감 때문에 마지못해 수락하는 때도 있기 때문이다.

② 당신에게 조언을 구하는 사람을 정말로 돕고 싶다면 직접 만나는 대신 전화 통화로 대신한다. 출퇴근 시간이나 산책 시간처럼 일하지 않는 시간을 이용한다면 시간을 효율적으로 쓰면서 다른 사람을 도울 수 있다.

쓸모없는 회의를
획기적으로 줄이는 법

몇 년 전 돔 프라이스Dom Price는 분기별 성과를 검토하는 과정에서 자신이 일하는 방식에 대해 생각하게 됐다. 그는 기업용 소프트웨어 개발 전문 업체인 아틀라시안Atlassian에서 미래의 업무 방식을 예측하는 워크 퓨처리스트Work Futurist로 일하며 동시에 연구 개발 부서도 이끌고 있어서 참석하는 회의가 아주 많았다. 그러다 보니 자연스럽게 자신이 지구상에 존재하는 모든 사람처럼 회의에 참석하는 일을 매우 싫어한다는 사실을 깨달았다.

"당시 저는 업무 회의, 포럼, 위원회, 후속 회의, 자문 회의, 단체 모임, 부서 회의 등 온갖 회의에 참석하느라 지쳐 있었어요." 프라이스가 회상하며 말했다. "사람들이 저의 아주 작은 의견이라도 원하는 것 같아서 항상 모든 회의에 참석했거든요."

그는 코칭이나 멘토링처럼 자신이 좋아하는 일을 더 자주 하고

3장 효율화

싶었다. 그런데 좀처럼 시간이 나지 않았다. 일정을 보면 늘 여러 회의로 꽉 차 있었기 때문이다. 결국 그는 극단적인 방법을 시도해 보기로 했다. 캘린더에 있는 모든 회의를 삭제하면서, 회의 주최자에게 다음의 세 가지 선택지 중 하나를 골라 자신에게 회신해 달라고 요청한 것이다.

첫 번째 선택지에는 회의 주최자에게 이 회의의 목적을 설명해 달라고 적었다. 그 회의에서 프라이스의 역할과 업무, 그리고 프라이스가 이 회의에서 어떤 일을 해주기를 바라는지를 구체적으로 적어달라고 요청했다.

두 번째 선택지에는 회의 주최자에게 이 회의의 목적을 설명해 달라는 요청과 함께 프라이스가 참석하지 않으면 어떤 직원이 대신 참석하기를 원하는지 알려달라고 적었다.

세 번째 선택지에는 프라이스와 팀원들이 참석할 필요가 없거나 아예 열리지 않아도 되는 회의라고 생각하는지 알려달라고 적었다. 프라이스는 세 번째 선택지에 대해 다음과 같이 설명했다. "이런 회의들은 존재해서는 안 되는데 그냥 남아 있는 겁니다. 이런 방식으로 회의를 정리했더니 제 캘린더에 입력되어 있던 회의의 3분의 1 이상이 완전히 사라졌어요. 전부 작년에 했다는 이유만으로 올해에도 계속해 오던 것들이었죠. 그런데 이 회의들은 왜 아직까지 남아 있었던 걸까요? 그건 바로 우리 모두가 회의를 추가해 본 적은 있어도 삭제해 본 적은 없기 때문입니다."

이 전략 덕분에 프라이스는 캘린더에서 수많은 쓸모없는 회의들을 없앨 수 있었고, 자신의 역할과 업무가 명확한 회의에만 참석할 수 있게 됐다. 그는 회의 주최자에게 자신의 역할을 분명하게 해 달라고 요청하는 것이 자신의 인지 과부하를 크게 낮췄다고 말했다. (그뿐만 아니라 회의 시간도 전보다 훨씬 더 효율적으로 활용할 수 있게 됐다.) 이제 그는 자신을 회의에 부른 목적이 문제 해결인지, 의견 제시인지, 반론 제기인지, 아니면 그 밖에 다른 목적인지를 명확하게 인지한 후 회의에 참석한다.

"만약 제 역할을 확실하게 파악하지 못하고 회의에 참석하면 제가 왜 그 자리에 있는 것인지 추측하게 됩니다. 그러면 주최자의 의도와 다른 결론에 도달할 수 있어요. 실제로 제가 그랬거든요. 당시 저는 너무 많은 회의에 참석했기 때문에 사전 준비도 없이 일단 회의에 참석했어요. 하지만 이제는 참석하는 회의가 많지 않아서 구체적인 사안에 집중할 수 있죠. 전보다 더 많이 기여하는 것 같고요. 쓸데없는 회의를 정리해서 무엇보다 좋은 점은 제가 좋아하는 코칭과 멘토링을 할 수 있는 시간이 생겼다는 것이에요."

실천하기

① 캘린더에 입력된 모든 회의를 지우면서, 회의 주최자에게 다음의 세 가지 선택지 중 하나를 골라 회신해 달라고 요청한다.

- 첫 번째 선택지: 당신이 꼭 참석해야 하는 회의다. 이 회의의 목적과 당신에게 기대하는 역할을 명확하게 적어 다시 초대하겠다.

- 두 번째 선택지: 당신이 꼭 참석하지 않아도 되는 회의다. 당신 대신 다른

사람을 회의에 보내달라.

- 세 번째 선택지: 당신이 더는 참석하지 않아도 되는 회의다. 더 나아가 지속할 필요가 없는 회의이므로 삭제해도 된다.

누구의 시간도
낭비하지 마라

2018년 앤드루 반스Andrew Barnes의 부동산 회사 퍼페추얼 가디언Perpetual Guardian은 주 4일제 근무의 영구 도입으로 전 세계 언론의 헤드라인을 장식했다. 주 4일제 근무는 기본적으로 근로자가 회사와 합의한 생산성의 100퍼센트를 달성한다는 전제하에 근무 시간을 80퍼센트로 줄이고 급여는 삭감 없이 100퍼센트 그대로 받는 제도다. 요약하자면 하루에 8시간씩 주 4일간 근무하고 주 5일 근무에 해당하는 급여를 받는 것이다. 꿈에서나 있을 법한 회사라고 생각하는가? 그런데 이런 회사가 실제로 존재한다.

반스는 자신의 회사에 주 4일제 근무 방식을 도입했을 때 몇 가지 변화를 주었다. "먼저 직원들이 시간을 대하는 태도를 바꿔야 했어요. 자신이 시간을 낭비하면서 일하고 있다는 사실을 다들 모르더군요." 반스가 설명했다. "게다가 다들 본인이 다른 사람의 시간

3장 효율화

을 낭비하고 있다는 사실도 알지 못했어요. 팀원들이 참석할 필요 없는 회의에 팀원 전부를 초대해서 이들의 시간을 낭비하고 있었죠. 이런 식으로 일하면 결국 우리 팀은 생산성 목표를 달성하지 못하게 됩니다. 그러면 우리 팀의 주 4일제 근무가 위태로워지는 것이죠. 따라서 팀원 모두가 '나는 당신의 시간을 낭비하지 않을 것입니다. 그러니 당신도 저의 시간을 낭비하지 말아 주세요'라는 마음가짐으로 일해야 해요."

이 문제를 해결하는 방법이 있다. 바로 직원들이 회의에 관한 규칙을 직접 만들고 시행하는 것이다. 그러면 자신의 시간과 다른 사람의 시간을 어떻게 하면 더 효율적으로 사용할 수 있을지 한 번 더 고민하게 된다. 예를 들어 퍼페추얼 가디언의 원래 기본 회의 시간은 1시간이었다. 하지만 반스는 캘린더 프로그램에 회의 일정을 등록할 때 기본값이 1시간으로 설정되어 있다는 사실 말고는 회의 시간을 1시간으로 잡을 이유가 없다고 생각했다.

직원들은 모두의 시간을 보호하기 위해 회의 시간은 30분을 넘기지 않는다는 규칙을 세웠다. 반스는 이에 대해 다음과 같이 설명했다. "회의에 관한 새로운 규칙을 만들었기 때문에 기존에 해오던 관행 몇 가지를 바꿔야 했어요. 회의마다 안건을 정해서 회의 시간에는 오로지 안건에 관해서만 논의하기로 했죠. 이제는 안건과 관련 없는 대화를 하면서 시간을 낭비할 수 없게 된 거예요."

또한 퍼페추얼 가디언은 직원들이 회의에 참석할지를 직접 결정할 수 있게 했다. 이렇게 해야 직원들의 생산성과 업무 성과가 향상할 것으로 판단했기 때문이다. "만약 자신의 업무와 관련 없는 회의에 초대받았다면 참석하지 않아도 됩니다. 이 규칙이 생긴 뒤로 우리 회사에서는 전 직원이 참석하지만 아무도 발언하지 않고 그 누구에게도 유익하지 않은 전체 회의를 더는 열지 않아요."

주 4일제 근무의 도입으로 퍼페추얼 가디언 직원들은 그동안 자신이 시간을 어떻게 사용해 왔는지 진지하게 생각해 보게 됐다. 만약 초대받은 회의에 모두 참석한다면 4일 안에 주어진 업무를 끝내지 못할 것이고, 그러면 주 5일 근무를 해야 할 수도 있다. 이런 제약이 생기자 직원들은 자신들이 참석하는 회의가 본인의 목표 달성에 얼마나 기여하는지 생각해 보게 됐다.

반스가 효율적인 시간 활용과 불필요한 회의 제거를 위해 만든 이러한 규칙은 마이크로소프트 재팬Microsoft Japan이 주 4일 근무 제도를 시범 도입하면서 일본에서도 반향을 불러일으켰다. 마이크로소프트 재팬이 만든 세 가지 규칙은 다음과 같았다. 첫째, 마이크로소프트 팀즈Microsoft Teams(공동 작업을 위해 마이크로소프트에서 만든 협업 툴—옮긴이)를 반드시 회의에 활용한다. 둘째, 모든 회의는 30분을 넘기지 않는다. 셋째, 모든 회의의 참석자는 최대 5명을 넘기지 않는다. 이 세 가지 규칙을 지켜 회의를 진행한 결과, 마이크로소프트 재팬의 생산성이 주 4일제 도입 전보다 39.9퍼센트나 증가했다. 아마 직원 행복도는 그보다 더 많이 증가했을 것이다.

실 천 하 기

①   회의 일정을 정하고 사람들을 초대하기 전에 '정말 이 사람들이 전부 참석해야 하는지' 생각해 본다.

②   회의마다 진행 시간과 참석자 수의 상한선을 정해놓는다.

③   마지막으로 회의에 초대한 직원들이 직접 참석 여부를 결정할 수 있게 한다. 즉, 이 회의가 자신의 목표 달성에 별로 도움이 되지 않거나 자신이 기여할 부분이 없다고 판단한다면 회의 참석을 거절할 수 있다.

동영상으로
회의를 대체하라

지난 한 달 동안 다른 직원들이 자신의 업무에 관한 새로운 소식을 전하는 회의에 몇 번이나 참석했는가? 당신도 다른 사람들과 다르지 않다면 아마 꽤 많이 참석했을 것이다. 그러나 참석하더라도 대체로 회의에 적극적으로 참여하지 않고 자리에 우두커니 앉아 정보만 전달받으면서 당신의 귀중한 시간을 허비했을 가능성이 크다. 이런 회의들은 당신의 소중한 시간을 빼앗아갈 뿐만 아니라 하루를 원활하고 효율적으로 보내지 못하도록 방해한다. 심지어 이런 회의들은 지루하기까지 하다. (누군가 회의실에 도넛을 가져온다면 조금은 덜 지루하게 느껴질 수도 있다.)

욥 밴 더 부트Job van der Voort는 기업이 글로벌 인재를 합법적인 방식으로 쉽게 고용할 수 있도록 지원하는 기업 리모트Remote의 창업자 겸 대표다. 어쩌면 이름에서 눈치챘을 수 있지만 리모트는 전

3장 효율화

세계에서 처음으로 원격 근무를 시도한 회사다. 그 어떤 직원에게도 도시 중심에 있는 사무실에서 근무하도록 강요하지 않는다.

밴 더 부트는 회의의 효율성을 높이는 방안에 대해 많이 고민한다. 특히나 그의 회사는 직원들이 세계 여러 지역에 머물고 있어 서로 다른 시간대에 근무하기 때문에 회의의 효율성을 높이는 문제가 굉장히 중요하다. 리모트에는 기본적으로 실시간 회의가 없다. 직원들이 모여서 실시간으로 의견을 주고받는 회의 대신 이메일 같은 비실시간 소통 방식으로 회의를 진행한다. 물론 정기적으로 열리는 전 직원 회의처럼 몇몇 회의는 여전히 실시간으로 진행한다. 하지만 회의 시간이 길고 반복해서 만나야 하는 회의는 직원들 스스로 가급적 주최하지 않으려 한다.

리모트의 전 직원 회의는 30분밖에 열리지 않는다. 짧은 시간도 놀랍지만 더 독특한 건 진행 방식이다. 각 팀의 리더와 팀원들은 팀별 소식을 실시간으로 전달하지 않고 사전 제작한 영상에 담아 공유한다.

"직원들은 각 팀의 새로운 소식을 영상이나 짧은 글 형식으로 만들어서 사내 인트라넷의 중앙 게시판에 올립니다. 보통 5분 정도의 짧은 분량으로 제작하기 때문에 회사 전반에서 일어나는 일을 빠르게 파악할 수 있어요." 밴 더 부트가 설명했다. 모든 게시물은 팀별로 분류된다. 그래서 만약 당신이 며칠 전 영업팀에 입사한 신입사원이라면 영업팀 게시물만 확인하면서 팀에 관한 정보를 쉽게 습득할 수 있다.

밴 더 부트는 이 시스템을 정착시키기까지 오랜 시간이 걸렸다고 말했다. "직원들이 꾸준히 수행해 준 덕분에 자료들이 계속 모였고 정보의 보고가 만들어졌어요. 그래서 이제는 현재 상태를 한눈에 파악하기 위해 문서를 자세히 들여다볼 필요가 없어졌죠. 동영상을 보거나 영상 대본만 읽어도 상대를 직접 만나 회의하는 것처럼 느껴져요. 게시물을 보다 보면 각 팀이나 특정 업무에 대해 자세히 알게 되기 때문에 전보다 더 가까워진 느낌을 받고요."

동영상으로 팀별 소식을 전하는 방식은 세계 각국에서 일하는 직원들이 효율적으로 정보를 공유할 수 있도록 도울 뿐만 아니라 실시간 회의를 대체하는 효과도 있다. 그는 마지막으로 내게 이렇게 말했다. "어제 새로 입사해서 저와 함께 일하기 시작한 직원이 있는데요. 그 친구에게 회사 전반에 관해 설명해 주려고 1시간짜리 회의를 잡는 대신 동영상 여러 개를 녹화해서 전달했답니다."

실 천 하 기

① 회의 일정을 잡기 전에 사전 제작한 동영상을 공유하거나 이메일을 회람하는 방식으로 대체할 수는 없는지 생각해 본다. (아마 대부분은 가능할 것이다.) 또는 회의 시작 전에 각자 동영상을 시청하고 모여 회의 시간에는 논의가 필요한 내용만 검토하는 방식으로 진행해도 좋다.

② 동영상을 쉽게 제작할 수 있는 프로그램을 선택한다. 리모트 직원들은 '룸 Loom'이라는 프로그램을 이용한다. 룸에서는 컴퓨터 화면에 목소리만 나오도록 녹화할 수도 있고, 영상을 제작하는 사람의 얼굴이 보이도록 설정

3장 효율화

할 수도 있다. 또는 컴퓨터 화면 구석에 영상 제작자의 얼굴이 함께 나오도록 녹화할 수도 있다.

③ 사내 인트라넷처럼 전 직원이 접속 가능한 자료 저장 공간에 동영상을 올려 공유한다. 그러면 직원들이 저마다 편한 시간에 접속해서 새로운 소식을 확인할 수 있다.

회의는
몰아서 잡아라

화요일 오후. 당신에게는 회의 시작 전까지 40분의 시간이 남아 있다. 이 시간 동안 쌓여 있는 일을 처리하면서 시간을 효율적으로 보내려 하지만 무엇을 해야 할지 고민에 빠진다. 문득 내일 영업 실적을 보고하는 중요한 발표가 있다는 사실이 떠오른다. 발표 준비를 시작해 볼까 싶었지만 짧은 시간 내에 몰입해서 처리하기 힘들 것 같아 이내 그만둔다. 다른 중요한 업무도 몇 가지 떠올랐으나 전부 집중해서 끝내려면 족히 한 시간은 걸릴 것 같은 일들이라 애초에 시작하지 않기로 마음먹는다.

결국 당신은 받은편지함에 쌓여 있는 이메일을 아무 생각 없이 훑어본다. 겉으로는 열심히 일하는 것처럼 보여도 실제로는 아무 의미 없는 작업을 하면서 시간을 보내는 것이다. 받은편지함에 쌓여 있지만 언제 구독했는지 기억나지 않는 뉴스레터들을 지우고,

당신이 왜 참조 수신인에 포함되어 있는지 알 수 없는 이메일들을 확인한다. 진작 처리했어야 했던 오래된 이메일들도 살펴본다. (당신의 귀중한 시간은 이런 식으로 낭비되어 왔다.)

시계를 보니 벌써 회의에 들어갈 시간이다. 당신은 허무하게도 아까운 40분을 이렇게 허공에 날려 보냈다.

이메일을 확인하는 횟수를 하루에 2~3회 정도로 제한하는 방식인 이메일 일괄 처리법은 이제 생산성을 향상하고 싶어하는 사람들이 널리 이용하는 전략이 되었다. 그런데 이메일 말고도 일괄 처리할 수 있는 것이 있다. 바로 회의다. 회의도 한꺼번에 몰아서 처리하면 생산성 향상에 도움이 된다.

미국 오하이오주립대학교 연구팀이 실시한 실험에 따르면 향후 1~2시간 이내에 회의가 예정된 경우 그렇지 않을 때보다 업무 처리량이 22퍼센트 감소한다고 한다. 이처럼 주변에 거대한 방해물이 있다는 사실을 인지하면 업무에 완전히 몰입하기 어렵다.

이 연구 결과는 미국 펜실베이니아대학교 와튼스쿨 교수이자 베스트셀러 『기브 앤 테이크』의 저자 애덤 그랜트에게도 영향을 미쳤다. 그는 학교에 출근해서 보내는 시간을 다음과 같이 계획한다고 말했다. "저는 학생들과 면담하는 시간인 오피스 아워를 수업이 있는 날에 몰아서 진행합니다. 그리고 오피스 아워 사이사이마다 5분 정도의 여유 시간을 둬서 면담이 길어지거나 밀린 이메일을 확인할 때 이 시간을 이용합니다." 그는 이렇게 수업과 면담만 진행하는 날과 온전히 연구와 글쓰기에만 집중하는 날로 나누어 보내면서, 모든 업무에 최대로 몰입하고 최고의 생산성을 발휘할 수 있도록 노력하고 있다.

---

① 하루 중 일정 시간을 회의를 계획하지도 수락하지도 않는 '회의 없는 시간'
으로 정해본다. 예를 들어 오전에 인지 능력이 가장 좋다면 일주일에 며칠
은 오전 시간을 '회의 없는 시간'으로 정해놓고 중요한 업무를 오전에 처리
한다. 대신 모든 회의는 오후에 몰아서 잡는다.

② 생산성이 가장 높은 시간에 회의가 잡혔다면, 회의 주최자에게 당신이 정
한 회의 일괄 처리 방침과 상황을 설명하고 회의 시간 변경을 요청하거나
불참 의사를 밝힌다. 캘린더에는 '회의 없는 시간'이 아닌 '회의만 하는 시
간'을 블록 형식으로 추가한다. 예를 들어 업무 진행 상황을 간단히 논의하
는 일일 회의나 스탠드업 회의(모든 팀원이 일어서서 업무 진행 현황과 과제를
빠르게 공유하는 회의—옮긴이)처럼 인지적 부담이 적은 회의는 집중력이 저
하되는 오후 1~3시에 진행하면 좋다.

3장 효율화

효율적으로 회의를 진행하는
세 가지 규칙

구독형 이메일 서비스를 제공하는 IT 기업 슈퍼휴먼의 창업자 겸 대표인 라홀 보라는 팀 대부분이 회의를 비효율적으로 진행하고 있다고 생각한다. 그가 보기에 안건 없이 진행되는 회의가 많고 회의 시간도 필요 이상으로 길다. 심지어 안건과 관련 없는 사람을 회의에 초대하기도 한다. 중요하지 않은 문제를 논의하는 데 너무 많은 시간을 쏟고, 정작 중요한 문제에는 아무도 관심을 기울이지 않아 몇 주 동안 처리되지 않은 채로 남아 있는 경우도 허다하다.

이런 문제를 막고자 슈퍼휴먼에서는 회의를 효율적이고 영향력 있게 진행하기 위하여 다음의 세 가지 규칙을 따르고 있다. 첫 번째 규칙은 만일 누군가 팀 회의에서 특정 안건을 논의하고 싶다면 미리 내용을 정리해서 회의 전날 오후 6시까지 팀원들에게 공유해야 한다.

"우리는 문서로 정리하지 않은 내용에 대해서는 논의하지 말아야 합니다. 말하는 속도보다 읽는 속도가 더 빨라서 내용을 정리한 문서를 미리 읽고 모이면 회의를 속도감 있게 진행할 수 있어요." 보라가 이어서 말했다. "즉석에서 의견을 주고받기만 하는 회의는 상당히 비효율적이에요. 의견을 미리 글로 적어 공유했다면 모두가 읽어보고 회의에 참석할 수 있었을 테고 그럼 회의를 더 효율적으로 진행할 수 있었을 거예요." 첫 번째 규칙을 따르면 회의를 신속하게 진행할 수 있다는 것 외에도 또 다른 장점이 있다. 말솜씨가 뛰어난 직원들은 순식간에 (어쩌면 의도적으로) 사람들을 본인 편으로 끌어당기기 때문에, 언변이 서투른 직원들이 오히려 불이익을 받을 수 있다. 그러나 글로 미리 정리한 안건을 읽고 회의에 참석한다면 이런 문제를 예방할 수 있다.

두 번째 규칙은 회의 시작 전에 문서를 읽고 온 사람만 회의에서 의견을 보낼 수 있도록 하는 것이다. 그는 이 전략이 시간을 효율적으로 활용할 수 있게 도울 뿐 아니라 팀원들이 서로를 존중하도록 만든다고 생각한다.

"자신의 시간을 들이지 않은 일에 대해서는 발언할 수 없도록 해야 합니다. 그건 다른 사람의 시간을 불필요하게 낭비하는 행위와 같기 때문입니다. 누군가 시간을 들여 '이것이 문제이고 이것이 해결책입니다'라는 내용의 문서를 작성했는데 팀원의 절반만 읽었다고 가정해 봅시다. 설사 바빠서 이 문서를 읽지 못하고 회의에 참석했다 하더라도 논의에는 참여할 수 없습니다. 이런 방식으로 진행하면 결국 회의 속도는 빨라질 수밖에 없어요."

3장 효율화

연구에 따르면 이 두 번째 규칙은 더 나은 결정을 내리도록 이끈다. 사람들은 직감이 더 정확할 것으로 생각하지만 실제로 보면 오랜 시간을 들여 고민할 때가 직감을 따를 때보다 더 나은 결정을 내리기 때문이다.

미국 뉴욕대학교 스턴경영대학원 저스틴 크루거 교수가 이끄는 연구팀은 객관식 시험에서 한번 고른 답을 바꾸지 않은 학생들과 중간에 마음을 바꾼 학생들의 정답률을 비교하는 실험을 했다. 연구진은 특히 학생들이 처음 고른 답을 지운 경우를 중점적으로 관찰했다.

그 결과 학생들이 처음 고른 답을 다시 선택했을 때 오답일 확률이 높게 나타났다. 이런 현상은 '최초 직감의 오류First Instinct Fallacy'라고 부른다. 반면 원래 고른 답으로 돌아가지 않은 학생들의 경우 정답을 고를 확률이 더 높았다. 이 연구 결과를 보며 나는 두 가지 생각이 들었다. 첫째, 보라처럼 회의 시작 전 사람들에게 결정을 고민할 시간을 주면 사람들은 더 나은 결정을 내리게 되며, 현장에서 바로 결정을 내려야 할 때도 최초 직감의 오류에 빠지지 않게 돕는다. 둘째, 왜 나는 대학생 시절 객관식 시험으로 괴로워할 때 이 연구를 발견하지 못했을까. 미리 알았다면 참 좋았을 텐데 말이다.

성공적이고 효율적인 회의 진행을 위해 보라가 만든 마지막 규칙은 만약 팀 회의에서 어떤 안건에 대해 논의할 경우 최대 5분을 넘기지 않는다는 것이다. 5분 안에 합의에 이르지 못하면 논의를 멈추고 의사결정권자가 결정을 내린다.

보라는 결정을 되돌릴 수 있는 결정과 되돌릴 수 없는 결정으로 나눠서 생각한다. 되돌릴 수 있는 결정은 실패의 위험이 낮다. 형편 없는 결정을 내리더라도 금방 중심을 잡고 다른 경로로 바꿀 수 있다. 반면 되돌릴 수 없는 결정은 잘못된 결정이 내려졌을 때 실패의 위험이 크고 비용도 많이 들 수 있다.

대표이사인 보라가 내리는 결정은 모두 되돌릴 수 없는 결정이다. 되돌릴 수 있는 결정은 팀원들이 내리도록 한다. 직원에게 의사결정 권한을 부여하는 것은 좋은 방식이며 이는 직원들의 전반적인 직무 만족도에도 긍정적인 영향을 미친다. 보라는 '회의가 끝나면 의사결정권자는 필요한 모든 정보를 모아서 다음 회의 전까지 결정을 내린다'라고 말했다. 이 방식은 특히 직원들이 어려운 문제에 관한 결정을 내려야 할 때 도움이 된다.

"이 전략을 이용하면 모든 직원이 항상 최신 정보를 빠르게 파악할 수 있습니다. 각 안건을 논의하는 데 최대 5분밖에 소요되지 않으므로 1시간 안에 10개의 안건을 모두 다룰 수 있어요. 심지어 그 과정에서 재미있는 농담도 수없이 오고 간답니다."

실천하기

①   팀 회의가 잡혔다면 팀원들에게 회의 날짜로부터 최소 하루 전까지 논의할 내용을 문서로 적어서 공유하도록 요청한다. 이때 팀 회의가 빠르게 진행될 수 있도록, 직원들에게 논의하고 싶은 안건과 읽어야 할 자료를 구체적으로 적도록 한다. 처음에는 당신이 회의의 독재자처럼 느껴질 수 있다. 하

         3장 효율화

지만 회의의 효율성을 높이기 위한 노력이라는 사실을 팀원들이 깨닫게 될 때 분명 모두가 당신에게 고마워할 것이다.

② 모든 팀원에게 각 회의의 안건과 관련 자료를 미리 숙지하고 회의에 참석하도록 요청한다.

③ 회의 안건과 관련 자료를 미리 읽고 온 직원에 한해서만 회의 중에 발언할 수 있도록 한다.

④ 논의를 5분 이상 지속했는데도 결론에 도달하지 못했다면 팀장이 책임지고 되돌릴 수 없는 결정을 내려야 한다. 되돌릴 수 있는 결정은 팀원 중 누군가가 내리도록 권한을 위임해야 한다. 단, 모든 결정은 다음 회의가 열리기 전까지 내려져야 한다.

⑤ 다음 회의에는 의사결정이 필요한 안건에 선택지를 추가해서 의사결정이 지연되지 않도록 한다.

할 일 목록에
논의할 일 항목이 필요한 이유

애자일 방법론Agile Methodology에 익숙한 사람이라면 아마 칸반 보드Kanban Board에 대해서도 잘 알고 있을 것이다. 잘 모르는 사람을 위해 빠르게 설명하자면, 칸반 보드란 프로젝트의 업무 흐름을 간단한 도표 형식으로 시각화하여 한눈에 파악하기 쉽게 돕는 서식이다. 칸반 보드는 기본적으로 세 열로 구성된다. 첫 번째 열에는 할 일, 두 번째 열에는 진행 중인 일, 그리고 세 번째 열에는 완료된 일을 적는다. 모든 프로젝트는 첫 번째 열인 '할 일'에서부터 시작해 일이 진행되면서 세 번째 열인 '완료된 일'로 나아간다.

미국 조지타운대학교 컴퓨터공학과 부교수 칼 뉴포트는 칸반 보드의 열렬한 팬이다. 그는 자신이 수행하는 업무 대부분에 칸반 보드를 활용한다. 원고 집필 작업, 컴퓨터과학 분야 연구, 대학 행정 업무, 대학원 과정 업무 등 작업별로 칸반 보드를 만들어 이용한다.

이런 식이라면 아이들과 함께 하는 집안일까지도 칸반 보드로 관리할 것 같다는 생각이 들었다. (만일 내가 딸아이와 함께 하는 집안일에 칸반 보드를 이용한다면 '침실 정돈하기'는 영원히 '완료된 일' 열에 도달하지 못할 것이다.)

사실 이미 많은 사람이 칸반 보드를 개인적인 업무 관리에 이용하고 있다. (구글의 업무 진행 방식 '퍼스널 칸반'을 떠올려보라.) 하지만 내가 뉴포트의 칸반 보드 전략에서 흥미롭다고 생각한 부분은 그가 업무를 분류하는 방식이었다.

뉴포트는 조지타운대학교에서 대학원 과정의 총책임자 직책을 맡고 있다. 그러다 보니 다양한 사람들 사이에서 의견을 조율하고 면담하는 일을 자주 한다. 이 때문에 그는 자신의 칸반 보드에 '논의할 일' 열을 새로 만들었다. 그는 내 팟캐스트 채널에 나와 "칸반 보드에 '논의할 일' 열을 추가하면 수천 통의 이메일을 주고받지 않아도 된다는 사실을 깨달았어요"라고 말했다. 뉴포트는 이제 학과장이나 행정 업무 담당자, 그가 함께 일하고 있는 사람들에게 물어볼 일이 있을 때마다 곧바로 이메일을 보내지 않는다. 대신 칸반 보드의 '논의할 일' 열에 전부 적어놓는다.

"지금 당장 이메일을 보내면 조금은 안심이 되겠지만 얼마 후 예정에 없던 새로운 메시지가 도착하고 예정에 없던 새로운 응답을 받게 됩니다. 이렇게 예정에 없던 메시지를 계속 주고받게 되는 상황은 제 책 『하이브 마인드』에서도 적었지만 생산성 저하로 이어지죠."

그래서 뉴포트는 칸반 보드에 '논의할 목록' 열을 추가하고 중요한 문제를 자주 논의하는 몇몇 사람에게 질문할 사항이 생기면

이 열에 적는다. 그는 이들과 회의를 할 때마다 '논의할 일' 열에 적어둔 내용을 빠르게 훑어본 다음 그 자리에서 물어보고 해결한다. 훨씬 현명하고 시간 효율적인 업무 처리 방식이다. 뉴포트는 다음 회의까지 기다리는 것만으로도 일주일 동안 예정에 없던 이메일이 수십 통 오갈 수 있는 상황을 막을 수 있었다며, 그 덕분에 대학원 관련 업무의 생산성이 크게 향상했다고 말했다.

당신은 그래도 여전히 '이메일을 곧바로 보내는 것이 훨씬 편리한 방법이야'라고 생각할지 모른다. 특히 급한 업무라면 이메일을 곧장 보내는 편이 훨씬 낫다고 생각할 수 있다. 하지만 뉴포트는 사람들이 업무의 긴급한 정도를 실제보다 과장해서 생각하는 경향이 있다고 주장한다.

"사람들은 답장을 지금 당장 받고 싶어 하는 경향이 있어요. 자신이 보낸 이메일을 계속 신경 쓰고 싶지 않기 때문이에요. 대부분 이런 마음일 거예요. '지금 바로 답장을 보내주시면 좋겠어요. 당신이 제게 회신을 해줄지도 모르겠고, 게다가 저는 당신이 이 문제에 대해 답장을 보냈는지 아닌지를 계속 확인할 만큼 꼼꼼하지도 않아요. 제가 이런 걱정을 하지 않도록 제 이메일에 바로 회신해 주세요.'"

'논의할 일' 열을 활용하면 다른 사람에게 질문하고 싶은 사항을 잊지 않을 수 있다. 또한 이메일을 급하게 보내고 싶은 충동을 억제하기 때문에 예정에 없던 이메일을 주고받거나 불필요한 업무가 발생하는 상황도 방지할 수 있다.

① 나의 할 일 목록에 '논의할 일' 항목을 추가한다. 혹시 칸반 보드를 사용하고 있다면, '할 일', '진행 중인 일', '완료된 일' 다음에 '논의할 일' 열을 추가한다. 자주 대화하는 사람별로 '논의할 일' 열을 각각 마련해서 사용할 수도 있다.

② '논의할 일' 열에 적어둔 사항에 관해 물어볼 수 있는 상대와 회의를 하게 된다면, 질문할 사항을 미리 숙지하고 회의에 참석한다. 예정된 회의가 없다면 질문할 사항을 계속 적으면서 다음 회의에서 만날 때까지 기다린다.

메일을 세 가지로 분류하라

　10여 년 전 로라 메이 마틴이 구글에 처음 입사했을 때 그녀의 첫 업무는 '20퍼센트 프로젝트'였다. 당시 구글은 직원들에게 일주일에 하루는 자신이 만든 프로젝트를 수행하도록 했고, 마틴은 이 시간 동안 직원들에게 받은편지함을 효율적으로 관리하는 방법을 교육하는 프로그램을 만들었다. (내가 정말 원하는 일이다!) 그리고 얼마 지나지 않아 수천 명의 구글 직원이 그녀의 교육 프로그램을 이수하게 됐다. 마틴의 행보는 여기서 그치지 않았다. 현재 그녀는 생산성 분야 상임 고문 역할을 맡아 (이것이야말로 내가 정말 원하는 일이다!) 임원들의 업무 생산성을 높이는 일을 일대일로 도와주고 있다.

　마틴은 이메일을 빨래에 비유한다. "받은편지함을 빨래 건조기라고 생각해 봅시다. 건조기 문을 열고 다 마른 셔츠를 꺼내어 예쁘게 접습니다. 그런 다음 셔츠를 들고 옷방으로 들어가 옷장에 집어넣은 다음 다시 건조기 앞으로 돌아오죠. 이 과정을 이메일을 보내는 일에 빗대어 생각해 보는 겁니다."

마틴이 이어서 설명했다. "건조기에서 살짝 덜 마른 바지 하나를 발견했다고 가정해 봅시다. 이 바지를 보면서 '덜 마르긴 했지만 그냥 마른 옷들하고 같이 놔둬야겠다'라는 생각이 들 수도 있겠죠. 당장 처리하고 싶지 않아서 읽지 않은 채로 편지함에 놔둔 메일이 건조기 속에 놔둔 덜 마른 바지와 같아요. 또 다른 예를 들어볼게요. 건조기에서 꺼낸 양말이 한 짝밖에 없을 때 다시 건조기 안에 넣어두는 사람들이 있습니다. 어차피 다음 날에도 건조기를 돌릴 테니 그때 나머지 한 짝을 발견해서 같이 정리하면 된다고 생각하거든요. 사람들이 이메일을 관리하는 방식도 이와 다르지 않아요."

마틴은 사람들이 이메일로 스트레스를 받는 것은 받은편지함에 접근하는 방식 때문이라고 생각한다. 사람들은 받은편지함에서 이메일을 골라 읽기만 한다. 하지만 마틴은 건조기에서 빨래를 꺼내 정리하고 비우듯 받은편지함에서 이메일을 분류하고, 정리하고, 지우는 작업이 필요하다고 주장한다.

또한 마틴은 받은편지함을 확인하는 일도 계획적으로 수행해야 한다고 말한다. 그녀는 아무 목적 없이 받은편지함을 열고 이메일을 확인하면서 시간을 보내지 않는다. 대신 생산적으로 일하기 위해 이메일을 확인하는 과정을 다음과 같이 구체화했다.

마틴이 받은편지함을 열어서 가장 먼저 하는 작업은 이메일을 세 개의 폴더에 분류하는 것이다. (지메일에서는 폴더 대신 탭이나 편지함이라고 부른다.) 첫 번째 폴더는 '할 일'이다. 다른 사람의 의견이 필요하지 않고 혼자 결정을 내리면 되는 일에 관한 이메일은 이 폴더에 보관한다. 두 번째 폴더는 '대기 중인 할 일'이다. 이곳에는 다른 사람의 의견이나 답장을 기다렸다가 처리해야 하는 일에 관한 이메일을 보관한다. 마지막 폴더는 '읽을거리'이다. 말 그대로 읽어야 할 내용이나 자료가 담긴 이메일을 보관하는 곳이다.

마틴은 받은편지함을 열고 새 이메일을 도착한 순서대로 전부 훑어보며 세 개의 폴더에 분류한다. "저는 자동 전진 방식으로 이메일을 확인합니다. 받은편지함에서 눈에 띄는 이메일을 아무거나 골라서 확인하지 않고 차례대로 하나씩 처리하죠." 이 같은 방식으로 모든 이메일을 세 개의 폴더나 중요 편지함에 분류해 보관한다.

마틴은 세 폴더에 분류한 이메일을 처리할 때는 온전히 그 일에만 집중한다. "만약 누구에게도 방해받지 않는 두 시간 정도의 시간이 제게 주어진다면 그 시간에는 '할 일' 폴더에 보관한 이메일만 처리합니다. 다른 폴더에는 눈길조차 주지 않고 곧장 이 폴더로 향하죠. 마치 빨래 건조기에서 제가 정리하기로 마음먹은 옷만 하나씩 꺼내서 접는 작업을 반복하는 것과 같아요." 마틴의 말을 듣고 있으니 그녀가 마치 집안일의 여신, 아니 이메일의 여신처럼 보였다.

그녀는 에너지가 저하되는 오후 시간에는 '읽을거리' 폴더를 살펴본다. 그리고 퇴근 시간이 가까워지면 '대기 중인 할 일' 폴더를 보면서, 지금 당장 앞당겨 처리할 수 있거나 마감일까지 서둘러 처리해야 하는 일이 있는지 확인한다.

마틴이 따르는 이메일 관리 규칙은 '이메일을 빨래라고 생각하고 정리한다'와 '이메일 정리는 하루에 한두 번만 한다' 두 가지밖에 없다. "저는 이메일 정리를 하루에 한 번만 해야 한다고 조언하지 않아요. 그건 많은 사람에게 현실적이지 않은 방법이기 때문이에요. 그러면 다음 회의에 준비해야 하는 것을 놓칠 수 있거든요. 이메일을 처리하는 시간을 미리 정해놓는 것도 좋아요. 그러면 시간을 효율적으로 쓸 수 있답니다."

실 천 하 기

① 받은편지함에 새로운 하위 폴더 세 개를 만든다. 첫 번째에는 '할 일', 두 번째에는 '대기 중인 할 일', 세 번째에는 '읽을거리'라고 이름 붙인다.

② 아침에 받은편지함을 처음으로 열었을 때 새로 받은 이메일들을 세 개의 폴더에 분류한다. 이 작업은 오전 대신 하루를 마무리하는 저녁에 해도 괜찮다.

③ 하루 중 컨디션이 가장 좋은 시간대를 골라 이 시간에 '할 일' 폴더에 보관한 이메일을 처리한다.

④ 컨디션이 저하되는 시간에는 '읽을거리' 폴더에 보관한 이메일을 처리한다.

⑤ 하루에 한두 번 '대기 중인 할 일' 폴더를 열어 급하게 처리할 일이 있는지 확인한다.

⑥ 집중해서 처리해야 할 일이 있다면 하루에 최소한 한 번 이상은 열려 있는 받은편지함을 닫도록 한다.

시간 낭비를 줄이는
간단한 전략

파킨슨의 법칙에 따르면 사람들은 마감 기한이 임박할 때까지 일을 미루고 또 미루는 경향이 있다. 만약 보고서를 작성해야 하는데 반나절 동안 한 줄도 쓰지 못했다면 이제 당신은 남은 반나절 안에 모든 작업을 끝내야 한다.

아슈토시 프리야다르시는 일정 관리 소프트웨어 기업 선사마의 창업자다. 그는 파킨슨의 법칙과 생산성에 대해 오래 고민해 왔다. "파킨슨의 법칙에서 제가 가장 주목한 부분은 사람들이 거의 말도 안 될 정도로 짧은 시간 안에 문제를 해결하려 한다는 점이었어요."

프리야다르시와 직원들은 선사마 창립 초기에 새 기능을 개발하기 위해 이틀 동안의 스프린트(단기간 안에 시제품을 만들고 테스트를 하면서 중요한 문제에 대한 답을 찾는 과정—옮긴이)를 실시했다. 그는 월요일 아침에 자신이 개발하고 싶은 기능을 발표한 다음 직원

3장 효율화

들에게 화요일 저녁까지 이 기능을 완성해 웹사이트에서 시연하도록 했다. 직원들은 이 과정을 수요일과 목요일에도 반복했다.

"저는 직원들에게 정말 풀기 어려운 문제를 주고 이틀 만에 해결하도록 했어요. 그랬더니 직원들은 어떻게든 방법을 찾아내서 결국에는 해내더군요." 프리야다르시가 웃으며 말했다.

실제로 연구 결과에 따르면 사람들이 빠르게 생각하고 일하도록 자기 자신을 몰아붙일수록 기분이 개선된다고 한다. 한 연구에서는 대학생들에게 대학 교육 과정 개선에 관한 권고문을 듣고 받아 적도록 하는 실험을 실시했다. 연구진은 권고문을 읽는 사람에게 한 번은 평소에 읽는 속도보다 약간 빠르게, 다른 한 번은 평소보다 훨씬 느리게 읽어달라고 요청했다. 그런 다음 첫 번째 집단에는 빠른 속도로 읽은 음성을 들려주고 학생들에게 빨리 읽고 쓰고 일하도록 요청했다. 두 번째 집단에는 이와 반대로 진행했다. 그 결과 첫 번째 집단 학생들이 보고한 행복감의 정도가 두 번째 집단보다 훨씬 더 높게 나타났다.

내 개인적인 일화를 소개하자면, 나는 아주 짧은 시간 안에 생산성을 최대로 끌어올리는 시도를 하고 있다. 예를 들어 나는 《하버드 비즈니스 리뷰Harvard Business Review》, 《야후 파이낸스Yahoo! Finance》, 《호주 파이낸셜 리뷰Australian Financial Review》 등 여러 곳에 정기적으로 글을 기고한다. 보통 기사 한 편을 쓰고 글을 다듬다 보면 몇 시간이 훌쩍 흐르기 쉽다. 그래서 첫 번째 초안을 한 시간 안에 완성하겠다는 목표를 세우고, 이를 위해 캘린더에 초안 작성 일정을 딱 한 시간만 입력했다. 또한 책상 위에 시계를 올려놓고 시간을 확인하면서 글을 썼다.

시계와의 경쟁에서 승리하기 위해 고군분투하는 모습을 떠올리면 이해가 쉬울 것이다. 나는 이 과정에서 의도적으로 시간적 제약을 두면 집중력이 향상된다는 사실을 깨달았다. 나와 보드게임을 한 번이라도 해본 사람이라면 내가 승부욕이 많다는 것을 잘 알 것이다. 이 승부욕이 시간 제약을 만나니 집중력 향상이라는 긍정적인 결과로 이어졌다.

홍콩대학교 에코 웬 완Echo Wen Wan 교수는 몇 가지 독특한 연구를 진행했다. 그녀의 연구는 나의 '시계와 경쟁하기' 전략이 실제로 효과가 있음을 과학적으로 입증한다. 완의 연구에 따르면 사람들은 시계가 눈에 보이거나 근처에 놓여 있을 때 종일 에너지를 유지하는 모습을 보였다. 이처럼 어떤 이유에서든 시계를 보는 행위는 그 자체로 사람들에게 마감 시간이 다가오는 것 같은 불안감을 느끼게 하고, 이 불안감이 우리를 계속 움직이게 만든다.

프리야다르시는 마감 기한을 촉박하게 설정하지 않으면 일을 수동적으로 처리하면서 많은 시간을 낭비하기 쉽다고 말한다. "일정을 빠듯하게 세우고 약속한 기한 내로 일을 끝내기로 자기 자신과 약속했다면 이는 자신에게 싸움을 건 것과 같아요. 사람들은 성취하고자 하는 목표가 생기면 저절로 효율적이고 생산적으로 행동하기 마련이거든요."

짧은 시간 동안 최상의 생산성을 달성하려면 모든 디지털 방해 요소를 차단해야 한다고 생각할 수도 있다. 하지만 프리야다르시의 전략은 다르다. 그는 이런 요소들을 그냥 무시한다. "저는 트위터나 슬랙 메시지를 확인하지 않아요. 제가 원하지 않는 일에는 에너지를 많이 쓰지 않으려 해요. 대신 제 에너지를 모두 모아서 제가 원하는 일에만 집중적으로 사용하죠."

또한 프리야다르시는 업무에 대한 책임감을 느끼기 위해 자신의 하루 계획을 동료들에게 공유한다. 마감 기한과 책임감이라는 족쇄를 스스로 채움으로써 시간과 에너지를 자신이 진짜 원하는 일에만 쓰도록 환경을 조성하는 것이다.

"저는 제가 공표한 일을 실행할 때 의욕이 상승합니다. 물론 그 과정에서 SNS나 슬랙 메시지를 전혀 확인하지 않는 건 아니에요. 다만 저에게는 목표가 있고, 함께 일하는 직원들과 저 자신에게 약속했으므로 이런 방해물을 제쳐두고 제가 원하는 일에 몰두하는 것이죠."

실 천 하 기

① 오늘 내로 끝내야 하는 일을 한 가지 선택한다. 최소 두 시간 정도 걸리는 작업이 가장 좋다.

② 평소 소요 시간의 절반 내로 작업을 끝낸다는 목표를 세운다.

③ 캘린더에 이 작업 일정을 시간 블록 형식으로 입력한다.

④ 시간제한 전략이 도움이 되는 것 같다면 책임감을 더 많이 느낄 수 있도록 다른 사람에게 자신의 목표를 공유해 보자.

아주 작은 습관의 힘

내 딸아이는 침대에 인형을 한 356개쯤 놓아야 하는 습관이 있다. (사실 과장해서 말한 것이고 실제로는 스무 개 정도 된다. 딸은 자신이 관리할 수 있을 만큼만 놓아둔다.) 그래서 요즘 나는 침대에 인형을 한 개만 남겨두자고 딸아이를 설득하고 있다. 그러나 행동을 바꾸기란 쉽지 않다. 행동 변화 자체가 어렵다기보다는 잘못된 방법으로 행동을 바꾸려 하기 때문이다.

흔히들 깊게 각인된 행동을 바꾸려면 완전히 탈바꿈해야 하거나 온전히 자신의 의지력에 의존해야 한다고 생각한다. 하지만 넛지 이론에 따르면 자신의 환경에 작은 변화를 만드는 것만으로도 큰 노력을 들이지 않고 엄청난 변화를 만들어낼 수 있다.

IT 기업 워드프레스WordPress와 오토매틱Automattic의 공동 창업자 매트 뮬렌웨그Matt Mullenweg는 자신의 일상에서 작은 행동을

　　　　　　　　　　　　　　　　3장 효율화

바꾸는 것만으로도 큰 변화가 생긴다고 믿는다. "아침에 눈을 떴을 때 주변에 스마트폰이 아니라 킨들(아마존에서 만든 휴대용 전자책 기기—옮긴이)이 놓여 있으면 킨들을 켜서 전자책을 읽을 가능성이 커요." 퓰렌웨그가 이어서 말했다. "그러나 킨들 위에 스마트폰이 올려져 있으면 아무래도 휴대폰을 들여다볼 가능성이 더 크죠. 두 물건의 위치를 서로 바꾸기만 해도 유익한 습관을 만들 수 있어요. 이렇게 일상의 모든 측면을 자세히 살펴보는 것이 중요하답니다. '내가 하고 싶은 일을 더 쉽게 하려면 주변의 무엇을 바꿀 수 있을까?'라고 자기 자신에게 물어보는 거예요."

반대로 내가 하고 싶은 일을 더 어렵게 만들어 변화를 유도할 수도 있다. 만약 몰입이 필요한 일을 해야 하거나 디지털 기기의 방해를 없애고 싶다면 와이파이를 끄면 된다. 이렇게 하면 주의력을 흐트러트리는 온라인의 유혹에서 벗어날 수 있다. 인터넷에 접속하고 싶으면 침대에서 나와 모뎀 스위치를 켜고 인터넷이 연결될 때까지 1~2분 정도 기다려야 하기 때문이다.

미국 펜실베이니아대학교 폴 로진Paul Rozin 교수가 이끄는 연구팀은 퓰렌웨그의 전략을 뒷받침하는 연구 결과를 발표했다. 물건의 위치를 바꾸는 것만으로도 우리의 행동이 크게 변할 수 있다는 것이다. 로진과 동료 연구진은 샐러드 바에서 음식과 식기 위치를 바꾸는 실험을 했다. 그 결과 음식이 놓인 위치가 고객이 서 있는 위치에서 25센티미터 이상 떨어져 있으면 사람들은 음식 쪽으로 몸을 10~15퍼센트 정도 덜 기울이는 것으로 나타났다. 또한 집게로 집기 쉬운 음식에 숟가락만 놓여 있으면 사람들이 이 음식을 덜 선택하는 경향을 보였다.

구글의 전 인사 담당 수석부사장 라즐로 복Laszlo Bock은 자신의 책 『구글의 아침은 자유가 시작된다Work Rules』에서 직원들이 건강한 음식을 선택하게끔 유도하기 위해 자신이 직접 시도했던 실험을 소개했다. 그는 구내식당에 음식을 진열할 때 건강한 음식은 투명한 용기에 담아 직원들의 눈높이에 맞춰 배치하고, 건강에 해로운 음식은 불투명한 용기에 담아 바닥 가까이에 낮게 배치했다. 이 간단한 변화만으로 직원들이 소비하는 열량이 무려 30퍼센트나 줄었다. 또한 달고 지방이 많은 음식의 소비량도 40퍼센트나 감소했다.

혹시 바꾸고 싶은 습관이 있는가? 그렇다면 주변 환경에서 무엇을 바꿀 수 있을지 생각해 보자. 일상의 모든 측면을 주의 깊게 살펴보면서 자기 자신에게 이렇게 물어보자. '내가 하고 싶은 일을 더 쉽게 하거나, 내가 하기 싫은 일을 더 어렵게 하려면 무엇을 바꿀 수 있을까?'

나는 딸아이에게 이 장을 꼭 읽어보라고 할 것이다. 이제 2학년이 되었으니 인형 개수를 줄이는 방법을 스스로 마련해 보라고 권할 참이다.

실 천 하 기

① 나의 어떤 행동을 바꾸고 싶은지 생각해 본다. 더 많이 하고 싶은 일일 수도 있고, 반대로 더 적게 하고 싶은 일일 수도 있다.

3장 효율화

② 　더 많이 하고 싶은 일을 선택했다면, 주변 환경에서 그 행동을 좀 더 쉽게 하려면 무엇을 바꿀 수 있을지 생각해 본다. 뮬렌웨그는 전자책을 자주 읽기 위해 스마트폰 위에 킨들을 올려두었다.

③ 　더 적게 하고 싶은 일을 선택했다면, 주변 환경에서 그 행동을 좀 더 어렵게 하려면 무엇을 바꿀 수 있을지 생각해 본다. 구글이 건강에 해로운 음식을 불투명한 용기에 담아 바닥 가까이에 배치해 놓은 사례를 참고하자.

읽은 내용을
오래 기억하는 법

보통 사람들은 일할 때 무언가를 읽는다. 그런데 그중에서도 남들보다 더 많이 읽는 직업을 가진 사람들이 있다. 나는 비문학 도서나 업무 관련 자료는 완전히 몰아서 읽는다. 한 달 동안 여섯 권 이상의 비문학 도서와 상당수의 학술 논문을 몰입해서 읽은 후, 그다음 달에는 소설책 한 권만 읽는 식이다. 하지만 이렇게 한꺼번에 많은 책과 논문을 읽어도 주요 내용을 전부 기억하기란 힘들다.

베스트셀러 『울트라러닝, 세계 0.1%가 지식을 얻는 비밀Ultra-learning』의 저자 스콧 영Scott Young은 자신에게 맞는 최적의 학습 과정을 찾는 데 진심이다. 학습한 내용이 효과를 발휘하려면 복습이 가장 중요하다. 복습은 뇌가 학습한 정보를 다시 찾는 과정이다. 그런데 이상하게도 학교에서는 복습의 중요성을 강조하면서 정작 복습을 잘하는 방법은 가르쳐주지 않는다. 학교는 복습보다 지식 축적을 더 우선시하고, 우리는 학교에서 배운 지식 대부분을 평생 제대로 활용하지 못한 채 살아간다. 상당히 비효율적이지 않은가?

영은 미국 퍼듀대학교 소속 연구원 제프리 카피크Jeffrey Karpicke와 저넬 블런트Janell Blunt가 기억에 관해 실시한 실험을 떠올렸다. 두 사람은 실험 참여자들을 두 집단으로 나누고 이들에게 각기 다른 방식으로 학습하게 한 다음 추후 시험을 볼 것이라고 말했다.

연구진은 첫 번째 집단에 자신이 지식을 습득했다고 느낄 때까지 자료를 반복해서 읽는 반복 복습 방식으로 학습하도록 지시했다. 반면 두 번째 집단에는 자료를 한 번만 읽은 후 읽은 내용을 전부 떠올려보는 자유 회상 방식으로 학습하도록 했다.

이들의 실험 결과는 그동안의 많은 심리학 연구와 길리언 플린Gillian Flynn의 추리 소설처럼 반전이 있었다. (플린의 소설 『나를 찾아줘Gone Girl』만큼 충격적이지 않을 수 있지만 이 또한 분명 반전이다.) 실험 참여자들은 시험을 보기 전 자신이 학습한 정보를 얼마나 잘 기억하는 것 같은지 스스로 점수를 매겼다. 그 결과 반복 복습을 한 학생들은 자신에게 높은 점수를 줬지만 자유 회상 방식으로 학습한 학생들은 낮은 점수를 주었다. 사실 한 번 읽고 나서 모든 내용을 기억하기란 정말 어려운 일이다. 그렇지 않은가?

하지만 시험 결과는 정반대로 나타났다. 자유 회상 방식으로 학습한 학생들이 반복 복습을 한 학생들보다 더 높은 시험 점수를 받은 것이다. 이렇듯 기억력을 향상시키고 싶다면 대상을 그저 바라보기만 할 것이 아니라 의도적으로 기억하려고 노력해야 한다.

영은 이 연구 결과에 따라 책을 읽는 방식을 바꿨다. 보통 사람들처럼 그 또한 수동적인 독서를 해왔다. 물론 책 집필에 필요한 논문을 읽을 때 중요한 내용에 밑줄을 긋거나 형광펜으로 표시하긴 했다. 이렇게 하면 책을 제대로 읽는 것처럼 느껴졌다. 하지만 자료를 덮고 나면 분명히 전부 읽었는데도 구체적인 내용이 잘 기억나지 않았다.

"책이나 논문에서 사람들에게 알리고 싶은 내용을 발견했을 때 이를 기억하려면 읽은 내용을 상기하는 연습을 해야 한다는 사실을 깨달았어요. 그래서 논문을 보관하는 바인더에 빈 종이 몇 장을 함께 껴놓는 습관을 들이기 시작했습니다. 논문을 다 읽고 나면 빈 종이에 읽은 내용을 직접 요약해 보는 거죠. 어떤 내용이 있었는지, 연구 결과는 어땠는지, 어떤 부분을 내 책에 활용할 수 있을지 기억을 떠올리며 종이에 적는 연습을 합니다."

영은 이 습관 덕분에 책이나 논문을 읽고 난 후 내용을 훨씬 잘 기억할 수 있게 됐다. 또한 무엇을 읽든 자유 회상 방식으로 내용을 기억해 내야 한다는 생각에 더 적극적으로 독서를 하게 됐다.

실 천 하 기

1 　신문 기사나 책을 읽게 되면, 다 읽은 후에 기억나는 내용을 종이에 적어보기로 다짐한다.

2 　실제로 책 한 권이나 기사 한 편을 읽었다면, 노트나 빈 종이, 펜을 준비해서 머릿속에 떠오르는 내용을 요약해 적어본다.

3장 효율화

③ 빠트린 내용이 있는 것 같다면 다시 책을 열고 확인한다. 기존에 요약한 종이에 빠진 정보를 채워도 되고 처음부터 다시 요약해도 좋다. 두 번째로 시도할 때는 더 상세한 부분까지 기억날 것이다.

생산성 초능력을
발휘하는 법

컴퓨터 앞에 오래 앉아 있는 사람이라면 마우스를 꽤 많이 사용할 것이다. 사용할 프로그램을 열 때, 문서에서 특정 단어나 문장을 강조할 때, 복사 및 붙여넣기를 할 때, 아니면 화면 스크롤을 올리거나 내릴 때도 마우스를 이용한다. 그런데 혹시 이 작은 기기가 실제로 당신의 업무 속도를 떨어트리고 있다는 사실을 알고 있는가?

라훌 보라는 이메일 관리 소프트웨어 기업 슈퍼휴먼의 창업자이자 대표다. 슈퍼휴먼에서는 세계에서 가장 빠른 이메일 경험 서비스를 제공한다. (나는 슈퍼휴먼의 충성고객으로서 이 말에 완전히 동의한다.) UX·UI 디자이너이자 창업가인 보라는 거의 종일 컴퓨터 앞에서 지낸다. 그는 자신과 슈퍼휴먼의 생산성을 높이는 방법을 고민하던 중 마우스가 업무 속도를 떨어트린다는 점에 주목했다. 이메일에서 줌(Zoom, 화상 회의 소프트웨어—옮긴이)으로 빠르게 이동

3장 효율화

할 수 있게 만든 기능도 이 과정에서 만들어졌다.

"저는 슈퍼휴먼에서 이메일을 확인하고 정리하고 답장할 때 마우스를 거의 사용하지 않습니다." 보라가 내게 말했다. "우리는 슈퍼휴먼 사용자가 마우스 없이 키보드만으로 모든 것을 할 수 있도록 설계했습니다. 단축키를 이용해서 곧장 받은편지함으로 이동할 수 있어요. 사실 저는 어떤 프로그램이든 단축키를 사용하려고 합니다. 단축키를 사용하면 업무 효율성과 생산성을 훨씬 더 높일 수 있거든요."

보라는 마우스에 너무 많이 의존하면 컴퓨터를 이용하는 속도가 느려진다고 설명했다. 마우스를 사용하려면 우리 뇌가 팔꿈치와 팔목, 손가락이 움직이도록 지시해야 해서 자연스럽게 속도가 느려진다. 하지만 우리는 무의식적으로 마우스에 의존한다. 아마 자신이 마우스를 몇 번이나 사용하는지 의식하는 사람은 없을 것이다. (나도 내가 마우스에 이렇게나 많이 의존하고 있다는 사실을 보라의 말을 듣고 나서야 알게 됐다.)

그는 우리가 손가락을 이용해 피아노를 치듯 슈퍼휴먼도 손가락만 있으면 충분히 이용할 수 있다며, 손가락을 이용하면 효율성이 엄청나게 향상된다고 말했다.

마우스 사용 시간을 줄이려면 키보드 단축키를 익히는 데 시간을 투자해야 한다. 이것이 보라가 관찰을 통해 얻어낸 결론이다. 혹시 토요일 밤에 키보드 단축키를 익히는 것이 부담스럽게 느껴지는가? 걱정할 필요 없다. 소프트웨어의 단축키는 대부분 비슷하기 때문이다.

보라는 기억력 근육이 일단 발달하면 어떤 새로운 애플리케이션을 이용하든 단축키를 직관적으로 학습하게 된다고 설명한다. 예를 들어 텍스트나 이미지를 복사할 때는 단축키 Ctrl+(또는 Command, 이하 생략)C를, 붙여넣기를 할 때는 단축키 Ctrl+V를 누르면 된다. 글씨 모양을 굵게 할 때는 Ctrl+B를, 이탤릭체로 바꾸고 싶다면 Ctrl+I를, 글씨에 밑줄을 긋고 싶을 때는 Ctrl+U를 누르면 된다. 이런 단축키는 거의 모든 소프트웨어의 공통사항이나 다름없다. 만약 시간을 투자해서 그 밖의 단축키를 추가로 익힌다면 소프트웨어 대부분에서 사용할 수 있으므로 생산성 향상에 큰 도움이 된다.

실 천 하 기

① 오늘 하루 동안 컴퓨터를 사용할 때 자신이 마우스에 얼마나 많이 의존하고 있는지 주의 깊게 살펴본다. 예를 들어 새 이메일 쓰기 버튼을 클릭할 때, 웹페이지 화면을 올리고 내릴 때, 새로운 프로그램 창을 열거나 닫을 때 마우스를 사용하고 있을 것이다.

② 이러한 작업을 목록으로 작성한 다음 각 작업에 해당하는 단축키를 찾아본다.

③ 2주 동안 매일 한 개씩 새로운 단축키를 익힌다. 반복해서 연습하다 보면 손가락이 자동으로 움직일 것이다. 만약 여전히 익숙해지지 않고 습관화되지 않는다면(또는 아직도 마우스를 사용해서 작업을 처리하고 있다면), 새로운 단축키로 넘어가지 말고 당신의 근육이 현재 익히고 있는 단축키를 완전히 기억할 때까지 계속 연습한다.

효율성

핵심 정리

좀비 업무 없애기

'내가 관여하는 프로젝트와 정기 회의 중에서 가치를 창출하지 못하는 것이 무엇인지' 생각해 본다. 정기 회의라면 이 빈도로 회의를 하는 것이 타당한지, 회의 대신 이메일이나 비실시간 소통 방식을 이용해서 진행할 수는 없는지 고민해 본다.

이 과정을 통해 캘린더에 좀비처럼 남아 있는 프로젝트, 활동, 회의를 모두 없앤다.

30회 법칙

1년에 30회 이상 수행하는 작업을 찾아 모두 자동화를 하거나 외주를 주도록 한다. 정해진 절차에 따라 처리할 수 있는 업무는 자동화에 적합하다. 반면 반복적으로 수행하긴 하지만 항상 같은 절차를 따르지 않는 작업은 외주를 맡기는 것이 좋다.

업무 자동화를 한다면 자동화 작업에 도움이 되는 소프트웨어를 찾아 활용해 보자. 업무 외주화를 한다면 당신이 일하는 조직 내부에서 그 일을 대신해 줄 수 있는 사람을 찾아보자. 마땅한 사람을 찾을 수 없다면 가상 비서 서비스를 이용해 업무를 일임해도 좋다.

티타임 대신 전화 통화로 도와주기

커피 한 잔을 마시면서 대화할 시간을 내달라는 요청을 받는다면 먼저 그 요청을 진심으로 수락하고 싶은지 생각해 본다. 그 사람을 정말 돕고 싶거나 만나고 싶다면 직접 만나는 대신 전화 통화 약속을 잡는다. 출퇴근 시간이나 산책 시간처럼 일하지 않는 시간을 이용해 통화한다.

불필요한 회의는 전부 삭제하기

캘린더에 입력된 모든 회의를 삭제하면서 회의 주최자에게 다음의 세 가지 선택지 중 하나를 골라 회신해 달라고 요청한다.

- 첫 번째 선택지: 당신이 꼭 참석해야 하는 회의다. 이 회의의 목적과 당신에게 기대하는 역할을 명확하게 적어 다시 초대하겠다.
- 두 번째 선택지: 당신이 꼭 참석하지 않아도 되는 회의다. 당신 대신 다른 사람을 회의에 보내도록 하라.
- 세 번째 선택지: 당신이 더는 참석하지 않아도 되는 회의다. 더 나아가 지속할 필요가 없는 회의이므로 삭제해도 된다.

회의 참석을 거절할 수 있도록 하기

회의 일정을 정하고 사람들을 초대하기 전에 '정말 이 사람들이 전부 필요한지' 생각해 본다. 그리고 당신이 초대한 사람들이 회의 참석 여부를 결정할 수 있도록 한다. 이 회의에 자신이 기여할 부분이 없다고 판단하거나, 이 회의가 자신의 목표 달성에 별로 도움 되지 않는다고 생각한다면 회의 참석을 거절할 수 있도록 한다.

회의 대신 동영상으로 대체하기

회의 일정을 잡기 전에 동영상이나 이메일로 대체할 수는 없는지 생각해 본다. 아니면 동영상을 미리 시청하고 회의에 참석하는 식으로 두 방식을 결합해도 좋다.

회의 일괄 처리 전략

회의를 계획하지도 수락하지도 않는 '회의 없는 시간'을 정한다. 예를 들어 오전에 인지 능력이 가장 좋다면 일주일에 며칠은 오전 시간을 '회의 없는 시간'으로 정하는 것이다.

만약 생산성이 가장 높은 시간에 회의가 잡혔다면 회의 주최자에게 당신이 세운 회의 일괄 처리 방침과 상황을 설명한다. 캘린더에는 '회의 없는 시간'이 아닌 '회의만 하는 시간'을 시간 블록 형식으로 입력한다. 당신이 회의를 잡거나 다른 사람에게서 회의를 초대받으면 '회의만 하는 시간'에 집중적으로 몰아 잡는다.

자료 미리 읽기와 빠른 의사결정으로 회의 효율성 높이기

팀 회의가 잡혔다면 팀원들에게 회의 날짜로부터 최소 하루 전까지 안건에 관해 논의할 내용을 문서로 적어 공유하도록 요청한다. 모든 팀원은 이 문서를 읽고 회의에 참석해야 한다. 그러지 않으면 회의 중에 자신의 의견을 발언할 수 없다. 만약 논의를 5분 이상 지속했는데도 결론에 이르지 못했다면 리더가 책임지고 되돌릴 수 없는 결정을 내려야 한다. 되돌릴 수 있는 결정은 팀원 중 누군가가 내리도록 권한을 위임한다. 모든 결정은 다음 회의가 시작되기 전까지 내리도록 한다.

할 일 목록에 논의할 일 항목 추가하기

할 일 목록이나 칸반 보드에 '논의할 일' 항목을 새로 만든다. 자주 대화하는 사람별로 '논의할 일' 항목을 각각 마련해서 사용할 수도 있다. '논의할 일'에 적어둔 사항을 물어볼 수 있는 상대와 회의를 하게 된다면 그동안 적어놓은 질문 사항을 현장에서 물어보고 해결한다. 만약 예정된 회의가 없다면 질문 사항을 계속 적으면서 다음 회의에서 만날 때까지 기다린다.

세 개의 폴더로 이메일 관리하기

받은편지함에 새로운 하위 폴더 세 개를 만든다. 첫 번째에는 '할 일', 두 번째에는 '대기 중인 할 일', 세 번째에는 '읽을거리'라고 이름 붙인다. 오전에 받은편지함을 처음 열었을 때 밤새 도착한 새 메일들을 세 개의 폴더에 분류하는 작업을 한다.

하루 중 가장 컨디션이 좋은 시간에는 '할 일' 폴더에 보관한 이메일을 처리한다. 컨디션이 저하되는 시간에는 '읽을거리' 폴더를 확인한다. '대기 중인 할 일' 폴더는 하루에 한두 번 열어보고 급하게 처리해야 할 일이 있는지 확인한다.

극단적인 시간제한 전략으로 업무 생산성 향상하기

오늘 내로 끝내야 하는 일을 한 가지 선택한다. 보통 최소 두 시간 정도 걸리는 작업이 가장 좋다. 이 일을 평소 소요 시간의 절반 내로 끝낸다는 목표를 세우고 실천한다. 또한 캘린더에 이 작업 일정을 시간 블록 형식으로 입력해 놓는다.

작은 변화로 더 나은 습관 만들기

바꾸고 싶은 행동을 한 가지 생각해 본다. 더 많이 하고 싶은 일이라면 주변 환경에서 그 행동을 좀 더 쉽게 하려면 무엇을 바꿀 수 있는지 생각해 보자. 더 적게 하고 싶은 일이라면 주변 환경에서 그 행동을 좀 더 어렵게 하려면 무엇을 바꿀 수 있는지 생각해 보자.

자유 회상 기법으로 오래 기억하기

기사 한 편이나 책 한 권을 읽었다면 다 읽은 후 기억나는 내용을 전부 종이에 적어본다. 그런 다음 다시 책이나 기사를 보면서 빠진 내용이 있는지 확인한다. 기존에 요약한 종이에 빠진 정보를 채워도 좋고 새로 요약해도 좋다. 두 번째로 요약할 때는 상세한 내용까지 기억날 것이다.

키보드 단축키 익히기

컴퓨터를 사용할 때 자신이 얼마나 마우스에 많이 의존하는지 주의 깊게 살펴본다. 마우스를 주로 사용하는 작업을 목록으로 작성해 보고 각 작업에 해당하는 단축키를 찾아본다. 그런 다음 2주 동안 매일 한 개씩 새로운 단축키를 익혀본다.

TIME

4장

집중

원하는 것에 몰입하라

WISE

나는 스마트폰 중독자였다. 조금이라도 지루하게 느껴지면 스마트폰 세상으로 도피했다. 카페에서 줄을 설 때도 친구들이 저녁 식사 자리에서 화장실에 가느라 잠시 자리를 비울 때도 어김없이 스마트폰을 집어 들었다. 아침에 일어나서 가장 먼저 확인하는 것도, 밤에 잠들기 전까지 붙잡고 있는 것도 스마트폰이었을 것이다. 심지어 이를 닦으면서도 한 손으로 스마트폰을 들고 이메일을 확인하거나 인스타그램을 구경했다. (물론 양치질도 열심히 했다.)

나는 지난 수년간 이런 식으로 살았다. 인스타그램과 페이스북의 새 게시물을 보느라 수천수만 시간을 흘려보냈다. 앞으로 영원히, 절대 되찾을 수 없을 아까운 시간을 그렇게 허비해 버렸다.

2016년 미국 인플루언서 마케팅 에이전시 미디어킥스MediaKix가 수행한 연구에 따르면 사람들은 하루에 휴대폰을 사용하는 시간의 절반, 즉 두 시간 정도를 주요 SNS 5개(페이스북, 유튜브, 스냅챗, 인스타그램, 트위터)를 이용하며 보낸다고 한다. 이 시간을 1년으로 환산하면 무려 30일에 달한다. 삶에 큰 도움이 되지 않는 것들을 보고 읽느라 스크롤을 위아래로 움직이고 클릭하는 데 꼬박 한 달을 쓴다는 뜻이다. 실제로 SNS의 과도한 사용은 역효과를 불러일으킬 수 있다. 스마트폰 중독에 관한 여러 연구를 검토한 논문에 따르면 스마트폰의 과도한 사용은 낮은 자존감과 신경증적 성향, 불안과 스트레스 수준 향상, 수면의 질 저하 등 수많은 문제와 관련 있다고 한다.

스마트폰 중독은 집중력을 방해하는 최대의 적이다. 이 장에서는 세계에서 가장 성공한 사람들이 디지털 중독을 어떻게 극복했는지 살펴보고, 이들이 업무에 오래 몰입하는 비결을 배워본다. 또한 일이 답보 상태일 때 불쾌한 감정을 잘 다뤄야 하는 이유와 일을 미루는 자신을 다른 시각으로 바라보는 방법을 알아본다.

스마트폰과의 관계를
새로 정립하라

　미국 뉴욕대학교 스턴경영대학원 마케팅 교수 애덤 알터는 자신이 스마트폰을 사용하는 행태를 오랫동안 관찰해 왔다. 실제로 그는 지난 2017년, 많은 사람이 디지털 기기에 중독되는 이유를 다룬 책 『멈추지 못하는 사람들』을 출간하기도 했다.

　그는 사람들의 행동을 연구하는 사람으로서 자신이 스마트폰 사용을 잘 통제하고 있다고 생각했다. "저는 제가 스마트폰을 하루에 한 시간만 사용하는 줄 알았어요. 그런데 실제로 확인해 보니 3~4시간을 사용하고 있더군요." 알터가 웃으며 말했다.

　그는 자신이 스마트폰을 매일 오랜 시간 사용하고 있다는 사실을 알게 되자, 왜 이렇게 많이 사용했고 언제 가장 많이 사용했는지 생각해 보게 됐다. 그러자 항상 손만 뻗으면 닿을 거리에 스마트폰을 두고 생활했다는 사실이 떠올랐다.

"심지어 밤에 잠들 때도 침대 옆에 휴대폰을 두고 잤어요. 깨어 있을 때는 주머니에 넣거나 책상 위에 올려놓았고요. 그야말로 언제든지 사용할 수 있는 장소에 휴대폰을 놔뒀던 거예요. 그렇게 휴대폰을 한번 집어 들게 되면 10분은 그냥 지나가 버려요. 이런 일상이 기본이었지요."

10분이 여러 번 쌓이면 엄청난 시간이 된다. 그렇게 10분씩 딱 여섯 번만 사용하더라도 하루에 1시간을 무의미하게 흘려보낸 것과 같다.

그래서 알터는 행위 설계Behavioral Architecture를 이용해 자신과 스마트폰의 관계를 새로 정립하기 시작했다. "건축가가 건물이나 도시를 설계하듯 저도 스스로를 주변 환경을 조성하는 건축가라고 생각하고 제 행동을 바꾸었어요. 자신에게서 가장 멀리 떨어진 사물은 가까이 있는 사물보다 덜 영향을 미친다는 개념이 이 작업의 핵심입니다."

알터는 의도적으로 스마트폰과 물리적 거리를 두기 시작했다. 그는 스마트폰을 사용해야 할 확실한 목적이 있을 때만 자신 가까이에 두었다. 집에 머물 때는 자신이 있는 방이 아닌 다른 방에 스마트폰을 두었고, 학교 연구실에서는 자료 보관함에 스마트폰을 넣어두고 열쇠로 잠갔다.

이렇게 작은 변화만 주었는데도 알터의 휴대폰 사용량은 30퍼센트나 줄어들었다.

① 현재 자신이 스마트폰을 매일 얼마나 오래 사용하는지 자세히 관찰해 본 다. 감사하게도 IT 기업들이 이 작업을 쉽게 수행할 수 있도록 돕는 기능을 만들었다. 아이폰 사용자라면 '설정-스크린 타임'에서, 안드로이드 휴대폰 사용자라면 '설정-디지털 웰빙 및 자녀 보호 기능'에서 자신의 휴대폰 사용량을 확인할 수 있다.

② 무엇이 스마트폰을 사용하게 만드는지, 어떤 상황에서 스마트폰을 가장 많이 사용하는 것 같은지 생각해 본다. 하루 중 사용량이 가장 높을 때는 언제인가? 어디에서 가장 많이 사용하는가? 어떤 상황에 있을 때 휴대폰을 가장 많이 사용하는 것 같은가?

③ 행위 설계 전략을 이용해 자신의 행동을 바꿔보자. 낮이나 밤에 휴대폰을 보관할 위치를 정하는 등 물리적 환경을 어떻게 바꿀 수 있을지 고민해 본다. 특히 낮과 밤에 휴대폰을 당신에게서 멀리 떨어트려 놓을 방법을 마련해 본다.

스마트폰은 당신의 생각만큼
필요하지 않다

지금은 오전 9시 30분. 당신은 보고서를 작성하고 있다. 집중력이 떨어지자 잠시 주위를 환기하기 위해 휴대폰을 켜서 인스타그램에 접속한다. 인스타그램 블랙홀에 푹 빠졌다가 겨우 정신을 차리고 보니 벌써 30분이 지나 있다. 이때 아직 보고서 작성을 끝내지 못했다는 사실이 머리를 스치고 지나간다.

스마트폰 중독은 우리가 생각하는 것보다 더 많은 사람이 겪고 있다. 연구에 따르면 사람들이 하루에 휴대폰을 터치하는 횟수가 무려 2617회나 된다고 한다. 단지 글자를 입력하고 화면을 위아래 좌우로 움직이기만 했을 뿐인데 그 횟수가 이렇게 많은 것이다.

우리는 휴대폰 사용을 줄이겠다고 입버릇처럼 말한다. 하지만 이는 순전히 자신의 의지에 의존해서 해결하는 방식이다. 안타깝지만 의지라는 자원은 한정적이다. 그러니 비축해 놓은 의지력을 꺼내 쓰지 않으려면 휴대폰 사용을 물리적으로 제한하는 극단적인 방법을 사용해야 한다.

팀 켄들은 스마트폰의 건강한 사용을 돕는 애플리케이션 모멘트Moment의 CEO가 되기 전 글로벌 소셜미디어 핀터레스트의 대표로 일했다. 핀터레스트에서 일하던 시절 그는 휴대폰을 어떻게 사용해야 좋을지 고민에 빠져 있었다. 그러던 중 무차별 암호 대입 방식Brute Force Approaches(암호를 알아낼 때까지 가능한 모든 조합을 시도하는 방식—옮긴이)을 알아보다가 케이세이프kSafe라는 제품을 발견했다.

케이세이프(원래 이름은 키친 세이프였다고 한다—옮긴이)는 뚜껑에 타이머와 잠금장치를 달아 만든 플라스틱 통이다. 원래 체중을 감량하는 사람들이 건강에 해로운 음식을 이 통 안에 넣어놓고 먹지 못하도록 막는 용도로 개발됐다. 초콜릿 같은 음식을 전부 케이세이프에 보관해서 건강한 음식을 먹을 수밖에 없는 환경을 조성한 것이다. 하지만 최근 몇 년 동안 많은 사람이 케이세이프를 스마트폰 중독 치료라는 새로운 목적으로 이용하고 있다. 크기도 스마트폰을 넣어놓기에 아주 알맞다.

켄들은 처음에는 케이세이프를 짧은 시간 동안만 이용했다. 주중에는 밤에, 주말에는 몇 시간 동안만 사용했다. 케이세이프를 정기적으로 사용하지는 않았지만 사용할 때만큼은 이 제품의 효과를 톡톡히 느꼈다.

"요즘 재택근무를 하고 있어서 케이세이프를 효과적으로 이용하고 있어요. 가족들과 저녁 식사를 할 시간이 되면 서재에 휴대폰을 두고 나갑니다. 가장 잘 참는 날에는 다음 날 아침까지 휴대폰을 찾지 않아요. 오후 6시부터 다음 날 아침 8시까지 휴대폰을 케이세이프에 넣어두는 것이나 마찬가지죠."

실 천 하 기

① 구글에서 '케이세이프'를 검색하면 뚜껑에 타이머가 달린 플라스틱 통이 나올 것이다. 될 수 있으면 색깔이 칠해져 있거나 불투명한 제품으로 고른다. (눈에서 멀어지면 마음에서도 멀어진다는 말이 있지 않은가!) 그런 다음 몇 시간 동안 휴대폰을 사용하지 않을 것인지 정한다. 처음에는 하루에 한 번 30~60분 정도로 제한 시간을 짧게 설정하고 시작하는 것이 좋다. 이렇게 계속 시간을 늘려나가다 보면 스마트폰 생각 없이 업무에만 집중하는 시간이 점점 길어지게 되고, 결국 스마트폰 중독에서 벗어날 수 있게 된다.

② 당신이 회사나 팀을 이끄는 위치에 있다면 여기서 한 단계 더 나아갈 수 있다. 뉴질랜드의 부동산 회사 퍼페추얼 가디언의 창업자이자 주 4일 근무제를 처음 도입한 앤드루 반스는 오클랜드 지사에 휴대폰 사물함을 따로 마련해 놓았다. 휴대폰 사용을 자제하지 못하는 직원들을 위해서다. 이들은 하루 동안 휴대폰을 사물함에 넣어두는 것만으로도 업무 집중력이 향상됐다고 말했다.

고무줄로 디지털 중독에서
벗어나는 법

　우리는 모두 휴대폰을 덜 확인해야 한다는 사실을 알고 있다. 그리고 모든 알람을 꺼놓거나 방해금지 모드로 설정해 놓는 것이 휴대폰을 덜 확인하는 데 분명 도움이 된다는 사실도 안다. 하지만 머리로 아는 것과 달리 몸은 여전히 휴대폰을 향해 있다. 이 문제를 해결하기 위해 실리콘밸리의 유명 창업가 케빈 로즈Kevin Rose는 휴대폰 사용을 제한하는 간단하면서도 유용한 방법을 개발했다.

　로즈는 미국 시사주간지 《타임TIME》이 발표하는 인터넷에서 가장 영향력 있는 25인에 선정된 인물로, 페이스북, 트위터, 스퀘어 등 여러 기업의 엔젤 투자자(기술력은 있으나 자금이 부족한 창업 초기의 벤처기업에 자금 지원과 경영 지도를 해주는 개인투자자―옮긴이)였다. 몇 년 전 그는 자신의 휴대폰 사용 행태를 관찰하다가 하루에 100회 넘게 휴대폰을 집어 든다는 사실을 알게 됐다. (로즈가 읽은 연구에 따르면 사람들은 보통 하루에 200회 이상 휴대폰을 만진다고 한다. 그러니 100회는 그렇게 심각한 수준은 아니다.)

그날 이후 로즈는 책상 위에서 깜빡거리는 휴대폰 화면에 신경을 빼앗기지 않도록 화면이 바닥을 향하도록 내려놓았다. 그는 여기서 멈추지 않고 좀 더 독특한 방식으로 휴대폰을 멀리하는 시도를 했다. 바로 자신의 휴대폰에 고무줄을 묶은 것이다.

"휴대폰에 묶어둔 고무줄은 잠시 정신을 환기시키는 역할을 합니다. 고무줄을 보는 순간 '지금 꼭 휴대폰을 해야 하는가?'라는 생각이 들어요. 그러면 '아니요'라고 대답하는 경우가 대부분이죠." 로즈가 웃으며 말했다.

그는 고무줄을 화면의 가로 방향으로 묶는다. 이렇게 묶은 고무줄은 무의식적으로 휴대폰을 집어 들지 못하게 막아주는 시각적 경고 신호와 같은 역할을 한다. "저는 제가 휴대폰을 들고 있다는 사실조차 인지하지 못했어요. 그래서 휴대폰에 고무줄을 묶어놓고 고무줄을 제거해야만 휴대폰을 사용할 수 있게 만들었죠." 만약 고무줄을 묶어놓은 채로 휴대폰을 한다면 인스타그램 속 사진이 제대로 보이지 않을 것이다.

로즈는 이 방법을 이용해 하루에 휴대폰을 확인하는 횟수를 100회에서 30여 회로 줄였다. 고무줄이라는 물리적 장애물을 배치한 덕분에 휴대폰 사용 여부를 좀 더 신중하게 결정할 수 있게 됐다. 정말 중요한 일이 아니면 휴대폰을 보지 않도록 만드는 데 고무줄 하나면 충분했다. 당신도 나도 이제는 인정하자. 세상에 지금 당장 확인하지 않으면 큰일 날 틱톡 메시지 따위는 없다.

　　　　　　　　　　　　　　　　　　　　　　　　4장 집중

① 매일 휴대폰을 확인하는 횟수를 줄이고 싶다면 휴대폰을 고무줄로 묶어라. 고무줄이 휴대폰 화면의 중간에 오도록 가로 방향으로 묶는다.

② 좀 더 센 방법을 원한다면 고무줄을 하나 더 준비해서 휴대폰 화면의 세로 방향으로 묶는다. 휴대폰을 사용할 때마다 고무줄을 두 개나 제거해야 하는 강력한 물리적 제약을 두는 것이다.

눈앞의 사람에게
집중하라

가장 최근에 동료나 지인과 직접 얼굴을 보며 회의를 했을 때, 또는 커피를 마시며 잠깐 이야기를 나눴던 때를 떠올려보자. 대화 내용을 적기 위해 준비한 종이 노트나 노트북 말고 탁자 위에 또 무엇을 올려놓았는가? 분명 스마트폰을 올려놓았을 것이다. 하지만 캐나다 브리티시컬럼비아대학교 심리학부 교수 엘리자베스 던은 사람들과 만나 대화할 때 휴대폰을 가방에 넣어둔다. (만약 당신이 탁자 위에 휴대폰을 올려놓았다면 던은 매서운 눈초리로 당신을 쏘아보았을 것이다.)

던은 내게 다음과 같이 말했다. "저는 스마트폰이 사회적 상호작용에 어떤 영향을 미치는지 궁금했어요. 특히 사람들이 자신의 휴대폰 화면을 바라보느라 상호작용이 중단되는 상황에 관심이 많았죠."

던은 동료 연구진과 함께 사람들이 사회적 상호작용을 나누는 중간에 휴대폰을 얼마나 사용하는지에 따라 대화의 질이 어떻게 달라지는지 알아보는 실험을 했다. 이 실험을 위해 연구진은 동네 카페의 탁자를 하나 빌려서 8개월 동안 친구들을 초대해 저녁 식사를 대접했다. 식사 비용은 설문조사에 응하는 대가로 연구진이 냈다. (대학 시절에 이런 종류의 실험이 있었다면 나도 기꺼이 참여했을 것이다.)

연구진은 실험 참여자들에게 이 연구가 휴대폰과 관련 있다고 말하지 않았다. 대신 첫 번째 집단에는 식사 중에는 휴대폰을 치워달라고 했고, 두 번째 집단에는 식사 중간에 간단한 설문조사 문자를 받을 수 있도록 탁자 위에 휴대폰을 올려놓아 달라고 했다.

연구진의 요청대로 휴대폰을 각기 다른 위치에 보관한 참여자들은 즐겁게 식사를 즐기며 친구들과 대화를 나눴다. 식사를 다 마치고 난 뒤에는 식사 시간이 얼마나 즐거웠는지 묻는 설문지를 작성했다.

"실험 결과를 보니 휴대폰을 탁자 위에 꺼내놓은 사람들이 그러지 않은 사람들보다 식사 시간이 얼마나 즐거웠는지 묻는 질문에 훨씬 낮은 점수를 주었더라고요." 던이 설명했다.

휴대폰을 탁자 위에 올려두는 이 단순한 행위가 회의, 식사, 티타임 같은 사회적 상황에 아무 영향도 미치지 않으리라고 생각하기 쉽다. 하지만 휴대폰 화면이 눈앞에 보이면 상대방과의 대화에 온전히 집중하기 어렵다.

던은 이 연구 결과를 자신의 삶에 적용했다. "저는 친구들과 함께 저녁 식사를 할 때면 휴대폰을 식탁 위에 올려놓지 않으려고 매우 노력합니다. 집에서도 식사 자리에 휴대폰을 가져오지 않는 아주 엄격한 가족 규율을 만들었어요."

휴대폰과 물리적으로 멀어지면 주변 사람들과 보내는 시간에 온전히 집중할 수 있다. 이것이야말로 시간을 현명하게 사용하는 가장 확실한 방법이 아닐까?

실 천 하 기

① 업무적으로든 사적으로든 사람들과 대화를 나눌 때는 휴대폰을 가방 안에 넣거나 눈에서 보이지 않는 곳에 보관한다. 그러면 상대방과의 대화에 더 집중할 수 있고 무엇보다도 당신이 더 큰 즐거움을 얻을 수 있다.

스마트폰을
재미없게 만들어라

제이크 냅은 지메일에서 앱 디자이너로 일한 적이 있다. 그래서 냅은 사람들의 관심을 끄는 스마트폰의 엄청난 능력에 대해 잘 알고 있을 뿐만 아니라 실제로 이를 앱 제작에 이용하기도 했다. 하지만 휴대폰 앱이 사람들의 관심을 끄는 원리에 대해 잘 아는 그도 휴대폰의 유혹을 피해 갈 수는 없었다.

"6년 전 어느 날, 갑자기 휴대폰 속 앱들이 딱히 필요 없다는 생각이 들었어요." 냅이 내게 말했다. 당시 그는 아들과 함께 장난감으로 기찻길을 만들고 있었다. 무심결에 휴대폰을 켜서 확인하고 있는 아빠를 향해 아들이 순수한 눈빛으로 물었다. "아빠, 왜 휴대폰을 보고 있어요?" 아들은 아버지를 비판하려는 의도가 아니었다. 그저 궁금해서 질문한 것이었다. 그러나 그 순간에 냅은 이런 생각이 들었다. '그러게. 내가 왜 휴대폰을 보고 있었지?'

다른 사람들처럼 그도 자신이 휴대폰을 많이 사용하는 것에 죄책감을 느꼈다. 휴대폰에 온 신경을 빼앗기게 되자 슬슬 화까지 났다. 더는 안 되겠다고 생각한 그는 뭐라도 해보기로 했다.

"저는 휴대폰에서 페이스북, 인스타그램, 유튜브, 트위터, 지메일 앱을 삭제했어요. 인터넷도 이용할 수 없도록 인터넷 접속 기능을 꺼버렸죠." 냅이 당시를 회상하며 말했다.

냅은 그렇게 휴대폰에 실용적인 앱만 남기고 모두 지워버렸다. "제 휴대폰에는 팟캐스트, 카메라, 지도, 음악, 손전등 앱만 남아 있어요. 이 앱들은 정말 놀라운 기능을 가졌는데도 아이폰 사용자의 거의 절반만 사용하고 있죠. 방해 요소를 모두 삭제한 휴대폰이 미치는 영향은 매우 강력합니다. 예전에는 컴퓨터 작업을 하지 않는 순간에는 늘 휴대폰을 사용했는데 이제는 그러지 않게 됐어요. 그러니 자연스럽게 제 생각에 집중할 수 있게 되더군요. 예전처럼 계속 주머니에서 휴대폰을 꺼내 보고 싶다는 생각이 들지 않아요."

방해 요소가 없는 휴대폰을 사용하면서 가장 크게 달라진 점은 작업량이 많고 오래 걸리는 일에 집중하는 능력이 전보다 훨씬 크게 향상됐다는 것이다. 그 덕분에 베스트셀러 『스프린트』, 『메이크 타임』을 쓸 수 있었고, 수년간 근무한 구글 벤처스에서 디자인 스프린트를 개발할 수 있었다.

보통 사람들은 카페에서 커피를 기다릴 때처럼 시간이 남을 때 본능적으로 휴대폰을 본다. 그렇다면 냅은 이 시간에 무엇을 할까? 지루함에 몸부림치고 있을까?

"저는 그 시간에 아무것도 하지 않아요. 식사 자리에서 친구가 화장실에 가느라 혼자 남아도 저는 그냥 식당 주변을 둘러봅니다. 말 그대로 잠깐 지루할 뿐이에요. 그리고 저는 지루함에 엄청난 힘이 있다고 생각해요. 하루 동안 지루함을 느끼는 순간이 짧게라도 있다면 그때 뇌가 쉬면서 무의식중에 있던 생각이 떠올라요. 고민하던 문제에 대한 답이나 한 번도 생각해 본 적 없는 새로운 아이디어가 떠오르기도 한답니다.”

실 천 하 기

① 휴대폰에서 나의 주의를 빼앗고 도움 되지 않는 방향으로 영향을 미치는 앱, 지루함을 느낄 때 이용하는 앱을 삭제한다. SNS, 이메일, 게임, 심지어 인터넷 검색 앱까지 전부 지운다. 만약 한꺼번에 모든 앱을 지우는 일에 더 스트레스를 받는다면 자신이 가장 중독된 앱을 하나만 골라 그것부터 먼저 지워본다.

② 휴대폰에 남겨진 앱을 확인하면서 ‘실용적이고 기능적인 목적으로만 사용될 수 있는지’ 생각해 본다. 만약 그렇다고 답할 수 있다면 당신은 방해 요소 없는 휴대폰 만들기에 성공한 것이다.

③ 당신의 행동을 관찰한다. 주머니 속 작은 방해 장치가 없어진 후 자신의 행동이 어떻게 달라졌는지 확인하는 것이다. 그리고 지루함의 순간이 찾아오면 즐겁게 맞이한다. 오히려 이 시간에 좋은 아이디어가 떠오르거나 풀리지 않던 문제의 해결책이 생각날 수 있다.

무의미한 스크롤링을
멈추는 법

밤에 소파에서 빈둥거리다 무심결에 휴대폰을 집어 든 적이 있는가?

가슴에 손을 얹고 솔직하게 말해보자. 누구나 다 이런 적이 있을 것이다. 휴대폰을 켜고 화면을 올렸다 내렸다 하면서 사람들이 올린 하이라이트 릴스(인스타그램에서 공유하는 15초 이하의 짧은 영상—옮긴이)를 보고 수많은 광고에 유혹받는다. 편리한 전자제품, 피부 관리를 위한 마스크 팩, 비타민은 가득한데 열량은 0인 (하지만 군침이 돌 정도로 맛있는) 단백질 볼까지 광고를 보다 보면 살면서 놓치고 있는 제품들이 이렇게 많았던가 싶다.

그렇게 한참 동안 인스타그램을 보던 당신. 갑자기 스크롤링(컴퓨터나 휴대폰 화면을 상하좌우로 움직이는 행위—옮긴이)을 멈춘다. 왜 스크롤링을 멈추었을까? 배우자가 방해한 것일까? 배가 고팠거나 목이 말랐을까? 다시 넷플릭스를 보려는 것일까? 어떤 이유인지는 알 수 없지만 분명한 건 인스타그램의 모든 콘텐츠를 확인해서 스크롤링을 멈춘 것은 아니라는 사실이다. SNS에는 마지막 페이지가 없어서 끊임없이 새로운 콘텐츠를 보여주는 SNS에서 벗어나기란 너무나도 어렵다. 하지만 SNS라는 블랙홀에 빠지지 않는 한 가지 방법이 있다. 바로 정지 신호를 이용하는 것이다. 미국 뉴욕대학교 스턴경영대학원 교수이자 디지털 중독에 관한 베스트셀러 『멈추지 못하는 사람들』을 펴낸 애덤 알터는 정지 신호가 디지털 이용 행태를 인지하는 최고의 방법이라고 말한다. "인간도 사물처럼 어떤 인위적인 힘이 작용해 다음 단계로 이동시킬 때까지 같은 행동을 반복합니다. 우리가 20세기에 미디어를 이용했던 방식을 생각해 보면 정지 신호가 많았다는 사실이 기억날 거예요."

알터는 TV 프로그램 시청을 예로 들었다. 스트리밍 서비스가 없던 시절에는 보통 30분에서 60분 길이의 드라마를 일주일에 한 편씩만 볼 수 있었다. 한 화가 끝나면 멈출 수밖에 없었고 다음 화를 보기 위해 일주일을 기다려야 했다. 너무 오래전 일이라서 잘 기억나지 않는가? 사실 나도 그렇다.

종이 신문도 마찬가지다. 신문의 마지막 페이지를 다 읽고 나면 멈출 수밖에 없었다. 계속 읽고 싶으면 다음 날 발행한 신문이 올 때까지 기다려야 했다. 책은 또 어떠한가? 종이책의 마지막 쪽에 다다랐다는 것은 이제 그만 읽을 때라는 신호였다. 이런 정지 신호 덕분에 인간은 어떤 활동을 하다가 중단하고 다음 활동으로 원활하게 넘어갈 수 있었다.

하지만 불행하게도 21세기에 새로운 화면 기술이 개발되면서 모든 것이 달라졌다. 화면 기술을 개발한 회사들은 정지 신호를 없애는 편이 더 낫다고 판단했다.

"페이스북의 초기 버전에서는 더 많은 콘텐츠를 보려면 버튼을 클릭해야 했어요. 사소해 보이지만 그때는 적어도 버튼을 누름으로써 콘텐츠를 계속 보겠다는 결정을 스스로 내릴 수 있었죠. 하지만 이제는 모든 SNS가 새로운 피드를 계속해서 보여주는 무한의 굴레처럼 작동해요. 이메일도 마찬가지죠. 끝없이 계속 쌓이잖아요."

하지만 알터는 정지 신호가 사라진 SNS의 블랙홀에 빠지지 않는 간단한 방법이 있다고 말한다. 다름 아닌 내가 직접 정지 신호를 만드는 것이다. 예를 들면 구체적인 시간을 정해놓고 그 시간을 휴대폰 사용을 중단하는 신호로 활용하는 것이다.

알터는 가족들과 저녁 식사 하는 시간을 정지 신호로 정했다. 저녁 식사 시간이 되면 그는 휴대폰을 비행기 모드로 설정하거나 다른 방에 두고 온다. 또한 주말에는 특정 시간 동안 휴대폰에서 개인 시간 집중 모드가 자동으로 켜지도록 설정한다.

나는 잠들기 1시간 30분 전을 정지 신호로 이용한다. 이 시간이 되면 휴대폰을 서재에 있는 배터리 충전함에 넣어놓고 방 불을 끄고 나온 뒤 이튿날 아침이 될 때까지 절대 휴대폰을 만지지 않는다.

실 천 하 기

① 무심결에 휴대폰을 사용하는 시간을 줄이고 싶다면 나만의 정지 신호를 한 두 개 정도 만들어보자. 휴대폰 말고 자신이 중독된 다른 전자 기기를 선택해도 괜찮다. 자신이 매일 실천하는 행동 중에서 정지 신호로 이용할 수 있는 리추얼이 있는지 생각해 보자. 휴대폰 없이도 즐겁게 지낼 수 있는 리추얼을 선택하는 것이 가장 좋다. 식사 시간, 잠들기 전에 긴장을 푸는 휴식 시간, 또는 몰입해서 일하는 시간을 이용하는 것을 추천한다.

② 휴대폰 사용을 멈출 시간을 명확하게 정하기 위해 스스로 규칙을 만든다. 나만의 규칙을 정했다면 이제 남은 건 실천뿐이다!

휴가 중
이메일 확인을 멈추는 법

세계 최대 폐기물 수거 업체 '1-800-GOT-JUNK?'의 창업자이자 대표인 브라이언 스쿠다모어는 휴가 기간이 되면 '어둠 속'으로 들어간다. 이 말을 처음 들었을 때 마블 만화 속 악당처럼 검은색 옷을 입는다는 의미인 줄 알았다. 그런데 알고 보니 스쿠다모어에게 어둠은 이메일을 확인하지 않고 가족들, 특히 세 아이와 보내는 시간에 온전히 충실해지는 것을 의미했다.

'어둠 속' 전략이 이론적으로는 그럴듯해 보이지만 의지력이 부족하면 성공하기 힘들다. 스쿠다모어도 "줄을 서 있을 때 지루함이 느껴지면 '이메일만 잠깐 확인해야겠어. 일이 어떻게 돌아가고 있는지만 확인하고 바로 꺼야지' 같은 생각이 들기 쉬워요"라고 말하며 이런 유혹에 빠지기 쉽다는 사실을 인정했다. 그래서 그는 이메일에 접속하지 않기 위해 의지력을 이용하지 않아도 되는 극단적인 방법을 시도했다.

스쿠다모어의 비서는 그가 휴가를 떠나기 전날 오후가 되면 스쿠다모어의 이메일과 SNS 계정 비밀번호를 바꾼다. 그가 접속하지 못하도록 완전히 차단하는 것이다.

"비서가 처음으로 제 비밀번호를 바꿨던 날이 기억납니다. 그녀는 제게 '혹시 사무실에 화재가 발생하면 어떡해요?'라고 물었고 저는 이렇게 대답했죠. '그럼 119에 연락하세요.' 급한 일이 생긴다고 해도 아이들과 휴가를 떠난 제가 그 상황에서 할 수 있는 일은 없을 거예요."

스쿠다모어는 휴가를 떠나 있는 동안 그 누구에게도 연락하지 않고 자신 또한 그 누구의 연락도 받지 않는다. "저는 제가 없더라도 직원들이 업무에 충실할 거라고 믿어요. 이런 저를 직원들도 믿어주고요. 또 저는 SNS에 접속해서 새로운 피드가 없는지 확인하지 않아요. 휴가 중에 제 뇌는 일과 완전히 단절됩니다. 이렇게 하면 가족들과 함께하는 시간뿐 아니라 나만의 시간도 즐겁게 보낼 수 있어요. 휴가는 4일이 될 수도, 3주가 될 수도 있습니다. 가장 길게 떠났을 때는 6주 정도였던 것 같아요. 이 기간에 저는 회사와 완전히 분리된 삶을 삽니다."

스쿠다모어는 일할 때는 일에만 100퍼센트 집중하고, 휴가 때는 쉬는 일에 100퍼센트 몰입하는 것을 선호한다. 그는 마지막으로 다음과 같은 말을 남겼다. "회사 일만 하다 보면 시간이 너무 빠르게 흘러가요. 그래서 이런 특단의 조치를 취해서라도 삶의 속도를 줄이면서 정신 건강을 스스로 잘 보살펴야 한다고 생각해요."

실 천 하 기

1. 슬랙 같은 메신저, 이메일, SNS 등 여러 디지털 플랫폼 중에서 어떤 것이 당신의 주의력을 가장 많이 빼앗는지 생각해 본다.

2. 스쿠다모어처럼 개인 비서를 둘 수 없다면 휴가 가기 전날이나 '어둠 속'으로 들어가고 싶을 때 친구에게 당신이 사용하는 플랫폼의 비밀번호를 바꿔 달라고 부탁한다. 단, 친구가 잊지 않고 새로 설정한 비밀번호를 메모해 놓도록 해야 한다!

3. 이 방법이 너무 극단적인 것 같다면 프리덤Freedom.to 등 앱 접속을 차단하는 웹사이트나 소프트웨어를 이용한다. 이들은 하루 중 당신이 설정한 시간 동안 그 어떤 앱이나 웹사이트도 이용할 수 없도록 접속 자체를 차단할 것이다.

사람에겐
고독의 시간이 필요하다

최근에 혼자 산책하러 나갔거나 대기 줄에 서 있던 적, 아니면 대중교통으로 출퇴근했던 기억을 떠올려보자. 혹시 이 시간 동안 지독할 정도로 지루한 기분을 느끼지 않기 위해 휴대폰에서 콘텐츠를 소비하지 않았는가? 어쩌면 팟캐스트를 듣거나 SNS 속 새로운 피드를 휙휙 넘겨 보았을 수도 있다.

이렇게 잠잘 때와 일할 때를 제외한 나머지 시간을 대부분 혼자서 휴대폰을 보거나 콘텐츠를 소비하며 보낸다면 고독 결핍Solitude Deprivation에 빠질 수 있다. 고독 결핍이란 혼자 생각하는 시간을 전혀 보내지 않는 상태를 말한다.

이 용어는 칼 뉴포트 교수의 책 『디지털 미니멀리즘Digital Minimalism』에서 처음 소개됐다. 당연한 이야기이지만 고독 결핍에 빠지면 불안도가 높아지고 업무에 관한 통찰력이나 창의적인 아이디어가 잘 떠오르지 않게 된다.

뉴포트는 고독 결핍에 빠지지 않으려면 휴대폰 없이 하는 활동을 매일 한두 개씩 실천할 것을 권한다. "집 주변에 무선 이어폰도 휴대폰도 없는 장소를 찾아 그곳에서 매일 무언가를 하는 겁니다. 정말 쉽게 실천할 수 있어요. 이렇게 간단한 방법이 인지력과 행복감, 불안도에 엄청난 영향을 미칩니다." 그가 설명했다.

맨 처음 뉴포트에게 고독 결핍에 대한 설명을 들었을 때 꼭 내 이야기를 하는 것만 같았다. 나는 회사에서든 집에서든 혼자 시간을 보낼 때면 주로 팟캐스트를 들으면서 새로운 콘텐츠를 끊임없이 소비했다. 새로운 지식을 습득하는 것이니 바람직한 활동을 하고 있다고 믿었다. 그런데 뉴포트의 설명대로라면 생산성 향상을 위해 시간을 들여 무언가를 끊임없이 '성취'할 필요가 없다는 말인가?

나는 뉴포트의 『디지털 미니멀리즘』을 읽은 후 혼자서 실험을 시작했다. 내가 주로 팟캐스트를 찾는 두 가지 상황을 유심히 관찰했다. 첫 번째는 운동 시간이었다. 매주 5시간씩 운동할 때 고통을 느끼지 않기 위해 팟캐스트를 들었다. 두 번째는 출퇴근 시간이었다. 우리 집에서 사무실까지는 편도로 40분 정도 걸려서 두 곳을 오가는 동안 주로 팟캐스트에 의존했다. (물론 코로나19 팬데믹이 일어나기 전의 이야기다.)

나는 콘텐츠를 소비하는 '인풋Input' 시간을 절반으로 줄여보기로 했다. 출퇴근 시간과 운동 시간의 절반은 팟캐스트나 음악을 들었고, 나머지 절반은 아무 콘텐츠도 소비하지 않았다.

실험 결과는 즉각적으로 나타났다. 심지어 놀랍기까지 했다. 창의적인 생각이 머릿속에서 마구 떠올랐고 아무것도 하지 않은 채 혼자 보내는 시간에는 새로운 아이디어와 통찰력이 폭발적으로 생겨났다. 마치 뇌가 새로운 생각을 고민하고 창조할 여유 공간이 생겼다며 신나게 활동하는 것 같았다. 나 혼자만의 실험에서 이런 놀라운 발견을 했다는 사실에 솔직히 말하면 다소 우쭐해지기까지 했다.

뉴포트는 하루 중 많은 시간을 휴대폰을 하지 않으며 보낸다고 말했다. "저는 산책하고 운동할 때 휴대폰을 가져가지 않습니다. 집에 있을 때는 주로 가방 속에 휴대폰을 넣어둡니다. 저는 제가 휴대폰으로 항상 연락을 받아야 하는 응급실 의사라고 생각하지 않아요. '휴대폰으로 많은 일을 하지만 항상 가지고 다녀야 하는 것은 아니야'라고 생각하면 자연스럽게 고독 결핍에서 벗어날 수 있어요."

뉴포트는 콘텐츠를 소비하고 싶은 마음이 들어도 즉시 실행에 옮기지 않는다. 대신 콘텐츠 소비 일정을 세우고 그에 따라 이용한다. "저는 스스로에게 '인풋 시간은 언제로 하면 좋을까? 어떤 콘텐츠를 소비하면 좋을까?'라고 물어봅니다. 예를 들어 우리 집 앞마당에 정리할 것이 쌓여 있다면 '좋아, 마당을 치우는 동안에는 이 팟캐스트 에피소드를 듣겠어'라고 저 자신에게 말하는 겁니다."

그는 마지막으로 이렇게 말했다. "저는 뇌에 자극을 주는 활동은 시간을 정해놓고, 될 수 있으면 그 시간에만 하려고 합니다. 혼자 있는 시간에는 저 자신에게 '혼자 조용히 있고 싶은가? 아니면 휴대폰으로 무언가를 하고 싶은가?' 물어봅니다. 휴대폰을 항상 가지고 다니는 물건이 아니라 가끔 사용하는 도구로 생각해 보세요. 그러면 휴대폰 없이 보내는 시간에 놀라운 변화가 일어날 거예요."

① 혼자 있을 때 휴대폰으로 SNS, 팟캐스트, 게임, 뉴스, 오디오북 등 콘텐츠를 자주 소비하는 상황을 떠올려보자.

② 고독 결핍에 빠지지 않기 위해 콘텐츠 소비 시간을 줄이는 계획을 세운다. 예를 들어 나는 콘텐츠 소비 시간을 절반으로 줄이고 나머지 절반을 혼자 생각하는 시간으로 보내기로 목표를 정했다.

③ 이렇게 세운 계획을 실천한다. 이 시간 동안은 휴대폰을 손이 닿지 않는 곳에 보관하는 것이 좋다. 혼자 생각하는 시간을 보낼 때는 그저 자신의 생각에만 집중한다.

몰입할 수 있는
환경을 만드는 법

구글의 생산성 분야 상임 고문인 로라 메이 마틴의 아버지는 그녀가 어렸을 때 자주 재택근무를 하셨다. (시대를 앞서간 분이지 않은가!) 그래서 마틴은 아침이면 아버지가 집 안 서재로 출근했다가 퇴근 시간 무렵 방에서 나오는 모습을 보며 자랐다.

"우리는 아버지가 서재에 계실 때 방해하면 안 된다는 사실을 알았어요. 아버지가 처음 재택근무를 시작하실 때는 노트북이 없었어요. 인터넷이 연결된 데스크톱 컴퓨터가 서재에 있어서 그 안에서만 일하셨죠."

마틴은 사람들에게 자신의 아버지처럼 일해야 한다고 조언한다. 즉, 집 안에 컴퓨터와 인터넷을 이용할 수 있는 장소를 한 곳으로 정해서 이를 자신의 업무 공간으로 삼아야 한다는 것이다. 이렇게 업무 공간을 정해놓으면 정서적, 물리적 환경이 비슷할 때 뇌가 정보를 더 잘 기억해 내는 '상태 의존적 회상State-Dependent Recall'이 잘 일어난다. 매번 같은 시간에 같은 장소에서 일하면서 같은 청각, 후각 정보를 접하면 뇌가 이 정보를 업무와 연관 짓기 때문에 일에 빠르게 몰입할 수 있게 된다. 마틴은 '만약 당신이 업무 장소를 매일 바꾼다면 뇌가 새로운 공간을 업무 장소로 인식하는 데 어려움을 느낄 것'이라고 설명했다.

미국 조지타운대학교 컴퓨터공학과 교수이자 책 『딥 워크』의 저자인 칼 뉴포트는 어디서 일해야 업무 생산성이 향상되는지 고민했다. 이제 그는 작업 유형별로 장소를 바꿔가면서 일한다.

뉴포트는 컴퓨터과학 이론을 증명하는 업무를 할 때는 거의 항상 동네 주변의 다양한 산책로를 걷는다. 하지만 책이나 논문을 집필할 때는 이와 전혀 다른 방식으로 일한다.

"제 방 서재에 있는 책상은 학부생 시절 대학교 도서관에서 자주 이용한 테이블이 생각나도록 제가 직접 주문 제작해 만든 것입니다. 원목 책장 옆에는 도서관에 달려 있던 황동 램프를 달아두었죠. 저는 깨끗하게 치워진 책상에서 글을 쓰는 습관이 있습니다. 책상 위를 밝게 비추는 조명과 저, 그리고 컴퓨터만 있어야 몰입이 잘 됩니다."

마틴은 효과적인 재택근무를 위한 물리적 환경을 조성하는 또 다른 비결을 말해주었다. 집 내부 공간 중에서 업무 공간으로 절대 사용하지 않을 곳을 반드시 정해놓아야 한다는 것이다. "만약 회사에서 다 마치지 못한 일거리를 집에 가져온다면 당신에게는 침실이나 거실처럼 절대로 업무 공간이 될 수 없는 장소가 필요합니다. 업무 공간의 경계를 마음속으로 미리 정해놓는다면 이런 상황에 도움이 돼요."

또한 마틴은 집에서 일할 때 자기 자신을 손님처럼 대해야 한다고 주장한다. "만약 집에 꽤 오래 머물 예정인 손님이 찾아온다면 손님에게 '방을 따로 드리지만 필요하다면 언제든 제 침실로 오셔도 됩니다'라고 말할 겁니다. 별도의 공간을 배정함으로써 당신의 마음속에 손님이 머무는 공간과 내가 머무는 공간의 경계선을 정하는 것이죠. 재택근무 공간도 이런 식으로 활용해야 해요."

실천하기

① 자신이 하는 일을 주요 범주별로 나눠본다. 예를 들면 아래와 같이 나눌 수 있다.

- 쉽고 가벼운 업무(이메일 확인 등)
- 집중해야 하는 업무(전략적 사고, 글쓰기, 통화, 화상 회의 등)

② 특정 장소에서 수행하는 습관과 연결할 업무가 있을지 생각해 본다.

③ 이 행동을 몇 주간 실천하고 나면 전보다 업무에 훨씬 더 빠르고 수월하게 몰입할 수 있게 된다. 뇌가 장소 기반의 신호와 당신이 하는 일을 연관 지어 생각하기 때문이다.

④ 마지막으로 집 안에서 오로지 휴식과 업무 외적인 활동만 하는 공간을 정한다. 이곳은 절대 업무 공간으로 사용하지 않는다.

기기를 나눠
업무 집중도를 높이는 법

　다른 사람들처럼 당신의 집에도 컴퓨터가 한 대 정도는 있을 것이다. 데스크톱을 사용하고 있거나 요즘에는 회사와 집을 오가며 일하는 사람들이 많으니 노트북을 구매했을 수도 있다. 그런데 카트리오나 월리스Catriona Wallace는 독특하게도 컴퓨터를 여러 대 사용한다. 그녀는 호주 증권거래소Australian Stock Exchange, ASX에 상장된 핀테크 기업 플라밍고 AIFlamingo AI와 AI 컨설팅 기업 애티컬 AI 어드바이저리Ethical AI Advisory의 창업자이자 스타트업 투자 프로그램 보압 AIBoab AI의 의장이다. 월리스는 기술을 너무나도 사랑하는 기업인이면서 동시에 AI와 로봇 분야에서 세계적으로 가장 많이 언급된 전문가이기도 하다.

　월리스도 처음에는 다른 사람들처럼 이메일, 오락, 연구, 창의적인 업무 등 모든 일을 컴퓨터 한 대로 처리했다. 하지만 모든 업무를 컴퓨터 한 대로 처리하다 보니 정신이 쉽게 산만해진다는 사실을 깨달았다.

그래서 그녀는 한 가지 실험을 진행했다. 먼저 노트북 세 대를 추가로 구매해 총 네 대의 노트북을 마련했다. 그런 다음 자신이 주로 하는 업무를 유형별로 분류하여 노트북 한 대당 한 유형의 업무만 작업하기로 정했다.

"첫 번째 노트북에서는 이메일만 처리했어요. 두 번째 노트북에서는 발표 자료 디자인 제작, 마케팅 업무, 영상 제작 같은 창의적인 업무를, 세 번째 노트북에서는 연구 관련 업무만 했고요. 마지막 네 번째 노트북은 순전히 오락 목적으로만 사용했어요. 제가 쉬고 싶을 때나 넷플릭스를 보고 싶을 때, 또는 가족들과 컴퓨터로 장난칠 때 이 네 번째 노트북을 이용했죠."

월리스는 이 전략을 사용한 뒤로 전보다 업무에 집중하기가 훨씬 더 쉬워졌다고 말했다. "저는 여러 대의 노트북을 사용하는 전략이 제 옆에 앉은 사람의 말에 집중하는 것과 같다고 생각해요. 어떤 작업을 할 때 함께 일하는 사람과 업무에만 온전히 집중하는 것처럼 이메일 처리 담당 노트북을 켰다면 이메일 업무에만 100퍼센트 집중하는 거죠. 그러다 보니 특정 기능을 수행하는 기기들에 정서적 유대감이나 애착 같은 감정이 생기더군요. 그래서 이 기기들로 일할 때는 생산성이 더 높아지고 집중하기도 편해진 것 같아요."

① 누군가는 이 방법이 특정 부유층만 시도할 수 있는 전략이라고 비판할 것이다. 컴퓨터를 한 대 이상 살 수 있는 사람은 많지 않기 때문이다. (솔직히 컴퓨터 한 대를 사는 것조차 어려운 사람도 많다.) 하지만 저렴한 비용으로 높은 효율을 얻을 방법이 있다. 먼저 당신이 하는 일을 몰입이 필요한 업무와 가볍게 처리할 수 있는 업무로 나눈다. 가볍게 처리할 수 있는 업무는 주로 이메일이나 메신저로 처리할 수 있는 일을 말한다. 이런 일은 컴퓨터 성능이 좋지 않아도 되므로 기본 기능만 갖춘 저렴한 노트북을 구매해도 충분하다. 새 제품은 200달러 정도면 구매할 수 있고, 중고 제품은 이보다도 더 낮은 가격으로 구매할 수 있다.

② 저렴한 노트북을 가볍게 처리할 수 있는 업무, 즉 이메일이나 메신저로 처리하는 업무 전용 컴퓨터로 활용한다. 이 노트북을 사용하는 자리도 고정해 놓는 것이 좋다.

③ 당신이 주로 사용하는 컴퓨터는 몰입이 필요한 업무 전용으로 이용한다. 주 사용 컴퓨터이니 아마 성능이 훨씬 뛰어날 것이다. 이 컴퓨터를 중요성이 높고 가치를 더하는 업무, 생산성 높은 작업을 수행하는 데 사용한다.

④ 노트북을 추가로 구매할 수 있는 여력이 된다면 월리스처럼 먼저 업무를 유형별로 분류해 본다. 기존의 두 대 외에 추가로 두 대를 더 구매할 수 있다면 세 번째 노트북은 창의적인 업무 전용으로, 네 번째 노트북은 오락 전용으로 이용할 수 있을 것이다.

완벽주의에서
벗어나는 법

영국 일간지 《가디언》의 기자이자 책 『4000주Four Thousand Weeks: Time Management for Mortals』의 저자이기도 한 올리버 버크먼은 자신을 회복 중인 완벽주의자라고 소개한다. "저는 제 자신을 이렇게 소개할 때마다 두렵습니다. 완벽주의자라는 말에 내포된 부정적인 이미지 때문에 그래요. 사람들은 보통 본인의 안 좋은 점을 말할 때 스스로 완벽주의자라고 말합니다. 하지만 다들 완벽주의에서 벗어나기 위해 남몰래 노력하고 있죠."

버크만의 말을 듣고 있자니 사람들이 자신을 완벽주의자라고 자주 소개하는 면접 상황이 떠올랐다. 많은 지원자가 '당신의 가장 큰 단점은 무엇인가요?'라는 물음에 '저는 완벽주의자입니다. 맡은 일을 완벽하게 해내려다 보니 일에만 너무 매달리는 경향이 있습니다'라고 대답한다. 듣다 보니 단점이 아니라 오히려 장점인 것 같지 않은가?

하지만 버크먼은 자신의 완벽주의 성향 때문에 업무 처리 능력이 오히려 저하됐다고 고백했다. "완벽주의는 저를 오랫동안 망쳐놓았어요. 아주 끈질긴 놈이에요. 완벽주의 때문에 저는 어떤 일을 하든 즐길 수 없게 되어버렸거든요."

버크먼은 완벽주의 때문에 글이 써지지 않는 힘든 시간을 보냈다. 그는 자신이 쓰고 있는 글이 형편없을까 봐 줄곧 괴로워했다. 사람들은 그에게 일단 원고를 쓰고 편집자에게 맡긴 다음 조금이라도 쉬라고 권했다. 하지만 사람들의 조언은 그에게 별로 도움이 되지 않았다. "모두 자신이 쓴 글이 완벽하기를 바라지 않나요? 저도 마찬가지였어요." 그가 말했다.

그러던 어느 날, 버크먼은 자신과 같은 처지의 작가들이 사용한다는 방법에 대해 듣게 됐다. 이들의 전략은 다음과 같았다. 비록 거친 글이라도 일단 초고를 완성한다. 그런 다음 완성된 초고를 종이로 출력한다. 마지막으로 출력된 초고를 다시 읽으면서 컴퓨터에 옮겨 적는다.

초고를 수정하지 않고 다시 컴퓨터에 옮겨 적는 과정이 다소 이상해 보이지만 사실 이 부분이 비결이었다. "출력된 초고를 읽으면서 컴퓨터에 다시 옮겨 적다 보면 그 과정에서 자연스럽게 초고를 수정하게 됩니다. 글이 잘 써지는 날에는 애쓰지 않아도 적절한 단어가 떠오르는 것처럼, 이 과정을 밟다 보면 저도 모르게 더 좋은 표현으로 수정해서 입력하고 있어요. 의식적으로 수정 절차를 거치지 않아도 자연스럽게 초고를 고치도록 하는 전략이죠."

버크먼이 이어 말했다. "물론 원고에 쓴 모든 단어를 주의 깊게 살펴보는 과정도 꼭 필요합니다. 하지만 일단 초고를 먼저 쓰고 다시 입력하면 적어도 백지상태에서 시작하지 않아도 되니 막막함이 덜하죠. 머릿속에서 무언가를 꺼내 적어야 한다는 강박과 스트레스를 받지 않아도 되고요."

실 천 하 기

① 보고서, 발표 자료를 만들어야 하거나 프로그램 코딩을 해야 하는데 완벽주의 때문에 시작도 못 하고 있다면, 일단 아주 평범한 수준의 첫 번째 초고부터 완성해 보자. 자기 검열에서 벗어나 일단 '써보는 것'이다.

② 완성한 초고를 종이에 출력한다.

③ 출력한 초고를 컴퓨터에 다시 옮겨 적는다. 그 과정에서 자연스럽게 자기 검열 없이 초고를 수정하는 자신을 발견할 수 있을 것이다.

업무 정체기를 뛰어넘는
매뉴얼을 만들어라

이 책을 집필하는 동안 글이 써지지 않을 때가 많았다. 한 장 한 장 쓰면서 더는 쓰지 못할 것 같은 기분을 자주 느꼈다. 글쓰기를 멈추고 휴대폰과 이메일을 보면서 쉬고 싶은 충동이 자꾸만 올라왔다. 집중을 방해하는 전자 기기에서 벗어나 쉬고 싶었다. 아니면 간식을 만들거나 바닥 청소를 하고 싶었다. (농담이다. 나는 걸레질을 정말 싫어한다.)

애덤 알터도 나처럼 글이 잘 써지지 않는 경험을 자주 한다고 말했다. 하지만 그는 본능적으로 휴대폰에 손을 뻗는 대신 다른 행동을 한다. "자신을 관찰하다 보면 하던 일이 잘되지 않을 때마다 휴대폰을 확인하고 싶어 한다는 사실을 발견하게 됩니다. 이때 가장 좋은 방법은 이런 상황에 처할 때 어떻게 행동할 것인지를 매뉴얼로 만들어 그대로 따라 하는 거예요."

예를 들어 알터는 매뉴얼에 '글이 잘 써지지 않으면 자리에서 일어나 2분간 걷고 오기'라고 적어놓았다. "저는 이 지침을 자주 실천해요. 사무실 건물 안에서 2분 동안 걷고 오는 거죠. 집에서 작업할 때는 밖으로 산책하러 나가요. 아니면 지하실에 있는 제 작업실에서 나와 위층으로 향하는 계단을 오르내리기도 해요."

그는 또한 이런 상황에 대비해 작업실 한쪽에 러닝머신을 갖춰놓았다. 짧게 걷기만 해도 몸과 마음이 재정비된다. 걷기 활동을 마친 뒤에는 다시 자리로 돌아가 중단했던 일을 시작한다.

알터가 업무 정체기를 극복하는 또 다른 방법은 시간이 더 많았다면 좋았겠다고 바랐던 일을 글쓰기가 막힐 때 하는 것이다. 예를 들어 알터는 심리학을 연구하는 학자로서 새로 발표되는 논문을 계속해서 읽어야 한다. 그는 논문 목차까지는 자주 읽지만 본문 전체를 제대로 읽기에는 늘 시간이 부족하다고 느낀다. 그래서 매뉴얼에 '논문 전체를 읽기 어렵다면 목차만이라도 읽기' 지침을 새로 추가했다.

"논문을 전부 읽는 일이 막막하게 느껴질 때면 한 시간여 동안 목차에서 눈에 띄거나 흥미롭게 보이는 내용을 찾아 그 부분만 읽습니다. 그러면 아무것도 하지 않은 채 보냈을지도 모를 그 막막한 시간을 훨씬 더 유용하게 보낼 수 있어요."

그는 마지막으로 내게 이런 말을 덧붙였다. "원래 하던 일이 잘 진척되지 않을 때가 오면 저는 일단 그 일을 멈추고 다른 일로 전환합니다. 그러면 시간을 낭비하지 않고 현명하게 활용할 수 있죠."

①　나만의 '업무 정체기 대처 매뉴얼'을 만든다. 이를 위해 일이 잘되지 않을 때 할 수 있는 활동을 두 가지 유형으로 나눠 생각해 본다. 첫 번째 유형은 짧은 산책처럼 빠르게 할 수 있는 활동이다. 하던 일을 오래 중단할 수 없을 때 이 활동을 할 수 있다. 두 번째 유형은 알터처럼 '부차적 활동'을 하는 것이다. 부차적 활동이란 신문 기사 읽기나 인맥 관리처럼 당신의 주 업무에 도움을 주지만 상당히 오랜 시간 공들여 지속해야 하는 활동을 말한다.

②　매뉴얼을 작성했다면 컴퓨터에서 자주 볼 수 있도록 고정해 놓거나 출력해서 사무실에 붙여놓는다. 매뉴얼 지침은 '업무 정체기가 오면 2분간 걷고 오기', '업무 정체기가 오면 업계 동향 관련 자료 읽기'처럼 작성하는 것이 좋다.

③　매뉴얼 지침을 지속적으로 실천하면서 이를 습관화한다. 어쩌면 매뉴얼에 여러 지침을 만들어서 다양한 활동을 해보고 싶을 수도 있다. 좋은 생각이지만 주의해야 할 점이 있다. 매뉴얼 지침으로 정한 모든 활동은 반드시 자신이 즐거움을 느끼는 활동이어야 한다. 그렇지 않으면 예전 습관으로 돌아가 휴대폰을 만지고 싶은 유혹에 다시 빠지게 될 것이다.

고군분투 타이머를
사용해야 하는 이유

집중력도 근육을 단련하는 것처럼 훈련을 통해 발달시킬 수 있다고 믿는 생산성 전문가가 많다. 깊은 몰입이 필요한 일을 많이 할수록 뇌 근육이 발달해서 어려운 일에도 쉽게 집중할 수 있게 된다는 것이다. 하지만 평단의 찬사를 받은 책 『울트라러닝, 세계 0.1%가 지식을 얻는 비밀』의 저자 스콧 영은 이러한 주장에 다른 의견을 내세운다. 그는 집중력을 감정처럼 다뤄야 한다고 주장한다.

사람들은 규모가 크고 중요한 업무를 수행하는 과정에서 종종 좌절감을 느낀다. 사람들에게 자꾸 부정적인 피드백을 받으면 본인의 능력이 맡은 업무를 처리하기에 부족하다고 느끼고 자연스럽게 자신감도 저하된다. (나도 대학원생 시절 이런 부정적인 감정을 억누르면서 8만 단어 분량의 박사 학위 논문을 써냈다.) 이런 부정적인 상황을 자주 겪다 보면 어떤 일을 시작하고 집중력을 유지하는 과정을 본능적으로 피하고 싶어질 수 있다.

영은 집중력을 향상시키기 위해 여러 방법을 시도했다. 그중 한 가지가 '고군분투 타이머Struggle timer'였다. 그는 새로운 지식을 학습하는 과정에서 이 아이디어를 떠올렸다. 영은 MIT에 입학하지 않고도 MIT 컴퓨터공학과 4년 과정을 단 12개월 만에 독파했다. 당시 그는 MIT 강의를 독학하다가 문제가 잘 풀리지 않으면 정답을 빨리 확인하곤 했다. "저는 문제가 잘 풀리지 않으면 즉시 정답을 확인했어요. 그때는 즉각적인 피드백이 중요하다고 생각했거든요."

하지만 몇 년 동안 그의 생각이 변했고, 이제는 어려운 문제를 풀기 위해 혼자서 조금 고군분투하는 것이 더 알맞은 방법이라고 믿는다. 영은 그 이유로 두 가지를 들었다. 첫 번째는 조금만 시간을 더 들이면 풀 수 있는 문제가 있기 때문이다. 이 경우 정답을 찾는 데 시간이 필요할 수 있으므로 조금 더 오래 고민하는 것이 도움이 된다. 그리고 정답을 맞히기 위해 혼자 씨름하는 것이 정답을 바로 확인하는 것보다 훨씬 더 유익하다.

두 번째 이유는 혼자서 정답을 찾아냈을 때 느끼는 기쁨이 더 크기 때문이다. 이에 대해 영은 다음과 같이 말했다. "정답을 즉시 확인해 버리면 문제를 풀지 못했다는 좌절감이 기억에 오래 남습니다. 정답지를 확인했을 때 '앗싸! 내가 풀었어!'가 아니라 '아, 이렇게 풀면 되는구나'라고 반응할 테니까요."

그래서 영은 이제 어려운 문제를 마주하면 '고군분투 타이머'를 5분 또는 10분으로 맞춰놓고 혼자서 문제를 푼다. 이렇게 타이머를 이용하면 어려운 일을 마주했을 때 바로 포기하고 다른 일로 넘어가는 대신 해결 방법을 찾는 일에 좀 더 집중하게 된다.

실천하기

① 문제가 잘 풀리지 않는다면 타이머를 5~10분으로 맞춘 다음 그 시간에 집중해서 문제를 풀어본다. 이 전략을 이용하면 당신을 괴롭히는 부정적인 감정을 이겨내고 현재 겪고 있는 장애물을 극복하는 데 도움이 된다. (아니면 5분 또는 10분짜리 모래시계를 구매해서 '고군분투 타이머'라고 이름표를 붙여주는 것도 좋다. 이렇게 감정에 이름을 붙여주면 감정의 강도가 줄어드는 효과가 있다.)

② 10분이 지났는데도 여전히 문제를 풀지 못했다면 잠시 휴식을 취한다. 그러면 다시 문제 풀이에 몰입할 때 부정적인 감정이 사라지고 없을 것이다. 이렇게 문제가 안 풀릴 때마다 고군분투 타이머를 이용해 보자. 어쩌면 당신을 괴롭힌 문제가 5~10분만 더 고민했다면 풀 수 있었던 것일지도 모른다.

불편한 감정을 잘 다루면
생산성이 올라간다

모든 사람에게는 힘들더라도 해야만 하는 일이 있다. 하지만 이런 일은 어떤 핑계를 대서라도 피하고 싶다. 그래서 사람들은 회피의 방편으로 TV나 휴대폰, 인터넷에 빠진다. 영업 실적 발표를 준비하다가 막히면 곧장 인스타그램을 확인하고 유튜브로 넘어가 영상을 시청하면서 부정적인 감정을 잊는다. 인간은 불편한 상황을 견디기 어려워한다. 이때 디지털 방해물로 도피하면 이런 감정을 빠르게 없앨 수 있지만 장기적으로 볼 때 이 선택은 일을 완수하는 데 전혀 도움이 되지 않는다.

행동 설계 전문가이자 베스트셀러 『훅: 일상을 사로잡는 제품의 비밀Hooked』과 『초집중Indistractable』의 저자 니르 이얄Nir Eyal은 자신이 일상에서 딴짓을 하며 시간을 낭비하고 있다는 사실을 깨달았다. 그는 항상 글쓰기를 어려워했다. "글쓰기는 한 번도 쉬웠던 적이 없어요. 글을 쓰려면 깊게 집중해야 하고 시간도 오래 걸리잖아요. 글을 쓰는 동안 지루함, 불확실함, 피곤함 같은 온갖 부정적인 감정을 경험해요."

이얄은 이런 감정을 내부 계기라고 부른다. 내부 계기란 원래 일에서 벗어나 자꾸 딴짓을 하고 싶게 만드는 내부적 요인을 말한다. "글을 쓰다 보면 갑자기 이메일을 확인하고 싶은 마음이 듭니다. 이메일 확인도 업무의 일종이니까 생산성 있는 활동이라고 생각하는 거죠."

물론 이얄도 이메일 확인이 주 업무가 아니라는 것을 안다. 사실 업무를 방해하는 딴짓에 가깝다. 그가 시간을 들여 끝내기로 계획한 업무는 글쓰기이지 이메일 확인이 아니기 때문이다.

이얄은 딴짓을 하지 않기 위해 '감정 타기Surfing the Urge' 전략을 이용한다. 먼저 자신의 내면에서 지루함이나 불안함 같은 감정이 올라오는 것을 알아차린다. 그런 다음 그 감정에 불안함, 두려움, 지루함 같은 이름을 붙여주고, 내면에서 어떤 감정이 올라오는지 전부 글로 적는다. 예를 들면 '나는 지금 불안하다', '에세이를 잘 쓰지 못할까 봐 두렵다', '이 일은 지루하다'라고 종이에 적는 것이다.

"이렇게 내면에서 올라오는 감정을 종이에 적으면 놀랍게도 딴짓에 빠지지 않게 됩니다. 부정적인 감정이 느껴지면 곧장 자신을 비난하는 사람이 많아요. 자신은 무언가에 쉽게 중독된다거나 집중력이 짧다는 등 자책하는 말을 자주 하죠. 하지만 호기심을 가지고 본인 내면을 탐구해야지, 자기 자신을 경멸해서는 안 돼요."

이얄은 내면에서 감정이 올라오면 서프보드 위에서 균형을 잡고 파도를 타듯 감정을 탄다. 그러면 감정이 서서히 오르다가 최고조에 달한 다음 결국 가라앉는다. 따라서 어떤 감정이 올라올 때는 금욕해야 한다는 생각으로 억누르면 안 된다. (감정을 억누르면 실제로 문제가 더 악화할 수 있다.) 대신 불쾌한 감정이 치솟더라도 호기심을 가지고 지켜본다면 결국에는 가라앉아 그대로 스쳐 갈 것이다.

과학자들은 감정에 이름을 붙이는 간단한 행위가 감정의 강도를 낮추는 효과를 발휘한다는 사실을 발견했다. 거미 공포증 환자를 대상으로 한 실험에서는 참여자들에게 타란툴라(열대지방에 사는 거미로 몸집이 크고 독성이 강한 것으로 알려져 있다―옮긴이)를 넣어놓은 투명 보관함 옆에 앉도록 했다. (아마 대학생들이 가장 참여하고 싶지 않은 연구일 것이다.) 연구진은 실험 참여자의 절반에게는 자신들이 느끼는 감정에 이름을 붙이도록 했고, 나머지 절반에게는 딴짓을 하거나 불안도를 낮추는 다른 방법을 실시하도록 했다.

일주일 뒤 모든 참여자가 연구실에 모여 타란툴라가 담긴 투명 보관함 옆에 다시 앉았다. 감정에 이름을 붙였던 참여자들은 딴짓을 했던 참여자들보다 거미에 대한 두려움을 훨씬 덜 느꼈다. 감정에 이름을 붙이는 단순한 행위가 부정적인 감정을 사라지게 한다는 사실이 증명된 것이다.

실 천 하 기

1   어떤 일을 몰입해서 하는 도중 내면에서 부정적인 감정이 느껴진다면, 불

편한 감정을 회피하고자 SNS를 확인하거나 딴짓을 하지 말고 잠시 멈춰서 감정에 이름을 붙여본다. 자신이 지금 어떤 기분인지 알아차렸다면 이를 글로 적어본다.

② 감정은 파도와 같아서 한껏 올라갔다가 조금만 지나면 가라앉을 것이라고 자신에게 계속 말해준다.

③ 앞으로 10분 동안 내면에서 올라오는 부정적인 감정을 끝까지 회피하지 않겠다고 자신에게 선포한다. (이때 앞서 소개한 스콧 영의 고군분투 타이머를 사용하고 싶을 수도 있다.) 감정이 가라앉지 않을 때는 틱톡을 확인하고 싶은 충동이 느껴지겠지만, 10분 뒤 부정적인 감정이 사라지고 나면 딴짓을 하지 않고도 다시 주 업무로 돌아올 수 있음을 깨닫게 될 것이다.

음악 한 곡으로
업무에 몰입하라

아침 9시, 업무를 시작할 시간이다. 처리해야 할 고난도 업무가 산더미처럼 쌓여 있다. 하지만 분석해야 할 데이터가 담긴 엑셀 파일보다 지역 신문사 홈페이지가 훨씬 더 재미있어 보인다. 그렇게 인터넷이라는 토끼 굴에서 신나게 놀다가 한 시간 후쯤 번뜩 정신을 차린 당신. 총기가 사라진 눈으로 일을 시작하려고 엑셀 파일을 열었는데 눈앞에 보이는 것은 한 시간 전과 똑같은 상태의 데이터다. 당신이 아무것도 만지지 않았는데 데이터가 저절로 처리될 리 없지 않은가?

당신도 알다시피 어려운 과제일수록 일을 시작해서 몰입하기 전까지가 가장 힘들다.

미국 월간지 《와이어드Wired》의 공동 창업자 케빈 켈리Kevin Kelly는 특히 글을 쓸 때 이 같은 어려움을 자주 겪었다. 그녀는 "저는 타

4장 집중

고난 편집자이지 타고난 작가는 아니에요"라고 솔직하게 말했다. "어려운 주제를 다루는 글을 쓸 때 제가 쓴 초안은 정말 형편없어서 저조차 읽기 힘들 정도예요. 저는 제가 전하고자 하는 내용을 글을 쓰면서 찾아가는 편입니다. 글을 쓰기 전까지는 어떤 내용의 글을 쓰고 싶은지 잘 알지 못하거든요. 주제에 대해 잘 모른다는 사실을 집필을 시작하고 나서야 깨닫는 거죠."

켈리는 이런 형편없는 초안을 완성하는 과정을 이겨내기 위해 매우 구체적인 전략을 이용한다. "이렇게 글이 잘 써지지 않을 때 저는 옥상에 올라가 헤드셋을 쓰고 음악을 듣습니다. 같은 곡을 계속 반복해서 듣고 또 듣는 겁니다. 이렇게 한 곡을 계속해서 듣다 보면 신기한 일이 일어납니다. 일단 마음이 달래지고요. 그냥 음악을 듣기만 했는데도 생산성이 올라가는 기분이 들어요. 또 정신을 산만하게 하던 생각이 사라지고 일에 완전히 몰입하게 돼요."

켈리는 자신의 이러한 전략을 카페에서 작업하는 사람들이 주변 소음 덕분에 일에 더 잘 집중하는 현상에 비유했다. 사실 내가 진행하는 팟캐스트의 몇몇 출연자도 이와 비슷한 전략을 소개한 적이 있다.

워드프레스의 공동 창업자 매트 뮬렌웨그도 일할 때 듣는 음악 목록이 있다고 말했다. "저는 딥 하우스(일렉트로닉 하우스 음악의 하위 장르로, 비트가 느려서 차분한 분위기를 자아낸다—옮긴이) 음악들로 플레이리스트를 만들었어요. 딥 하우스 음악은 가사가 별로 없고 비트가 느려서 좋아요. 하지만 정말 집중해야 할 때는 한 곡만 정해서 계속 반복해 들어요. 제가 들었을 때 기분이 좋아지는 노래면 뭐든 상관없습니다. 처음 한두 번만 듣고 나면 머릿속에 그 노래가 배경음악처럼 계속 맴돌아요. 저는 이 방법이 업무에 몰입하는 데 효과적이라는 사실을 알게 되었어요."

어떤 노래를 제일 좋아하는지 묻는 말에 뮬렌웨그는 드레이크의 「나이스 포 왓Nice for What」이라고 대답했다. 켈리는 불가리아 출신 남자 합창단이 부르는 그레고리오 성가를 몇 년째 반복해서 듣고 있다고 말했다.

연구에 따르면 한 곡을 반복해서 듣는 것이 유사 몰입 상태에 접어드는 데 도움이 된다고 한다. 심리학 학술지《스포츠 운동 심리학Psychology of Sport and Exercise》에 실린 한 연구에서는 네트볼 선수들에게 자신이 운동에 몰두할 수 있도록 돕는, 다시 말해 몰입 상태에 빠질 수 있는 음악을 선택하도록 했다. 선수들은 영국 밴드 매시브 어택Massive Attack의 「언피니시드 심포니Unfinished Symphony」부터 영국 밴드 프랭키 고즈 투 할리우드Frankie Goes to Hollywood가 1984년에 발표한 「투 트라이브스Two Tribes」까지 다양한 음악을 선택했다. 이후 선수들은 연구진의 지시에 따라 네트에 공을 던졌다. 그 결과 자신이 좋아하는 음악이 배경음악으로 흘러나올 때 슛 성공률이 더 높게 나타났다. 몰입을 유도하는 음악이 선수들의 경기 성적에 영향을 미친 것이다.

실천하기

1. 당신이 좋아하는 음악을 한 곡 고른다. 플레이리스트 한 개를 골라도 좋다. 과학적으로 입증되지는 않았지만 가사가 적거나 없을수록 몰입 효과가 높다고 한다. (그렇지만 나는 가사가 5697단어나 되는 뮤지컬 「해밀턴Hamilton」의 수록곡 「요크타운Yorktown」을 일하는 동안 들었다.)

2. 집중력이 필요한 일을 하는 동안 당신이 고른 곡을 반복해서 듣는다. 그러면 몇 차례 몰입 상태에 빠지는 경험을 하게 될 것이다.

3. 이 과정을 여러 번 반복하면 뇌가 그 곡과 몰입 상태를 연결 짓기 시작한다. 그러면 나중에는 단순히 그 음악을 틀기만 해도 쉽게 몰입 상태에 빠질 수 있다.

색다른 방법으로
창의성을 높여라

넷플릭스에서 드라마를 챙겨 본 사람이라면 등장인물에 반하거나 작품에 감동하여 울고 웃어본 적이 있을 것이다. 이렇게 시청자의 마음을 사로잡은 드라마의 줄거리는 대부분 작가들이 모여 일하는 공간인 작가실에서 탄생한다.

드라마 작가실은 새로운 이야기와 캐릭터가 탄생하고 줄거리의 진행 방향이 결정되는 곳이기에 당연히 창의성을 가장 중요하게 여긴다.

회춘과 초자연 현상을 소재로 한 호주의 인기 드라마 「블룸 Bloom」을 쓴 작가 글렌 돌먼Glen Dolman은 자신이 구현하고자 하는 작가실 분위기를 아주 구체적으로 설명했다. "저는 사람들이 이곳에서 창의적이고 개방적이며 즐겁고 자유롭게 지내기를 원합니다. 심지어 우스꽝스러운 모습으로 지내도 아무렇지 않은 공간이 되었

4장 집중

으면 해요. 저는 모든 감정이 고스란히 느껴지는 진솔한 이야기를 만들고 싶어요. 그래서 이곳에 머무는 작가들이 서로를 정말 편하게 대하기를 바랍니다."

돌먼은 영화 「노팅 힐Notting Hill」, 「네 번의 결혼식과 한 번의 장례식Four Weddings and a Funeral」의 각본가로 유명한 리처드 커티스Richard Curtis에게 들은 이야기를 내게 자세히 전해주었다. "커티스는 가장 바람직한 작가실 풍경을 저녁 파티가 끝날 무렵 모두가 술을 몇 잔 마시고 웃고 떠들 수 있는 분위기에 비유했어요. 모두가 출근하는 시간인 아침 8시에도 작가실은 이렇게 떠들썩해야 한다는 거죠."

돌먼은 사람들이 정보를 활발하게 공유하고 취약성을 있는 그대로 드러낼 때 자신이 바라는 작가실 분위기가 조성된다는 사실을 알게 됐다. 많은 정보를 공유하는 것이 불편할 수도 있지만 그 덕분에 사람들은 새로운 방식으로 생각하고 자신의 취약한 면을 거리낌 없이 드러낼 수 있게 된다.

장점은 여기에서 그치지 않는다. 취약성을 솔직하게 드러내는 분위기가 조성되니 팀원들은 자신의 취약성을 드러내도 괜찮다는 심리적 안전감을 크게 느낀다. 또한 정보 공유가 많아지니 자연스럽게 팀원들의 창의력도 향상된다.

리더십 분야 전문 학술지 《리더십 쿼털리Leadership Quarterly》에 게재된 한 연구에서는 리더가 팀원들의 창의성을 촉진하는 방법을 실험했다. 연구진은 리더들에게 소규모 인원을 대상으로 1시간짜리 문제 풀이 세션을 진행하도록 했다. 이때 비교군인 첫 번째 집단의 리더에게는 평소처럼 행동할 것을, 실험군인 두 번째 집단의 리더에게는 기존과 다른 방식으로 행동할 것을 요청했다. 예를 들면 이런 식이었다. 두 번째 집단의 리더는 화이트보드에 여러 색상의 알파벳 자석을 붙여서 자신의 이름을 소개했다. 과제 내용은 팀원들이 입을 티셔츠 뒷면에 적어 알렸고, 피드백은 이들이 과제를 수행하는 동안 탁자 위에 올라서서 전달했다. 또한 새로운 아이디어가 떠오르면 양말에 적어서 빨랫줄에 걸어놓도록 했다.

연구 결과는 놀라웠다. 리더가 이런 파격적인 행동을 한 두 번째 집단의 팀원들에게서 창의성과 유대감이 향상되는 결과가 나타났다. 색다른 경험을 함께 공유하는 과정에서 생겨난 진솔함과 편안함이 창의성 향상으로 이어진 것이다.

실천하기

① 브레인스토밍 같은 창의적인 활동을 하기 위해 사람들을 모았다면 기존과 다른 새로운 방식으로 진행해 보자.

② 어떤 방식으로 진행할 것인지 생각해 보자. 돌먼처럼 팀원들끼리 많은 정보를 공유하게 할 수도 있고, 본문에서 소개한 실험처럼 티셔츠 뒷면에 지시 사항을 적어 전달할 수도 있다.

③ 팀원들의 창의성과 결속력을 강화할 색다른 활동이나 이벤트를 추가할 수 있는지 생각해 본다. 예를 들어 워크숍 중간에 팀원들에게 웃긴 의상을 입도록 하거나 서로에게 재미있는 별명을 지어주는 활동을 추가할 수 있다.
(나의 제안이 너무 유치한 것 같다면 더 나은 활동을 직접 생각해 보자.)

4장 집중

당신이 일을 미루는
진짜 이유

팀 헤레라Tim Herrera는 미국 일간지 《뉴욕타임스》에서 일과 삶에서 모두 성공하는 법을 다룬 스마터 리빙Smarter Living 섹션의 편집자로 일했지만 정작 본인은 할 일을 자주 미루며 살아왔다고 고백했다. "저는 평생 습관적으로 일을 미루곤 했어요. 미루기에서는 악명이 높았죠."

헤레라는 샬럿 리버먼Charlotte Lieberman이 쓴 미루기에 관한 글을 편집하게 되면서 생각이 바뀌기 시작했다. "글쓰기를 미루는 건 쉬워요. '그냥 쓰고 싶지 않아', '집중이 잘 안되네', '트윗을 보고 위키피디아에서 한참을 검색하다 보니 글을 못 썼어' 같은 변명을 덧붙이죠. 사실 일을 미루는 건 단순히 게으름 때문이 아니라 그 일에 관해 느끼는 여러 감정 때문인 경우가 많습니다."

만약 누군가 글쓰기를 회피하면서 트위터를 하며 시간을 낭비하고 있다면, 이는 그가 게을러서가 아니라 불안함 때문에 글쓰기를 미루고 있는 것이다. 그러므로 일을 미루는 심리를 단지 게을러서라고 생각할 게 아니라 그 일과 관련된 여러 감정과 싸우고 있는 것으로 보아야 한다.

헤레라는 이 지점에서 깨달음을 얻었다. "리버먼의 글을 읽고 나서 저는 일을 미루는 심리를 다른 시각으로 바라보게 되었어요. 게을러서 일을 미룬다는 생각이 오히려 일을 더 많이 미루도록 만들었던 거죠. 미루는 심리에 영향을 미치는 요인을 전부 알게 되자 정말 많은 것이 변했습니다."

헤레라는 우리가 일을 미루는 진짜 이유가 단순히 시간 관리에 서툴러서가 아니라 과제에 대한 불안함 같은 부정적인 감정을 잘 다루지 못했기 때문임을 깨달았다. 또한 자신이 일을 미루는 방식이 상황을 더 악화시킨다는 사실도 알게 되었다. 그는 일을 미룰 때면 트위터에 접속했다. 트위터에서 제공하는 수많은 '좋아요'와 팔로우, 흥미로운 정보들은 도파민을 분출시켜 헤레라가 미루기를 선택한 것에 대한 보상을 느낄 수 있도록 했다.

헤레라는 일을 미루는 습관이 시간 관리의 문제가 아니라 감정 관리의 문제라는 사실을 이해한 뒤로 자신의 감정 상태를 관리하기 시작했다. 그중에서 효과를 본 방법은 헤레라가 일을 미루면 책임을 져야 하는 사람을 두는 것이었다. 헤레라가 마감일을 지키지 못하면 다른 사람에게 부정적인 영향을 미치게끔 했더니 일을 미루지 않고 제때 끝낼 수 있었다.

"마감일까지 기사를 쓰지 못하면 다른 사람에게 피해가 갈 수 있다는 사실이 저를 굉장히 불안하게 만들어요. 그래서 '지금 기사를 쓰고 싶지 않으니 일단 미뤄야겠다'라고 생각하는 대신 '다른 사람의 하루를 망치지 않으려면 지금 기사를 써야 해'라고 생각하게 됩니다."

헤레라는 또한 매일 같은 시간에 글을 쓰는 습관을 들였다. 이제는 퇴고도 당일에 끝낸다. "습관은 일을 미루지 않게 도와주는 매우 강력한 도구입니다. 어떤 행위가 습관이 되면 자제력이나 의지력을 발휘하지 않아도 되거든요. 글을 쓰겠다고 생각하지 않아도 몸이 알아서 움직이니까요." 이렇게 글쓰기를 습관화하자 글을 쓰려고 하면 떠올랐던 부정적인 감정도 더는 느껴지지 않게 됐다.

실 천 하 기

① 자신이 어떤 일을 미루고 있다면 스스로 게으르고 비생산적인 사람이라고 자책하지 말자. 당신도 그저 한 인간일 뿐이다. 캐나다 칼턴대학교 심리학과 교수 마이클 울Michael Wohl이 진행한 연구에 따르면 현재 일을 미루는 자신을 용서할 경우 미래에는 일을 덜 미루게 된다고 한다.

② 자신이 회피하는 일에 대해 어떤 감정을 느끼고 있는지 곰곰이 생각해 본다. 어쩌면 그 일이 불안해서 자꾸 미루고 있는 걸지도 모른다. 이렇게 부정적인 감정을 알아차리고 이를 다루는 법을 터득하면 더는 일을 미루지 않게 된다.

③ 일을 할 때 부정적인 감정을 경험하는 이유를 파악했다면 이제 그 일을 어

떻게 긍정적인 경험으로 바꿀 수 있을지 생각해 본다. 헤레라처럼 일을 미루면 일어날 부정적인 결과를 동기로 활용할 수 있다. 또는 미루고 있는 일을 습관화하는 것도 부정적인 감정에서 벗어나는 좋은 방법이다.

집중
핵심 정리

행동 설계 전략으로 디지털 중독 극복하기

자신이 스마트폰을 매일 얼마나 오래 사용하는지 관찰해 본다. 또한 자신이 스마트폰을 사용하게 만드는 원인과 주로 스마트폰을 사용하는 시간, 장소, 상황을 생각해 보자.

행동 설계 전략을 이용해서 자신의 행동을 바꿔보자. 주로 휴대폰을 두는 장소를 바꾸는 등 물리적 환경을 어떻게 바꿀 수 있을지 고민해 본다. 특히 낮과 밤에 휴대폰을 당신에게서 멀리 떨어트려 놓을 방법을 마련해 본다.

케이세이프에 휴대폰 넣어두기

인터넷에서 뚜껑에 타이머가 달린 플라스틱 통 모양의 케이세이프를 검색한 다음, 내부가 보이지 않는 불투명한 제품으로 구매한다. 제품이 도착했다면 몇 시간 동안 휴대폰을 사용하지 않을 것인지 스스로 정한 다음 휴대폰을 넣고 뚜껑을 잠근다. 당신이 회사나 팀의 리더라면 여기서 한 단계 더 나아갈 수 있다. 업무 시간이나 회의 중에 휴대폰 사용을 자제하고 싶은 직원들을 위해 케이세이프를 회사에 구비해 놓는다.

휴대폰에 고무줄 묶기

고무줄을 하나 구해서 휴대폰 화면의 중간에 오도록 가로 방향으로 묶는다. 좀 더 센 방법을 원한다면 고무줄을 하나 더 구해서 이번에는 세로 방향으로 묶는다. 이렇게 하면 휴대폰을 사용하고 싶을 때마다 고무줄을 두 개나 제거해야 하므로 휴대폰을 전보다 덜 사용하게 될 것이다.

휴대폰은 가방 속에 넣어두기

업무적으로든 사적으로든 사람들과 대화를 나눌 때는 휴대폰을 가방 안에 넣거나 눈에서 보이지 않는 곳에 보관한다. 그러면 상대방과의 대화에 더 집중할 수 있고 무엇보다도 그 시간을 더욱 즐겁게 보낼 수 있다.

방해 요소 없는 휴대폰 만들기

휴대폰에서 당신의 주의를 빼앗는 앱, 지루함을 느낄 때 사용하는 앱을 전부 지운다. 그런 다음 남아 있는 앱을 보면서 '전부 실용적인 앱인지' 생각해 본다. 만약 그렇다고 답할 수 있다면 당신은 방해 요소 없는 휴대폰 만들기에 성공한 것이다.

무의미한 스크롤링을 멈추는 나만의 정지 신호 만들기

무심결에 휴대폰을 사용하는 시간을 줄이기 위해 나만의 정지 신호를 한두 개 정도 만들어보자. 리추얼처럼 매일 실천하는 행동을 정지 신호로 활용하면 좋다. 당신이 즐겁게 실천할 수 있는 행동을 선택하는 것이 가장 이상적이다. 예를 들어 식사 시간, 잠들기 전 시간, 일에 집중하는 시간을 정지 신호로 이용할 수 있다. 정지 신호를 정했다면 이제는 휴대폰 사용을 멈추기 위한 나만의 규칙을 정할 차례다. '식사 시간에는 휴대폰을 사용하지 않겠다'처럼 자신이 지킬 수 있는 규칙을 만들어보자.

이메일에 접속할 수 없도록 차단하기

당신이 주의력을 가장 많이 빼앗기는 디지털 플랫폼이 무엇인지 생각해 본다. 휴가 가기 전날이나 브라이언 스쿠다모어처럼 '어둠 속'으로 들어가고 싶을 때마다 친구에게 당신이 사용하는 플랫폼의 비밀번호를 바꿔달라고 부탁한다. 단, 친구가 새로 설정한 비밀번호를 반드시 메모해 놓도록 해야 한다.

고독 결핍 극복하기

혼자 있을 때 휴대폰으로 SNS, 팟캐스트, 게임, 뉴스, 오디오북 등 콘텐츠를 자주 소비하는 상황을 떠올려보자. 고독 결핍에 빠지지 않기 위해 콘텐츠 소비 시간을 줄이고 그만큼 혼자 생각하는 시간을 늘리는 계획을 세운다. 계획을 세웠다면 이제는 실천할 차례다. 휴대폰을 손에 닿지 않는 곳에 보관해서 콘텐츠를 소비하고 싶은 유혹에 빠지지 않도록 한다. 또한 혼자 생각하는 시간을 보낼 때는 그저 자기 생각에만 집중한다.

장소 기반 리추얼 만들기

자신이 하는 일을 주요 범주별로 나눠서 떠올려보고, 이 일을 특정 장소에서 수행하는 리추얼과 연결 지어 보자. 업무 유형별로 몰입하기에 좋은 최적의 환경이 어느 곳일지 생각해 보고 그 장소에서 수행하기에 알맞은 리추얼을 만들어본다. 이 리추얼을 몇 주간 실천하고 나면 전보다 업무에 훨씬 더 수월하고 빠르게 몰입할 수 있게 된다. 뇌가 장소기반의 신호와 당신이 하는 일을 연관 지어 생각하기 때문이다.

컴퓨터 여러 대에 전용 업무 부여하기

데스크톱이나 노트북을 한 대 더 구매한다. 가격이 저렴한 노트북을 구매해서 가볍게 처리할 수 있는 업무, 이메일이나 메신저로 처리하는 업무 전용으로 이용한다. 주로 사용하는 성능 좋은 컴퓨터로는 몰입이 필요한 업무를 처리한다.

초고를 컴퓨터에 다시 옮겨 적기

보고서, 발표 자료를 만들어야 하거나 프로그램 코딩을 해야 하는데 완벽주의 성향 때문에 시작도 못 하고 있다면, 일단 아주 평범한 수준의 첫 번째 초고부터 완성해 보자. 그런 다음 초고를 종이에 출력한다.

마지막으로 출력한 초고를 컴퓨터에 다시 옮겨 적는다. 그 과정에서 자연스럽게 자기 검열 없이 초고를 수정하는 자신을 발견할 수 있을 것이다.

업무 정체기 극복 매뉴얼 만들기

나만의 업무 정체기 극복 매뉴얼을 만든다. 이를 위해 일이 잘되지 않을 때 할 수 있는 활동을 두 가지 유형으로 나누어 생각해 본다. 첫 번째 유형은 짧은 산책처럼 빠르게 할 수 있는 활동이다. 하던 일을 오래 중단할 수 없을 때 이 활동을 할 수 있다. 두 번째 유형은 부차적 활동을 하는 것이다. 부차적 활동이란 주 업무에 도움을 주지만 상당히 오랜 시간 동안 공들여 지속해야 하는 활동을 말한다.

매뉴얼을 작성했다면 컴퓨터에서 자주 볼 수 있도록 고정해 놓는다. 매뉴얼 지침은 '업무 정체기가 오면 2분간 걷고 오기', '업무 정체기가 오면 업계 동향 관련 자료 읽기'처럼 작성한다.

마지막으로 매뉴얼 지침을 지속적으로 실천하면서 이를 습관화한다.

고군분투 타이머

문제가 잘 풀리지 않는다면, 타이머를 5~10분 정도로 맞춘 다음 그 시간에 집중해서 문제를 풀어본다. 이 전략을 이용하면 당신을 괴롭히는 부정적인 감정을 이겨내고 현재 겪고 있는 장애물을 극복하는 데 도움이 된다. 10분 후에도 여전히 문제를 풀지 못했다면 잠시 휴식을 취한다.

감정 타기 전략

어떤 일을 몰입해서 하는 도중 내면에서 부정적인 감정이 느껴진다면, 불편한 감정을 회피하고자 간식을 집어 먹거나 딴짓을 하지 말고 잠시 멈춰서 감정에 이름을 붙여본다. 자신이 지금 어떤 기분인지 알아차렸다면 이를 글로 적어본다. 감정은 파도와 같아서 올라갔다가도 금방 가라앉아 사라질 것이라고 자신에게 계속 말해준다.

앞으로 10분 동안 내면에서 올라오는 부정적인 감정을 회피하지 않고 파도를 타듯 감정을 타겠다고 자신에게 선포한다. 감정이 가라앉지 않을 때는 인스타그램을 확인하거나 다른 딴짓을 하고 싶은 충동이 올라올 수 있다. 하지만 10분 후 이 감정이 사라지고 나면 다시 주 업무에 집중할 수 있게 될 것이다.

음악 한 곡을 반복해서 듣기

좋아하는 음악을 한 곡 고른다. 플레이리스트 한 개를 골라도 좋다. 집중력이 필요한 일을 하는 동안 당신이 고른 음악을 반복해서 듣다 보면 몰입 상태에 빠지게 된다. 이 과정을 여러 차례 반복하면 뇌가 당신이 고른 곡과 몰입 상태를 연관 짓기 시작한다. 나중에는 그 음악을 틀기만 해도 쉽게 몰입 상태에 빠질 수 있게 된다.

색다른 방식으로 창의성 높이기

창의적인 활동을 하기 위해 사람들을 모았다면 기존과는 다른 방식으로 진행해 보자. 어떻게 하면 기존과 다른 파격적인 방식으로 진행할 수 있을지 생각해 본다. 글렌 돌먼처럼 팀원들끼리 많은 정보를 공유하도록 할 수도 있고, 본문에서 소개한 실험처럼 티셔츠 뒷면에 지시 사항을 적어 전달할 수도 있다. 팀원들의 창의성과 결속력을 강화할 색다른 활동이나 이벤트를 추가로 진행하는 방안도 생각해 본다.

일을 미루는 이유를 다른 시각으로 바라보기

자신이 어떤 일을 미루고 있다면 스스로 게으른 사람이라고 자책하지 말자. 그 대신 평소와 다르게 일을 미루는 자신을 용서해 주자. 그런 다음 자신이 회피하고 있는 일에 대해 어떤 감정을 느끼고 있는지 곰곰이 생각해 본다. 어쩌면 그 일이 지루해서 자꾸 미루고 있는 걸지도 모른다. 이렇게 부정적인 감정을 알아차리고 이를 다루는 법을 터득하면 더는 일을 미루지 않을 수 있다.

그 일을 할 때 부정적인 감정을 경험하는 이유를 파악했다면 이제 그 일을 어떻게 긍정적인 경험으로 바꿀 수 있을지 생각해 본다. 미루는 일을 습관화하는 것도 부정적인 감정에서 벗어나는 좋은 방법이다.

TIME

5장

성찰

내면을 들여다보라

WISE

마지막으로 언제 치과에 다녀왔는지 생각해 보자. 부디 작년이었기를 바란다. 당시 치과에는 왜 방문했는가? 치아에 통증이 느껴졌거나 운동 중에 치아가 손상되었는가? 아니면 다른 사람의 보호자로 다녀왔는가?

치아를 포함한 우리 몸은 문제가 생기면 겉으로 드러난다. 시림, 뻐근함, 쓰라림, 가려움 같은 증상은 사용을 멈추고 회복에 힘써달라는 경고 신호다.

인생도 마찬가지다. 업무나 관계가 서서히 악화될 때는 경각심을 가질 만한 사건이 일어나지 않는다. 우리는 천천히 끓어오르는 물속의 개구리처럼 살아간다. 물이 뜨거워진 후에야 비로소 몇 년을 허비했음을 깨닫는다. 그리고 좀 더 일찍 조치를 취했다면 훨씬 더 큰 성취를 이루었을 것이라며 흘려보낸 시간을 아쉬워한다.

이 장에서는 성찰의 중요성에 대해 다룬다. 겉으로는 문제가 전혀 없는 것처럼 보여도 자신의 삶을 점검하는 시간을 주기적으로 보내야 하는 이유에 대해 알아볼 것이다. 자기 의심을 동기로 삼아 열등감과 두려움을 극복하는 방법도 배워본다.

자기 자신을 성찰하고 발전하는 과정에서 타인의 피드백은 매우 중요한 역할을 한다. 하지만 안타깝게도 대부분의 사람은 성장에 도움이 되는 피드백을 받는 일에 매우 서툴다. 그런 의미에서 실질적으로 유용한 피드백을 받을 수 있는 실용적인 방법들도 소개할 것이다.

마지막으로 자신을 채찍질하는 부정적인 말투를 독려하는 말투로 바꾸는 간단한 방법과 언젠가 죽는다는 사실을 주기적으로 기억해야 하는 이유에 대해 알아본다.

일 년에 한두 번은
인생을 점검하라

미국 펜실베이니아대학교 와튼스쿨 심리학과 교수 애덤 그랜트는 대학을 졸업한 지 한참 된 졸업생들에게 주기적으로 연락해 그들이 선택한 직업에 얼마나 만족하는지 묻는다. 그럼 졸업생 대부분은 자신의 실력이 형편없다는 사실을 깨달았다면서 몇 년 전에 그만뒀어야 했는데 그러지 못했다고 토로한다. 덫에 걸린 것처럼 이도 저도 못 하는 상태에 빠진 것이다. 자신이 선택한 일 때문에 힘들고 괴롭지만 이미 몇 년이나 지나버렸으니 지금 와서 그만둘 수도 없는 처지다.

그랜트는 이런 학생들에게 '일 년에 두 번 정도 날짜를 정해서 인생을 점검하는 시간을 보낼 것'을 제안한다. 몸이 딱히 아프지 않아도 일 년에 한 번씩 건강 검진을 받는 것처럼 자신의 커리어를 점검하는 시간을 보내야 한다는 것이다.

그랜트는 이에 대해 다음과 같이 설명했다. "자기 자신에게 '나는 여전히 이 일을 원하는지? 혹시 학습 정체기 또는 인생 정체기에 접어든 것은 아닌지? 해로운 기업문화 때문에 일이 싫어진 것은 아닌지?' 물어보는 겁니다. 그렇다고 해서 매일 물어보라는 말은 아닙니다. 너무 많이 고민하면 생각만 하다가 결국 원하는 바를 이루지 못하게 됩니다. 하지만 일 년에 한두 번 정도 인생을 점검하는 시간을 보내면 이 시간이 원하지 않는 일을 하는 당신을 구출해 줄 것입니다."

그랜트는 자신 또한 인생을 점검하는 시간을 정기적으로 보내고 있다고 말했다. "저는 제 인생을 정기 점검하는 날을 일 년에 두 번, 1월과 7월로 정했어요. 그리고 이 날짜를 캘린더에 입력해 놓고 알람까지 맞춰놓았죠. 7월에는 지난 학기 동안 학생들에게 가르친 내용과 교수법에 문제가 없었는지 확인하고, 1월에는 연구, 집필 활동, 팟캐스트에서 하고 싶은 일이 있는지 생각해 보는 시간을 보냅니다."

그는 TED 팟캐스트 채널 「워크라이프WorkLife」를 진행하면서 유명해졌다. 그런데 사실 이 프로그램은 인생 점검 시간을 보낸 덕분에 탄생했다. 당시 그랜트는 삶이 정체되어 있다는 느낌을 받고 있었다. 세 번째 책을 막 출간하고 수많은 인터뷰와 강연을 소화하다 보니 마치 자신이 인간 주크박스가 된 것 같았다고 말했다. "당시 방송이나 강연을 할 때 매번 같은 자료를 다뤘어요. 그러다 보니 저는 배우는 게 아무것도 없었죠."

그는 무언가를 새롭게 배우고 싶었지만 그렇다고 해서 특정 주제로 다음 책을 쓸 수 있을 만큼 깊이 있게 학습하고 싶지는 않았다. "저는 책 전체를 할애할 만큼 방대한 주제가 아니라, 비교적 규모가 작고 흥미로우면서도 중요한 것들에 관해 탐구하고 싶었어요."

때마침 그랜트는 독백이 아닌 출연진과 대화하는 형식의 팟캐스트 프로그램을 TED와 함께 시작하게 됐다. 그랜트에게 팟캐스트 진행은 호기심을 자극하는 작은 주제들을 탐구하고 정체된 삶에 활력을 불어넣는 훌륭한 수단이 되어주었다. 팟캐스트를 진행한 덕분에 그는 세상에서 가장 흥미로운 직장을 찾아다니며 놀라운 사람들과 대화할 수 있게 됐다. "저는 새로운 지식을 배워서 이를 알지 못하는 사람들에게 공유하고 싶어요. 이게 제가 일하는 이유이자 목표예요."

실 천 하 기

① 일 년에 두 번, 인생을 정기 점검하는 날을 정해서 일정에 등록한다.

② 인생 정기 점검일이 다가왔다면 다음의 질문을 자기 자신에게 던져본다.

　a) 내 일에 만족하는가? (만약 아니라면, 무엇이 부족하다고 생각하는가? 더 하고 싶은 일은 무엇인가?)

　b) 정체기에 접어들었는가? (만약 그렇다면, 앞으로 남은 6~12개월 동안 무엇을 배우고 싶은가?)

　c) 지금 하는 일에서 활력을 얻는가? (만약 아니라면, 어떤 일을 해야 활력이 생

길 것 같은가?)

d) 내가 성장할 수 있는 기업 문화가 마련되어 있는가? (만약 아니라면, 직원을 성장시키고 지원해 주는 기업 문화는 어떤 모습일 것 같은가?)

③ 위 질문에 대한 대답을 읽어보면서 현재 상황을 개선하기 위한 처방을 스스로 내린다.

④ 내 홈페이지(amantha.com/timewise)에서 한 페이지 분량의 '라이프 체크 업 Life check-up' 양식을 내려받아 다음번 인생 정기 점검 시간에 활용한다.

생각을 바꾸면
약점은 강점이 된다

이십여 년 전, 나는 호주 모내시대학교의 조직심리학 박사 과정에 합격했다는 전화를 받았다. 이 전화를 받고 제일 먼저 떠오른 건 틀림없이 행정 오류가 있을 것이라는 자기 의심이었다.

결과적으로 행정 오류는 없었다. 나는 박사 과정을 최연소의 나이로 졸업하고 마침내 조직심리학자가 됐다. 그런데도 나는 노력으로 이뤄낸 성과를 운이나 시기가 좋아 성취한 것으로 여기는 가면 증후군을 겪으며 스스로를 깎아내리고 불안해했다. 알고 보니 가면 증후군을 겪는 사람은 나뿐만이 아니었다. 연구에 따르면 전체 인구 중 무려 82퍼센트가 가면 증후군을 겪고 있다고 한다. 어쩌면 나머지 18퍼센트는 인정하는 것이 두려워서 거짓으로 대답했을 수도 있다.

미국 시트콤 「브로드 시티Broad City」의 공동 제작자이자 각본가

이며 또 주연 배우이기도 한 애비 제이컵슨이 내 팟캐스트의 초대 손님으로 왔을 때 속이 울렁거릴 정도로 매우 긴장했었다. 사실 나는 제이컵슨과 관련된 작품은 전부 다 챙겨 볼 정도로 오랜 팬이라 그녀와의 만남을 몹시 기다렸다. 그러던 어느 날 제이컵슨과의 인터뷰를 준비하던 중 우연히 그녀가 「브로드 시티」의 시즌 초반에 가면 증후군으로 힘든 시간을 보냈다는 기사를 읽게 됐다.

팟캐스트 방송에서 나는 제이컵슨에게 여전히 가면 증후군을 겪고 있는지 물어보았고 그녀는 '그렇다'라고 대답했다. 그녀는 행사에서 연설하거나 방송 패널로 참여했을 때 자괴감에 빠졌던 경험에 관해 이야기해 주었다.

"저는 연기하기 전이나 새로운 것을 시도하기 전에 잔뜩 긴장합니다. '내가 지금 여기서 뭘 하는 걸까? 왜 사람들이 내 말에 관심을 기울이는 걸까?' 같은 생각이 계속 들어요. 제 무능력한 모습이 들통날 것 같아 무서워요."

하지만 제이컵슨은 색다른 방식으로 이 두려움을 이겨냈다. 사람들 대부분이 불안과 자기 의심을 나쁘다고 생각하는 것과 달리 제이컵슨은 이를 긍정적으로 바라보았다.

"저는 제가 불안해할 필요가 없는 상황에서도 여전히 매우 불안해한다는 사실을 기쁘게 받아들입니다. 단 하루도 정체된 모습으로 살고 싶지 않거든요. 항상 자신을 성찰하고 제 커리어가 제대로 발전하고 있는지 점검하면서 살고 싶어요. 제가 얼마나 멀리 왔는지 되돌아보고 앞으로 가야 할 길이 여전히 많이 남았다는 사실을 알고 싶습니다. 저는 지금 하는 일에서 더 높은 성과를 이뤄낼 수 있다고 믿어요."

　미국 스탠퍼드대학교 심리학자 알리아 크럼Alia Crum은 연구를 통해 사람들이 자기 의심과 불안 같은 스트레스성 경험을 유익한 것으로 인식할 때 이것이 오히려 배움과 성장의 동기가 된다는 사실을 밝혀냈다. 스트레스를 긍정적으로 인식하는 사람은 불안이 도리어 높은 성과를 낳게 하고 생산성을 향상한다고 믿는다. 또한 이들은 실수를 저질러도 그 안에서 배울 점을 찾고 피드백을 반영해 더 나은 모습으로 성장할 가능성이 크다.

실 천 하 기

1　그동안 자기 능력을 의심하는 부정적 자기 대화를 한 적이 있는지 생각해본다.

2　다음에 자기 의심을 경험한다면 이 감정을 성장과 발전의 동기로 삼는다. 또한 언제든 성장할 수 있다는 사실을 스스로 상기한다.

3　자기 의심을 불러일으키는 경험을 하게 된다면 피하지 말고 부딪쳐본다. 도전해야만 지금보다 더 나아질 수 있음을 기억하자.

회의실에서 가장
똑똑한 사람이 되어 나가라

사이언 타이드Cyan Ta'eed는 지난 수년간 자신은 남들이 생각하는 것만큼 유능하지 않다고 믿었다. 심지어 호주 멜버른에 본사를 둔 IT 기업 엔바토Envato를 공동 창업하여 10억 달러 이상의 가치를 지닌 기업으로 성장시켰는데도 여전히 자신이 무능하게 느껴졌다. 엔바토 운영을 마치 소박한 규모의 부업처럼 생각했다.

"저는 사람들의 기대만큼 제가 똑똑하지도 유능하지도 않다고 생각했어요. 그래서 그 차이를 메워야 한다는 생각에 오랫동안 힘든 시간을 보냈죠." 타이드가 말했다. 그녀는 스물일곱 살의 나이에 50명의 엔바토 직원을 이끄는 자리에 올랐다. 하지만 경험이 턱없이 부족했기 때문에 여전히 배울 게 많다고 느꼈다.

"이후 저희는 업계에서 오랜 경험을 쌓은 분을 엔바토에 영입했어요. 그때 저는 '회사 일에서 잠시 떨어져 있어야겠다. 이 자리는

5장 성찰

내가 있어야 할 곳이 아니야'라고 생각했고, 그렇게 제 자리를 영입 인사들에게 넘겼어요. 그들은 내게 '걱정하지 마세요. 저희가 어떻게 해야 하는지 아니까 알아서 잘 해볼게요'라고 말하더군요."

하지만 시간이 흐를수록 타이드는 영입 인사들이 자신이 했던 것과 다른 방식으로 일한다는 사실을 깨달았다. 타이드는 가치 있고 유용하며 더 나아 보이는 선택을 했지만 영입 인사들은 그렇지 않았다. "저는 회사에 무슨 일이 일어나고 있는지 알아야 했어요. 이 문제를 제가 해결해야 한다고 느꼈죠."

물론 타이드는 전형적인 가면 증후군 증상을 겪고 있었다. 이 심리적 문제를 극복하기 위해서 그녀는 가만히 있어도 자신감이 넘치는 사람들을 자신의 롤 모델로 삼았다. 멀리서 찾을 필요도 없었다. "저는 가장 친한 친구인 나탈리 탐과 제 남편을 롤 모델로 삼았어요. 두 사람 모두 타고나기를 자신감이 넘치고 잘 긴장하지 않아요."

두 사람에게는 한 가지 공통점이 있었다. 이들은 누군가에게 질문할 때 자신이 멍청해 보일까 봐 걱정하지 않았다. 반면 타이드는 사람들이 자신을 바보처럼 생각할까 봐 늘 걱정했다.

"저는 회의실에서 가장 똑똑한 사람처럼 보이고 싶다는 마음을 버리고, 회의실에서 가장 똑똑한 사람이 되어 나가겠다는 생각으로 사고를 전환했어요. 그러려면 끊임없이 질문해야 했고, 바보처럼 보이든 말든 남들의 시선을 신경 쓰지 말아야 했죠."

타이드는 지난 인생을 돌아보면서 그동안 가면 증후군으로 인한 두려움 때문에 여러 기회를 놓쳤다는 사실을 깨달았다. "저는 오랫동안 실패하지 않는 선택만 했어요. 하지만 이제는 기회가 왔다면 실패할까 봐 두렵더라도 도전해야 한다는 사실을 알게 되었죠."

시간이 흐르면서 타이드는 실패하는 일이 더는 두렵지 않아졌다. 또한 실패하더라도 잘 대처할 수 있게 됐다. 새로운 도전을 할수록 불안감은 줄어들었고 오히려 새로운 도전을 시작한다는 사실에만 집중하게 됐다.

"누구도 해낸 적 없는 정말 어려운 일에 도전한다면 분명 여러 차례 실패하게 될 것입니다. 저도 지금까지 창업한 회사만 열 개가 넘지만 대부분 이름조차 들어본 적 없는 회사일 겁니다. 거의 다 실패했거든요." 이제 타이드는 실패를 두려워하지 않는다. 대신 앞에 놓인 잠재적 장애물을 피하지 않고 정면으로 마주한다.

실 천 하 기

①　자신이 어떤 상황에서 자기 검열을 하는지 생각해 보자. 예를 들어 질문하고 싶은데 바보처럼 보일까 봐 걱정되어 가만히 있는 것도 자기 검열이다. 분명 당신과 똑같은 점을 궁금해하는 사람이 같은 공간 안에 있을 것이다. 그러니 당신이 '바보 같은' 질문을 하는 것은 다른 사람들에게 호의를 베푸는 일임을 기억하자.

②　두렵더라도 되도록 어려운 일에 도전하자. 타이드가 했던 방법을 기억하는가? 그녀는 회의실에서 가장 똑똑한 사람처럼 보이고 싶다는 마음을 버리고, 대신 회의실에서 가장 똑똑한 사람이 되어서 나가겠다는 생각으로 사고를 전환했다. 이렇게 마음가짐을 바꿔보는 것도 좋다.

③ 몸과 마음을 다 바쳐 도전해야 할 기회가 왔다면 혹시 실패가 두려워 도전을 망설이고 있지는 않은지 생각해 본다. 만약 그렇다면 당신이 성장할 수 있는 좋은 기회라고 생각하고 용감하게 도전해 보자.

나다운 것이
가장 좋은 것이다

나는 팟캐스트에서 인터뷰를 진행할 때마다 내 이야기를 얼마나 많이 해야 하는지 항상 고민한다. 출연자의 이야기로만 채워야 하는지, 아니면 출연자 이야기와 관련된 내 일화를 조금 소개해도 될지 늘 갈팡질팡한다.

머릿속에서는 '사람들은 내가 아닌 출연자의 이야기가 궁금해 팟캐스트를 듣는 것이니 조용히 있자'고 말한다. 그래서 될 수 있으면 출연자의 이야기에만 초점을 맞춰 인터뷰를 진행하는 편이다. 하지만 가끔 정반대의 조언을 들을 때면 인터뷰 방식을 바꿔야 하는지 다시 고민에 빠진다.

내게 이런 조언을 건넨 사람은 미국 일간지 《뉴욕타임스》의 베테랑 기자 카라 스위셔Kara Swisher였다. 그녀는 내가 즐겨 듣는 팟캐스트 「피벗Pivot」의 진행자이기도 하다. 스위셔는 자신의 커리어 인생에서 가장 큰 도움을 받은 조언 하나를 내게 들려주었다. 당시 그녀는 세계 최대 규모의 온라인 서비스 제공업체 AOL이 1990년대에 성장한 과정을 다룬 자신의 첫 저서를 집필하던 중이었다.

"처음 그 조언을 들었을 때 저는 할 말을 잃었어요." 스위셔가 내게 말했다. "당시 저는 젊었고 일도 잘했지만 아직 기자로서 경력은 많지 않았어요. 책을 어떻게 써야 할지 몰라 정신이 반쯤 나가 있었던 것 같아요. 정말 많은 사람을 인터뷰했는데 이들에게 받은 방대한 정보를 어떻게 정리해야 하는지도 몰라서 꽤 애를 먹었고요."

스위셔는 범죄 실화에 기반을 둔 소설을 쓴 한 친구에게 전화를 걸었다. 사실 이 친구는 그녀가 책을 쓰고 있다는 사실을 아는 유일한 사람이자 동료 기자였다. 당시 친구도 재판을 취재해 이를 바탕으로 새로운 소설을 쓸 계획이었다. 그녀는 친구에게 도무지 어떻게 해야 할지 모르겠다며 미쳐버릴 것 같다고 토로했다.

그러자 친구는 그녀를 진정시킨 다음 이렇게 말했다. "다른 사람이 말하는 AOL의 성공담을 전부 쓰려는 건 아니잖아. 네 관점에서 바라본 AOL의 성공담을 쓰면 되는 거야. 너는 AOL에 대해 어떻게 생각하는데? 독자들에게 어떤 이야기를 전달하고 싶은 거야?"

스위셔는 친구의 조언을 들은 후 갑자기 모든 것이 쉬워졌다고 말했다. "친구의 말을 듣고 나니 이런 생각이 들었어요. '맞아. 다른 사람의 이야기를 쓰려는 게 아니야. 내 이야기를 쓰려는 거지. 그렇다면 쉽게 쓸 수 있겠는걸.' 그녀는 지금까지도 어떤 일을 하다가 막힐 때면 '지금 이 일을 하는 사람은 다른 누구도 아닌 바로 나'라고 스스로 되된다.

이제 나는 정해진 규정이 없고 얼마나 많은 시간과 노력을 투입해야 하는지 알 수 없는 창의적인 작업을 할 때 어려움이 닥치면 스위셔의 조언을 떠올린다. 특히 팟캐스트에서 출연자를 인터뷰할 때 내 이야기를 얼마나 해야 할지 고민이 되면 이렇게 생각한다. '이 인터뷰를 진행하는 사람은 다른 누구도 아닌 바로 나다.'

실 천 하 기

①   외부의 표준 지침이나 규범에 맞춰 작업 중인 일을 떠올려본다. 발표 과제일 수도 있고, 기사나 블로그 글 작성과 같은 창의적인 업무일 수도 있다. 아니면 중요한 회의의 진행 방식을 고민하고 있을지도 모른다.

②   정해진 '규칙'에 따라 '올바른' 방식으로 일하려 하기보다는 내 방식대로 일할 때 마법이 일어날 수 있다는 사실을 기억하자.

두려움은
최고의 상황 앞에 찾아온다

두려운 일에 도전했던 때를 떠올려보자. 많은 사람 앞에서 중요한 발표를 했거나 상사에게 용기 내어 연봉 인상을 요청했던 기억이 생각날 수 있다. 어쩌면 비행기에서 뛰어내린 경험이거나 (부디 낙하산을 착용했기를 바란다.) 258쪽에서 소개한 거미 실험에 참여했던 기억일 수도 있다.

혹시 이런 도전을 앞두고 불안해하고 있을 때 친한 친구에게서 '일어날 수 있는 최악의 상황을 상상해 보라'라는 조언을 받아본 적 있는가?

미셸 폴러Michelle Poler는 이런 조언을 수백 번도 넘게 들었다. 그녀는 2015년 브랜딩 석사 과정을 밟던 중 100일 동안 두려움을 100번 극복하는 프로젝트를 시작했다. 이 프로젝트는 세계적인 움직임이 되어 수백만 명의 사람들에게 영향을 미쳤다. 미국 방송사 NBC의 대표 아침 프로그램 NBC「투데이」를 비롯해 Fox 뉴스, CBS, CNN 등 여러 유명 방송사들도 그녀의 두려움 극복 프로젝트를 앞다퉈 다뤘다.

폴러는 두려움 극복 프로젝트의 하나로 스탠드업 코미디 공연하기, 절벽에서 다이빙하기, 상어와 수영하기 등을 한창 수행하고 있을 때 그녀를 돕고자 하는 사람들에게 이런 말을 자주 들었다고 했다. "당신에게 일어날 수 있는 최악의 상황을 상상해 보세요."

최악의 상황과 비교했을 때 현재 상황은 그보다 괜찮으니 두려워할 필요가 없다는 뜻으로 건넨 조언이었을 것이다. 하지만 폴러는 이 말을 들었을 때 죽음 외에 일어날 수 있는 최악의 상황을 많이 떠올렸다. "죽지는 않겠지만 망신은 당하겠죠. 실패할 수도 있어요. 거절당할 수도 있고요. 자존감에 상처를 입을지도 몰라요. 위험을 감수할 때는 항상 잘못될 가능성이 커요."

하지만 이 조언에는 큰 문제가 있다. 최악의 상황을 상상하다 보면 실제로 그 일을 현실에서 겪게 될 수 있다는 것이다. 그래서 폴러는 이 문장을 살짝 바꿔보았다. "만약 진짜로 두려움을 마주하고 싶다면 최악의 상황이 아닌 '최고의 상황'을 상상해야 합니다. 내게 일어날 수 있는 가장 좋은 상황들로 머릿속을 채우는 겁니다. 그러다 보면 처음 그 일을 하기로 결정했을 때 좋은 도전이라고 판단했던 근거가 생각나게 됩니다."

최악의 상황을 계속 상상하면 우리 뇌는 부정적인 생각과 이미지로 가득 차게 되고, 결국 불안함과 걱정만 커지게 된다. 그러나 최고의 상황을 상상하면 우리가 두려워하는 상황에서 일어날 수 있는 긍정적인 결과에 집중하게 된다. 급여 인상을 요청했을 때 원하는 결과를 얻을 수도 있고, 중요한 발표를 마쳤을 때 청중에게 좋은 반응을 받을 수도 있다. 비행기에서 뛰어내린다면 아드레날린이 솟구치는 기분과 엄청난 자부심을 함께 느낄 수 있다.

심리학 학술지 《긍정 심리학 저널Journal of Positive Psychology》에는 실험 참여자들에게 '당신에게 일어날 수 있는 최고의 상황을 상상해 보라'라고 주문한 다음 이들의 변화를 살펴본 연구 논문이 게재됐다. 미국 듀크대학교 소속 캐서린 어데어 보울루스Kathryn Adair Boulus가 이끈 이 연구에 따르면, 사람들이 앞으로 일어나기를 바라는 긍정적인 상황을 한 달에 여섯 번 상상했을 때 그러지 않은 사람들보다 회복력이 향상했고 우울감은 줄어들었다. 긍정적인 상상을 한 사람들은 실망감을 경험했을 때에도 부정적인 감정이 더 빨리 가라앉았다. 이러한 연구 결과를 볼 때 불확실한 상황에서 자신감을 가질수록 현재 상황에서 행복감을 크게 느끼고 미래에 필연적으로 겪게 될 좌절에도 더 잘 대처할 수 있게 된다.

실천하기

① 행사나 활동을 앞두고 불안이나 두려움을 느끼고 있다면 '내게 일어날 수 있는 최고의 상황'을 상상해 본다.

② 몇 분만 시간을 내서 내가 상상하는 최고의 상황을 구체적으로 적어본다. 그러면 두려움에 맞설 용기가 내면에서 올라옴을 느낄 수 있을 것이다.

피드백을 구하기
좋은 시기

당신은 이틀 후 리더십 팀을 대상으로 열리는 중요한 발표를 앞두고 조금 전 발표 준비를 막 끝냈다. 자료를 만들고 고치기를 반복한 지 몇 시간 만에 드디어 꽤 만족스러운 자료가 완성됐다. 뿌듯한 마음으로 팀원에게 발표 자료 검토를 부탁하면서 어떤 의견이든 괜찮으니 가감 없이 전해달라고 말한다. 그런데 잠시 뒤 예상치 못한 메일이 날아온다. 발표 자료에 빨간 줄이 잔뜩 그어져 있다. (당신은 칭찬을 받고자 발표 자료를 보낸 것인데 팀원이 의도를 제대로 이해하지 못한 게 분명하다.) 한껏 차올랐던 자신감과 자부심은 순식간에 비참함으로 바뀌어버렸다.

잘못된 시기에 받는 피드백은 의욕을 완전히 꺾어버릴 수 있다. 베스트셀러 『스틱Made to Stick』, 『순간의 힘The Power of Moments』, 『스위치Switch』의 저자 댄 히스Dan Heath는 부적절한 시기에 받은 피드백이 사기를 얼마나 떨어트리는지 직접 경험했다.

"많은 작가가 글을 90퍼센트 정도 완성한 후에 피드백을 요청하는 실수를 저지릅니다. 하지만 그때 받은 부정적인 피드백은 받아들이기 어려워요. 피드백을 밀어내고 싶은 본능이 일어나 '그냥 트집 잡는 거야', '나는 다시 고칠 여력이 없어' 같은 생각이 들죠."

히스는 대략 50~60퍼센트 정도 완성했을 때가 피드백을 구하기에 가장 좋은 시기라고 말한다. 피드백을 빨리 받게 되면 다시 생각해 볼 심리적 여유가 생기기 때문이다.

과학자들은 왜 이런 현상이 일어나는지 알아보기 위해 실험을 했다. 이들이 밝혀낸 바에 따르면, 연설 대본이나 초안을 완성한 후 피드백을 요청하는 이유는 긍정적인 반응을 얻기 위해서였다. (인간은 다 그렇지 않은가.) 반대로 작업을 완료하기 훨씬 전에 피드백을 요청하는 주된 동기는 작업을 개선하기 위해서였다. 즉, 자신의 작업물이 얼마나 훌륭한지 보여주고 싶어서가 아닌 개선하고 싶은 마음으로 피드백을 구할 때, 비판에 더 개방적인 태도를 보이게 되고 따라서 피드백을 받아들일 가능성이 더 크다는 것이다.

실천하기

① 피드백을 너무 늦게 구하지 않도록 주의한다. 50~60퍼센트 정도 완성했을 때가 피드백을 구하기에 가장 좋은 시기다. 이렇게 하면 의욕을 잃지 않고 더 효율적으로 작업을 개선할 수 있다.

건설적인 피드백을
끌어내는 법

　나는 이 책을 집필하는 동안 매일매일 책 제목을 어떻게 지을지 고민했다. 그래서 혼자 생각한 책 제목들을 짧은 목록으로 만들어 편집자에게 보내 피드백을 구하기도 했다. 그러나 솔직히 고백하자면 편집자의 반응은 내 예상과 전혀 달랐다. 나는 적어도 '한 번도 들어본 적 없는 정말 기발한 제목이네요! 책 제목을 어쩜 이렇게 잘 지으세요?' 같은 반응이 올 거라고 기대했기 때문이다.

　베스트셀러 『울트라러닝, 세계 0.1%가 지식을 얻는 비밀』의 저자 스콧 영은 사람들이 피드백을 구하면서도 사실 솔직한 피드백은 원하지 않는다고 생각한다. 피드백이 자신에게 도움 된다는 사실을 본능적으로 알지만, 그런데도 정직한 피드백보다 자신을 안심시켜줄 피드백을 원한다. 그러나 시간 활용 측면에서 보아도 유용한 피드백을 얻는 일은 최고의 결과물을 만드는 데 굉장히 중요하다.

영은 『울트라러닝, 세계 0.1%가 지식을 얻는 비밀』 원고를 쓰던 중 아브라함 클루거Avraham Kluger와 대화를 나누게 됐다. 당시 클루거는 영에게 자신이 안젤로 드니시Angelo DeNisi와 함께 피드백이 성과에 미치는 영향을 다룬 수많은 논문을 메타 분석한 결과를 들려주었다. 클루거와 드니시가 발견한 바에 따르면 사람들은 피드백을 구하면서도 실제로는 피드백을 그다지 원하지 않았으며, 피드백을 받은 사람의 3분의 1은 오히려 성과가 저하됐다.

"피드백을 받고 싶다는 말은 사실 '잘했다는 칭찬을 듣고 싶어요'라는 말과 같아요. 사람들은 더 나아지기 위해 피드백을 구하는 것이 아니에요."

영이 이어서 설명했다. "클루거가 발견한 바에 따르면 사람들은 피드백을 받고 싶지 않을 때 피드백을 받으면 오히려 역효과가 발생합니다. 더 나은 성과로 이어지지도 않고요. 아무리 상대가 더 나아지기를 바라는 마음으로 피드백을 주었더라도 상대가 원하지 않는다면, 오히려 피드백을 안 주느니만 못한 결과를 낳을 수 있습니다."

영은 가끔 신진 작가들에게서 피드백 요청을 받을 때가 있다. 이럴 때를 대비해 그는 그동안 살펴본 연구 결과를 바탕으로 이들에게 어떻게 대답할지 정했다. "사람들이 제게 피드백을 구할 때 먼저 '어떤 유형의 피드백을 원하는지' 물어봅니다. 그러면 사람들은 전반적인 피드백을 원한다는 뻔한 말 대신 자신이 묻고 싶었던 점을 구체적으로 질문하게 되죠."

영은 이 방식이 사람들에게 자신이 무엇을 원하는지 생각해 보게끔 하고, 자신 또한 상대에게 더 유용한 피드백을 주기 위해 오래 고민하도록 만든다는 사실을 발견했다. 또한 건설적인 지적을 받고 싶어 하는 사람에게는 비판하는 마음이 아닌 도움을 주려는 마음으로 피드백을 주게 된다는 사실도 알게 됐다.

베스트셀러 『스틱』의 저자 댄 히스도 구체적인 피드백을 끌어내는 질문을 자주 던진다. 그는 '그 책에 대해 어떻게 생각하세요?' 같은 일반적인 질문은 절대 하지 않는다. 사람들이 자신의 감정을 숨기려 하다 보니 100퍼센트 솔직하게 대답하지 않는다고 믿기 때문이다. 또한 그는 책 집필을 50퍼센트 정도 마친 상황에서 핵심 내용에 대한 피드백을 구하는 요청에도 응하지 않는다. 히스는 이에 대해 "고작 5시간 동안 책에 대해 생각한 사람의 말을 2년씩이나 책 작업에 몰두한 본인의 생각보다 더 신뢰하는 이유를 모르겠어요"라고 말했다.

반면 그는 책의 특정 부분에 대해 사람들이 느끼는 직감은 신뢰할 수 있다고 믿는다. 그래서 히스는 '이 특정 부분에 대해서는 어떤 생각이 들었나요?', '이 부분이 조금 흥미로웠나요?', '둘 중 어떤 것이 더 좋았나요?' 같은 질문을 던져 사람들의 반응을 살핀다.

그는 마지막으로 이런 말을 남겼다. "저는 피드백을 활용할 수 있을 때 피드백을 받고 싶어요. 그리고 정말 신뢰할 수 있을 만큼 자세한 피드백을 원해요."

1. 누군가에게 피드백을 요청할 때 자신이 어떤 유형의 피드백을 원하는지 구체적으로 생각해 본다. 예를 들어 자신이 쓴 글에 대한 피드백을 받고 싶다면, 오탈자가 있는지 확인하는 정도의 검토를 원하는지 아니면 내용 수정까지 원하는지 정하는 것이다. 발표에 대한 피드백을 구한다면 발표 내용이나 디자인에 대한 의견을 원하는 것인지 아니면 자신의 발표가 재미있는지 판단해 주기를 원하는 것인지 생각해 본다.

2. 반대로 당신이 누군가에게서 피드백 요청을 받았다면, 그 사람에게 구체적으로 어떤 피드백을 원하는지 물어본다. 그러면 상대방은 진정으로 어떤 의견을 듣고 싶은지 진지하게 생각하게 되고, 당신도 상대방이 원하고 실제로 적용할 수 있는 의견을 줄 수 있게 된다.

부정적인 피드백을
환영하라

우리는 피드백이 자기 발전에 도움이 된다는 사실을 잘 안다. 부정적인 내용이라도 좋은 의도로 건넨 피드백은 우리가 최고의 모습으로 성장하도록 돕는다. 하지만 많은 사람이 부정적인 피드백을 받는 것을 두려워한다는 것이 문제다. 그래서 우리는 상대방의 감정이 상하지 않을 만한 피드백을 건넨다. 아니면 상대가 건설적인 피드백을 원하지 않을 것이라고 혼자 판단한 다음 '긍정적인 내용이지만 별로 도움 되지 않는 의견'을 전한다. 하지만 이런 피드백은 받더라도 기억 속에 오래 남아 있지 않고 금방 사라진다.

혹시 피드백을 효과적으로 주는 법을 가르치는 수업에 참석해 본 적 있는가? 나는 여러 번 참석했다. 하지만 그 어떤 수업도 유용하지 않았다. 나는 내 감정보다 타인의 기분을 먼저 살피는 성향이라서 교육을 받은 후에도 상대방이 듣기 불편할 수 있는 피드백을 전달하는 일이 쉽지 않았다. 그렇다면 나 같은 사람은 피드백을 효과적으로 전달할 수 없는 걸까?

세계 최고의 클로즈업 마술사인 사이먼 코로넬Simon Coronel은 자신의 퍼포먼스에 대한 피드백을 굉장히 중요하게 여긴다. 사실 코로넬은 타고난 마술사는 아니다. 원래 그는 대학에서 심리학을 전공하고 졸업 후 미국의 글로벌 컨설팅 기업 액센츄어Accenture에서 IT 컨설턴트로 일했다. 그래서 코로넬은 마술 퍼포먼스를 수정할 때 사람들의 심리를 많이 고려한다.

훌륭한 마술 트릭의 핵심은 방금 본 마술이 어떻게 이루어졌는지 관객이 알아낼 수 없도록 하는 것이다. 코로넬은 새로운 마술을 처음 선보일 때 관객들에게 무대 뒤의 기술자를 찾아낼 수 있는지 물어보았다. 그때마다 관객들은 실제로 기술자 몇 명을 보았어도 예의에 어긋나는 행동을 하지 않으려고 전혀 보지 못했다고 대답했다.

사람들의 솔직한 반응을 얻기 위해 코로넬은 "이 트릭의 비밀을 맞힐 경우 100만 달러를 받을 수 있다면 뭐라고 말하겠는가?"라고 질문을 바꿔 물었다. 그러자 관객들은 머릿속에 떠오르는 대로 솔직하게 말하기 시작했다. (관객들은 코로넬이 과연 자신에게 100만 달러를 실제로 줄 것인지 의심했지만 그래도 생각나는 대로 말했다.) 그런데 알고 보니 이 질문은 관객보다 마술사에게 더 유용하게 작용했다. 관객이 무언가를 생각해 낼 수 있다는 것은 곧 그 마술이 덜 놀랍다는 뜻이므로 코로넬은 그 문제를 개선하면 되는 것이었다.

코로넬은 자신에게 도움이 되는 비판적인 피드백을 다양하게 얻기 위해 한 걸음 더 나아갔다. "저는 실제로 1달러짜리 동전을 여러 개 꺼내서 극장 로비에 있는 테이블 위에 올려놓았어요. 그리고 공연을 마친 뒤 관객들에게 '공연에 대한 비평 한마디에 1달러씩 드리겠습니다. 제 공연에 아쉬운 점이 있다면 생각나는 대로 말해주세요'라고 외쳤죠. 저는 부정적인 피드백에 흔쾌히 돈을 지급할 의향이 있었습니다. 그만큼 관객들에게 건설적인 비판을 듣고 싶었거든요."

그는 사람들에게 자신의 공연에 이상한 점이나 집중에 방해되는 요인은 없었는지 물어보았다. 공연에 불쾌한 부분이나 이해가 안 되는 부분은 없었는지도 함께 질문했다.

"제 신발이 반짝거리지 않아서 마술에 집중하지 못했다는 피드백을 받은 적이 있어요. 저는 이런 피드백도 퍼포먼스에 관한 피드백만큼 중요하게 여겨요. 공연에서 일어나는 모든 일이 공연의 일부라고 생각하기 때문이죠. 사실 어떤 산업이든, 어떤 제품이든 다 마찬가지입니다. 고객이 주는 피드백은 전부 고객 경험에서 나온 것이니 중요하게 생각해야 해요."

실 천 하 기

① 건설적인 비판을 받고 싶다면 사람들에게 돈을 지급하거나 선물을 제공하는 방법을 생각해 보자. 건설적인 피드백을 세 가지 정도 주면 커피 한 잔을 사주겠다는 식으로 제안할 수 있다.

② 특정 작업에 관한 피드백을 받고 싶다면 상대가 그 활동을 끝낸 즉시 피드

백을 구하는 것이 좋다. 예를 들어 당신이 발표한 내용에 대한 비평을 듣고 싶을 경우, 발표를 끝낸 즉시 청중에게 피드백을 요청하는 것이다. 물론 비판적인 피드백을 추가로 얻기 위해 더 많은 사람을 초대해서 솔직한 의견을 구할 수도 있다.

더 나아가고자 하는 힘

당신이 호주에 살고 있다면 앵커 샌드라 설리가 전달하는 뉴스를 본 적이 있을 것이다. 설리는 30년 경력의 베테랑 뉴스 진행자다. 그녀는 보통 사람의 업무에도 생방송 같은 측면이 있다는 사실을 많은 이가 모르고 있다고 내게 말했다. "제가 오래전에 들은 말이 있는데요. 1시간 동안 방송에서 말하는 것과 3시간 동안 사무실에서 일하는 것이 에너지 사용 측면에서 같다는 거예요."

설리는 방송하는 동안 기분이 최고점과 최저점을 수없이 오고 간다고 말했다. 그녀는 종일 새로 업데이트된 기사를 전달받는다. 심지어 생방송을 진행하는 중간에 원고를 직접 작성하기도 한다. 중요한 사건을 보도할 때는 엄청난 양의 아드레날린이 분비되면서 짜릿한 기분도 느낀다.

어쩌면 당신은 설리가 이미 30년 넘게 앵커로 활동했으니 더는 발전할 여지가 없으리라고 생각할 수도 있다. 하지만 오히려 그 반대다. 설리는 자신의 방송을 매일 밤 모니터링한다. 말 그대로 자신이 뉴스를 보도하는 모습을 보면서 더 나아질 부분은 없는지 확인하는 것이다.

"저는 계속 배우고 성장할 수 있다는 사실에 감사함을 느낍니다. '이만하면 됐다'라는 생각은 한 번도 해본 적이 없어요. 저는 제가 더 나아질 수 있다고 늘 믿거든요. 사실 공개적인 자리에서 말을 하면 자신도 모르는 사이에 불필요한 행동을 하기 쉬워요. 모니터를 확인하거나 고개를 돌리거나 이상한 억양으로 말하기도 하고요. 말을 갑자기 멈출 때도 있어요."

설리는 뉴스 원고의 도입부를 읽는 상황을 예로 들었다. "원고의 첫 두 문단에는 보도하려는 뉴스의 핵심 단어가 많이 들어갑니다. 또한 도입부에서는 이 뉴스를 보도하는 이유를 전달하기도 하고요. 따라서 알맞은 속도와 강세로 읽는 것이 중요해요."

설리는 또한 뉴스 원고를 읽을 때 모든 사람이 자신의 말을 집중해서 듣는 것은 아니라는 사실을 염두에 둔다. 우리도 거실에 TV 뉴스를 켜놓고 주방에서 저녁 식사를 준비하는 경우가 종종 있지 않은가. 그래서 설리는 TV 뉴스를 귀로만 듣는 사람들을 위해 원고를 읽을 때 핵심어를 강조해서 읽는다.

"결국 제 일에서는 사람들이 더 정확하게 알아들을 수 있도록 전달하는 게 중요해요. 그래서 저는 지금도 제가 목표하는 기준에 부합하기 위해 꾸준히 노력하고 있어요."

나 또한 발표하는 내 모습을 녹화해 살펴본 덕분에 잘못된 부분을 많이 고칠 수 있었다. 20여 년 전 우연히 발표 능력 향상 수업을 듣게 됐다. 당시 교육생들은 10분 분량의 발표를 하고 그 모습을 녹화해서 다시 돌려 보았다. 매우 고통스러운 과정이었다. 손톱으로 칠판을 긁는 소리를 들을 때보다 1만 배는 심한 불편을 느꼈다. 하지만 그 시간 덕분에 많은 부분이 달라졌다. 나는 발표할 때 매우 산만했고 나도 모르게 내보인 좋지 않은 언어 습관도 많았다. 하지만 이런 문제점을 의식하고 하나씩 개선해 나가자 발표 전달력이 훨씬 좋아졌다.

나는 팟캐스트를 할 때도 내 채널의 프로듀서 켈리 리오단Kellie Riordan과 함께 에어 체크Air-Checks를 한다. 에어 체크란 원래 라디오 방송에서 모니터링이나 법적 대응을 위해 데모 녹음을 보관하는 작업을 일컫는 말이다. 나는 이 과정을 팟캐스트 방송 모니터링에 활용하고 있다. 먼저 리오단과 함께 10~15분 정도 분량의 인터뷰를 하나 고른다. 그런 다음 리오단이 분석하기 좋은 형태로 녹음 파일을 자른다. 나는 잘린 음성 파일을 들으면서 나의 방송 진행 기술이나 전달력을 분석하고 문제점을 개선하는 방안을 생각한다. 에어 체크 과정 덕분에 인터뷰 진행자이자 팟캐스트 진행자로서의 실력을 크게 키울 수 있었다. (적어도 나는 그렇게 생각한다.)

실천하기

① 　당신이 뉴스 진행자가 아니라도 괜찮다. 당신 직업에 필요한 핵심 역량에

관해 생각해 보자. 예를 들면 글이나 말로 내용을 잘 전달하는 소통 능력이 중요할 수 있다.

2 업무 역량을 강화하기 위해서는 '자기 성찰의 시간'이 필요하다. 이 시간을 어떻게 보낼지 고민해 보자. 글로 소통하는 업무가 많다면, 주기적으로 자신이 쓴 글을 객관적으로 검토한다. 말로 소통하는 업무가 많다면, 회의나 발표 시간에 자신의 모습을 녹화하고 끔찍하겠지만 그 녹화 영상을 다시 보면서 스스로 비평해 본다. 효과적인 의사소통을 방해하는 언어 습관이나 방해 요인이 있는지 찾아본다.

하기 싫은 일을
하게 만드는 주문

당신도 나처럼 아침에 운동하는 사람이라면 침대에서 나와 마지못해 운동복을 입고 억지로 문을 열고 나가 달리기를 했던 날이 많을 것이다. 나는 매주 다섯 번 아침 운동을 한다. 이제는 이게 습관이 되었다. 하지만 정말 하고 싶지 않은 날도 분명히 있다. 그럴 때면 내 안의 게으름쟁이가 이렇게 말을 건다. '침대에 조금만 더 누워 있자. 침대 안은 따뜻하고 아주 좋은걸! 제발 이 겨울날 아침에 얼어붙을 정도로 추운 헬스장에서 운동 기구를 들게 하지 말아줘. 제발 부탁이야, 싫어!'

하지만 내면에서 또 다른 목소리도 들린다. '운동해야지! 어서 헬스장으로 가! 지금 당장 일어나란 말이야!' 결국 나는 마지못해 침대에서 일어나 헬스장으로 향한다.

그런데 꼭 이렇게 윽박지르듯 다그쳐야 하는 걸까? 나태한 노

5장 성찰

예를 길들이는 못된 주인처럼 말하지 않고, 알아서 운동하고 싶게 끔 말하는 방법은 없을까? 당연히 있다.

2011년 100킬로미터 울트라마라톤 대회에 참가한 투리아 피트는 경기 중 발생한 산불로 신체의 65퍼센트가 불에 타는 심각한 전신 화상을 입었다. 하지만 그녀는 엄청난 고통을 딛고 살아남아 이후 더 많은 성과를 이뤄냈다. 철인 3종 경기를 두 번이나 완주했고 그녀의 회고록은 베스트셀러에 올랐으며 전 세계 사람들에게 희망을 전하는 아이콘이 되었다. 2017년에는 첫아들 하카바이Hakavai도 낳았다.

엄마가 된 이후 피트는 자신이 내면에 말을 걸 때 마치 무언가를 '해야 하는' 것처럼 느끼게끔 말한다는 사실을 발견했다.

"제가 하는 말을 관찰해 보니 '아들 방을 청소해야 해', '아들이 먹을 음식을 준비해야 해', '아들이 입을 옷을 세탁해야 해'처럼 무언가를 해야 한다는 식으로 말하더군요. 그런데 어떤 일을 해야 한다고 말하면 그 일이 싫어지거나 하고 싶지 않은 의무처럼 느껴지기 쉬워요."

피트는 그동안 내면의 목소리가 자신에게 어떤 영향을 미쳐왔는지 되돌아본 후 아주 간단한 한 가지를 바꾸었다. '해야 한다Have to' 대신 '할 수 있다Get to'로 바꿔서 말하기 시작한 것이다.

"이제는 '나는 아들을 데려올 수 있어', '나는 아들과 같이 놀아 줄 수 있어', '나는 아들 옆에 머물면서 아들이 성장하는 모습을 지켜볼 수 있어'처럼 무언가를 할 수 있다는 식으로 말해요. 이렇게 언어만 살짝 바꿨을 뿐인데 갑자기 주변 모든 것이 기회로 보이더군요. 제가 해야만 하는 일이 아니라 선택할 수 있는 일이라고 생각하니 모든 것이 정말 감사하게 느껴졌어요."

피트는 이 전략을 자신의 업무에도 적용했다. 그녀는 기조연설자로 무대에서 강연할 기회가 많았다. 하지만 무대에 오르기 전에 너무도 긴장한 나머지 머릿속이 새하얘져서 집중력과 자신감을 잃는 일이 잦았다. 그녀는 자신이 분명하게 전달하지 못할까 봐, 사람들이 자신을 바보 같다고 여길까 봐 걱정했다.

"그럴 때는 일단 걱정을 멈추고 '나는 강연을 해야 하는 것이 아니라 강연을 할 수 있는 것이다'라고 저 자신에게 말해줍니다. 제 말을 듣기 위해 찾아온 많은 사람 앞에서 강연할 수 있다는 건 정말 엄청난 기회니까요."

'할 수 있다' 전략은 평범한 집안일을 선물 같은 일로 인식하게 만든다. 이 전략은 외적 동기가 아닌 내적 동기를 이용한다. 보통 우리가 어떤 일을 해야 한다고 생각하면 마치 외부의 누군가로부터 그 일을 지시받는 것만 같다. 그러나 어떤 일을 할 수 있다고 생각하면 그 일을 선택하고 통제하는 권한이 나에게 있는 것처럼 느껴진다. 운동을 예로 들어보자. 운동을 해야 하는 것이 아닌 할 수 있는 것으로 생각하면 내 의지로 나의 가치와 바람에 부합하는 선택을 했다는 생각이 든다.

이렇게 생각을 재구성하는 전략은 일을 미루지 않고 완수하게 해서 시간 효율성 측면에서도 효과적인 방법이라고 할 수 있다. 일도 해내고 일을 하면서 행복감도 느낄 수 있으니 그야말로 손해 볼 것 하나 없는 전략이다.

① 자신이 부정적인 언어로 스스로를 다그치는 일이 무엇인지 생각해 본다. 분명 자신에게 도움되는 일일 것이다. 채소 섭취나 꾸준한 운동처럼 건강한 습관을 만드는 일일 수도 있고, 계속 회피하며 미루고 있는 업무일 수도 있다. 이런 활동은 대체로 자기 자신에게 '해야 한다'는 식으로 말해왔을 가능성이 크다.

② '해야 한다'를 '할 수 있다'로 바꿔서 말해본다. 이렇게 말하는 것이 건강 증진, 업무 능력 향상 등 자신이 중요하게 여기는 가치와 어떻게 부합하는지 생각해 보자.

우리는 모두
죽는다는 것을 기억하라

글로벌 핀테크 기업 파인더Finder의 공동 창업자 프레드 셰베스타Fred Schebesta는 수백 명에 달하는 전 세계 직원들이 자신의 캘린더를 볼 수 있도록 공개했다. 캘린더에는 어떤 직원이든 자세히 보면 알아차릴 수 있는 독특한 일정 하나가 입력되어 있다.

한 달에 한 번, 셰베스타의 캘린더에는 '메멘토 모리'라고 적힌 알림창이 뜬다. 메멘토 모리Memento mori는 라틴어로 '너는 반드시 죽는다는 것을 기억하라'라는 뜻이다.

"저는 제가 언젠가 죽는다는 사실을 잊지 않도록 매달 스스로에게 알려줍니다." 셰베스타가 말했다. 그렇다고 셰베스타가 고통 속에서 희열을 느끼는 사람은 아니다. 그는 자신에게 죽는다는 사실을 알리고, 자신이 그동안 가치관에 부합하는 삶을 살았는지 점검하는 시간을 보낸다. 만약 아니라는 대답이 나오면 변화가 필요하

5장 성찰

다는 신호로 받아들인다.

10억 달러 이상의 가치를 지닌 IT 기업 엔바토의 공동 창업자 사이언 타이드도 비슷한 습관을 실천하고 있다. "저는 휴대폰에 죽음을 알리는 애플리케이션을 내려받아 한동안 이용했어요. 이 앱은 '언젠가 죽는다는 사실을 잊지 말라'는 알림과 함께 죽음에 관한 메시지를 하루에 다섯 번 보내줘요."

이 알림 메시지는 타이드가 매 순간을 소중히 여기고 집중할 수 있도록 도와주었다. 또한 중요하지 않은 일에 대한 걱정을 멈추는 데도 도움이 되었다.

로마 제국 시대의 스토아학파 철학자인 세네카Seneca는 수필 『인생의 짧음에 관하여The Shortness of Life』에서 다음과 같은 글을 남겼다.

우리는 수명이 짧은 것이 아니라 많은 시간을 낭비하는 것이다. 인생은 충분히 길며 잘 쓰기만 하면 가장 큰 일을 해내기에도 넉넉하다. 하지만 방탕한 삶과 좋지 못한 일에 인생을 낭비하다 보면 결국 죽음이라는 마지막 제약에 마주했을 때 주어진 시간이 의식하지 못하는 사이에 지나가 버렸음을 깨닫게 된다. 그러므로 우리에게 주어진 수명이 짧은 것이 아니라 우리가 수명을 짧게 만드는 것이며, 시간이 부족한 것이 아니라 시간을 낭비하는 것이다. … 사용하는 방법을 안다면 인생은 길다.

현재 스마트폰에서 내려받을 수 있는 죽음을 전하는 애플리케이션 몇 가지를 소개하겠다. 위크록WeCroak은 하루에 여러 차례 예고 없이 죽음에 대한 글을 보내준다. 카운트다운 앱Countdown App은 나이, 성별, 체질량 지수, 흡연 습관, 거주 지역을 토대로 당신의 남은 수명을 계산해 알려준다.

실천하기

1. 언젠가 죽는다는 사실을 기억하면서 자기 성찰의 시간을 주기적으로 갖는다. 하루 단위로 진행해도 좋고, 월 또는 연 단위로 진행해도 좋다. 그동안 살면서 내린 선택을 돌아보며 혼자 성찰하는 시간을 보내보자.

2. 이 시간에는 그동안 자신이 현재에 충실한 삶을 살았는지, 주어진 시간을 낭비하지 않고 잘 보냈는지 되돌아보고 반성한다.

성찰

핵심 정리

인생을 정기 점검하기

일 년에 두 번, 인생을 정기 점검하는 날을 정해서 일정에 등록한다. 인생 정기 점검일이 다가왔다면 '현재 내 일에 만족하는지', '정체기에 접어든 것은 아닌지', '지금 하는 일에서 활력을 얻는지', '내가 성장할 수 있는 기업 문화가 현재 직장에 마련되어 있는지'를 스스로 질문해 본다. 이 질문들에 대한 대답을 읽어보면서, 현재 상황을 개선하기 위한 처방을 스스로 내린다.

자기 의심을 강점으로 이용하기

자기를 의심하는 마음이 생긴다면 그 감정을 성장과 발전의 동기로 삼는다. 또한 언제든 성장할 수 있다는 사실을 스스로 상기한다. 자기 의심을 불러일으키는 경험을 하게 된다면 피하지 말고 부딪쳐본다. 도전해야만 더 나아질 수 있다는 사실을 기억하자.

마음가짐을 바꿔보기

자신이 어떤 상황에서 자기 검열을 하는지 생각해 본다. 그리고 두려움에 맞서기 위해 마음가짐을 바꿔본다. 사이언 타이드는 회의실에서 가장 똑똑한 사람처럼 보이고 싶다는 마음을 버리고, 회의실에서 가장 똑똑한 사람이 되어 나가겠다는 마음으로 사고를 전환했다.

자신의 모든 것을 다 바쳐 도전해야 할 기회가 왔다면 혹시 실패가 두려워 망설이고 있지는 않은지 곰곰이 생각해 본다. 만약 그렇다면 이번 기회로 당신이 성장할 수 있다고 믿고 용감하게 도전해 보자.

내 방식대로 일하기

외부의 표준 지침이나 규범에 맞춰 작업 중인 일을 떠올려본다. 정해진 규칙에 따라 '올바른' 방식으로 일하려 하기보다는 내 방식대로 일할 때 마법이 일어날 수 있다는 사실을 기억하자.

내게 일어날 수 있는 최고의 상황 상상하기

어떤 일을 앞두고 불안과 두려움을 느끼고 있다면 '내게 일어날 수 있는 최고의 상황'을 상상해 보자. 몇 분만 시간을 내서 내가 상상하는 최고의 상황을 구체적으로 적어본다. 그러면 두려움에 맞설 용기가 내면에서 올라옴을 느낄 수 있을 것이다.

피드백은 60퍼센트 정도 완성했을 때 구하기

피드백을 너무 늦게 구하지 않도록 주의한다. 작업물의 50~60퍼센트 정도를 완성했을 때가 피드백을 구하기에 가장 좋은 시기다.

피드백 유형을 구체화하기

누군가에게 피드백을 요청할 때 자신이 어떤 유형의 피드백을 원하는지 구체적으로 생각해 본다. 예를 들어 자신이 쓴 글에 대한 피드백을 받고 싶다면 오탈자가 있는지 확인하는 정도의 검토를 원하는 것인지, 아니면 내용 수정까지 원하는 것인지 정하는 것이다.

반대로 당신이 누군가에게서 피드백 요청을 받았다면 그 사람에게 구체적으로 어떤 피드백을 바라는지 물어본다. 그러면 상대방은 진정으로 어떤 의견을 듣고 싶은지 생각해 보게 된다.

비판하는 사람들에게 돈을 지급하기

건설적인 비판을 받고 싶다면 돈이나 선물을 비판적인 의견과 교환하는 방식을 생각해 보자. 특정 작업에 관한 피드백을 받고 싶다면 상대가 그 활동을 끝낸 즉시 피드백을 구하는 것이 좋다.

자기 성찰의 시간 보내기

업무 역량을 강화하기 위해서는 '자기 성찰의 시간'이 필요하다. 이 시간을 어떻게 보낼지 고민해 보자. 글로 소통하는 업무가 많다면, 주기적으로 자신이 쓴 글을 객관적으로 검토한다. 말로 소통하는 업무가 많다면, 회의나 발표 시간에 자신의 모습을 녹화하고 끔찍하겠지만 그 녹화 영상을 다시 보면서 스스로 비평해 본다.

해야 한다 대신 할 수 있다고 말하기

자신이 부정적인 언어로 스스로를 다그치는 일이 무엇인지 생각해 본다. 저녁에 금주하는 횟수 늘리기, 설탕 섭취 줄이기 등 건강한 습관을 만드는 일처럼 본인에게 유익한 활동일 가능성이 크다. 보통 자기 자신에게 '해야 한다'고 말하는 것들이 여기에 해당한다.

'해야 한다'를 '할 수 있다'로 바꿔 말해보자. 이렇게 말하는 것이 건강 증진, 업무 능력 향상 등 자신이 중요하게 여기는 가치와 어떻게 부합하는지 생각해 보자.

자신의 죽음을 기억하기

언젠가 죽는다는 사실을 기억하면서 자기 성찰의 시간을 주기적으로 보낸다. 이 시간에는 그동안 자신이 현재에 충실한 삶을 살았는지, 주어진 시간을 낭비하지 않고 잘 보냈는지 되돌아보고 반성한다.

TIME

6장

연결

더 나은 관계를 만들어라

WISE

코로나19 팬데믹 이후 다른 사람과의 연결이 그 어느 때보다 중요해졌지만 관계를 맺는 일은 오히려 더 어려워졌다. 요즘에는 회사에서도 팀원들이 예전처럼 같은 공간에서 함께 일하지 않기 때문에 물리적으로나 정서적으로 거리감을 느끼기 쉽다.

하지만 일에서 성공과 행복을 모두 쟁취하려면 사람들과 좋은 관계를 맺어야 한다. 타인과 잘 지내는 법을 알면 직장에서 협업이 수월해지고 일상에서도 더 많은 기쁨을 누릴 수 있게 된다.

이 장에서는 먼저 다른 사람과 빠르게 친해지는 방법을 배워본다. 의류(특히 티셔츠)를 활용해 직원들의 이목을 단숨에 집중시키는 방법과 깜짝 선물의 위력을 소개할 것이다.

또한 모든 일을 혼자 처리해야 한다는 생각이 잘못된 이유와 협력의 힘에 대해서도 알아본다.

그다음으로 모두가 좋아하는 사교 활동인 네트워킹에 대해 다룰 것이다. 낯선 사람과 몇 분간 가벼운 대화를 나누는 것보다 의류 건조기 필터에서 작은 보풀을 골라내는 일이 더 재미있게 느껴질 만큼 스몰 토크를 싫어하는 사람들을 위해 간단한 대화 요령을 소개한다. 그뿐만 아니라 상대와 돈독한 관계를 빠르게 맺을 수 있는 전략과 네트워킹을 더 쉽고 즐겁게 만드는 기술도 살펴본다. (이 기술을 이용하면 정말 네트워킹이 쉬워질 것이다.)

마지막으로 유머러스한 이메일을 보내는 것이 왜 중요한지, 다른 사람과 발전적인 관계를 맺는 데 유머를 어떻게 활용할 수 있는지 알아본다.

나 사용 설명서가
필요한 이유

　최근 전자 기기나 가전제품을 새로 구매한 적이 있는가? 혹시 업데이트된 소프트웨어를 사용하기 시작했는가? 새로 구매했든 업데이트되었든 모든 제품에는 사용 설명서가 제공된다. (물론 당신이 설명서를 읽었다는 말은 아니다. 아마 당신은 중요한 일을 하느라 바빠서 읽지 못했을 것이다.) 제품을 사용하다 보면 고장이 나거나 잘 작동하지 않을 때가 있다. 이때 우리는 사용 설명서를 찾게 된다. (어쩌면 보관해 둔 장소가 기억나지 않아 찾는 데 애를 먹을 수 있다. 젠장!)

　하지만 인간은 어떠한가? 우리는 기계보다 훨씬 더 복잡한 존재인데도 사용 설명서 따윈 없다. 그런데 인간에게도 사용 설명서가 필요하다고 주장하는 사람이 있다. 바로 대런 머프다.

　머프는 글로벌 IT 기업 깃랩에서 원격 근무 총괄 담당자로 일하고 있다. 그는 스스로 '나 사용 설명서'를 만들어서 누구나 볼 수 있도록 인터넷에 공개했다. 머프는 인간의 모습을 한 기계가 아니다. 그는 너그러우면서도 때로는 카리스마 넘치는 성격을 지닌 사람이다. 머프는 자신이 만든 나 사용 설명서를 '리드미 페이지README Page'라고 부른다. 컴퓨터 소프트웨어의 문서 형식을 설명할 때 사용하는 용어에서 따온 이름이다. (이름에서 컴퓨터 프로그래머의 유머가 느껴지는가?)

"제가 만든 리드미 페이지는 사람들이 저와 함께 일하는 법을 빠르게 익힐 수 있도록 도와주는 저에 관한 설명서입니다." 머프가 설명했다. "리드미 페이지에는 제가 선호하는 소통 방식, 사람들과 함께 일하면서 배우고 싶은 것, 사람들이 나에 대해 알아야 하는 정보 등이 담겨 있습니다. 제 성격 유형이나 일하는 방식, 제가 선호하는 업무 시간도 적어놓았어요."

그는 리드미 페이지의 가장 큰 장점으로 상대방에 관한 정보가 많아진다는 점을 꼽았다. "만약 당신이 저와 일하는 것이 처음이고 개인적으로도 전혀 만난 적이 없다면, 우리는 서로가 어떻게 생겼는지조차 모를 수 있습니다. 두 사람이 친한 관계를 형성하기까지 꽤 오랜 시간이 걸릴 수도 있죠. 그러다 보면 서로를 이해하기 위해 많은 질문과 대답이 오고 갈 것입니다."

머프와 일하기 전에 그가 작성한 리드미 페이지를 읽는다면 보통 2주 정도, 또는 그보다 더 오래 걸려서 알게 될 정보를 단 몇 분 만에 알 수 있게 된다. 자신에 관한 설명서를 만들면 함께 일하는 사람들이 당신과 어떻게 일하는 것이 가장 좋은지, 어떤 업무 방식을 선호하는지를 정확하게 알 수 있다. 또한 함께 일하기 시작했을 때 당신의 행동이나 반응을 더 잘 이해할 수 있게 된다.

머프는 이 아이디어를 깃랩의 CEO 시드 시브란디Sid Sijbrandij에게서 얻었다고 말했다. 시브란디도 자신에 관한 정보를 담은 '나 사용 설명서'를 만들어 온라인에 올려놓았다. 그의 설명서에는 자신의 가장 큰 단점, 장점, 사람들에게 직접 받은 피드백, 그가 적극적으로 발전시키고 있는 역량 등이 적혀 있다.

머프는 '나 사용 설명서'를 작성할 때 다음의 몇 가지를 반드시 포함하도록 권한다. 자신의 장단점과 성격에 관한 설명은 필수다. 업무 방식에 대한 설명도 중요하다. 중요하게 여기는 가치와 성향, 자신이 화를 내는 지점도 포함하면 좋다.

선호하는 의사소통 방식에 관해 설명하는 것도 중요하다. 예를 들어 머프는 비실시간 소통을 선호한다. "저는 말보다 글로 소통하는 방식을 좋아합니다. 곧바로 전화나 영상 회의를 하는 것보다 이메일 같은 서면 소통 방식을 더 선호해요. 글로 소통하면 오해가 발생할 가능성이 작거든요."

실 천 하 기

1. 한 쪽짜리 나 사용 설명서를 만들기 위해 다음의 질문에 답해본다.

- 나의 장점은 무엇인가? 내 장점이 발휘되려면 다른 사람이 어떻게 도와야 할까?

- 나의 단점은 무엇인가? 어떤 상황에서 내 단점이 나타나는가?

- 내가 가장 선호하는 의사소통 방식은 무엇인가?

- 나를 가장 화나게 하는 것은 무엇인가?

- 사람들이 나에 대해 오해하는 것이 있다면 무엇인가?

② 자신에 대한 세부 정보를 추가한다. 머프의 리드미 페이지를 참고해도 좋다. 이런 질문과 답변은 나 사용 설명서 제작을 위한 탄탄한 기초가 되어줄 것이다.

③ 설명서에 더 정확하고 다양한 정보를 담기 위해 가까운 동료나 선후배 5~10명에게 다음의 질문을 물어본다.

- 내 안의 최고의 모습을 끌어내는 것은 무엇인가?

- 내 안의 최악의 모습을 끌어내는 것은 무엇인가?

- 내가 모르는 나의 단점이 있다면 무엇인가?

- 나와 처음 같이 일하기 시작했을 때 알았다면 좋았을 부분이 있는가? 있다면 무엇인가?

이 질문들에 대한 대답을 바탕으로 '나 사용 설명서'를 더 구체적으로 작성해 보자.

④ 나 사용 설명서를 어떻게 공유하고 싶은지 생각해 본다. 문서 파일로 작성해서 팀원들에게 공유하거나 새로 같이 일하게 된 동료에게 전달할 수 있을 것이다. 아니면 머프처럼 전 세계 사람들 누구나 읽어볼 수 있도록 온라인에 올려놓을 수도 있다(453쪽 참조).

⑤ 나 사용 설명서 양식을 홈페이지(amantha.com/timewise)에 올려두었으니 내려받아 이용하기 바란다.

독특한 방법으로
소통하라

　우리는 매일매일 수많은 이메일과 전화, 회의로 정신없이 하루를 보낸다. 이렇게 쉴 새 없이 밀려드는 일을 처리하느라 어수선한 상황에서 직원들에게 한 가지 목표를 각인시키려면 어떤 소통 방식으로 접근해야 할까? 글로벌 소셜미디어 핀터레스트의 전 회장 팀 켄들은 자신의 옷장에서 답을 찾았다.

　켄들은 핀터레스트에서 일하기 전 페이스북에서 수익 창출 담당 이사로 재직했다. "제가 페이스북에 있던 2009년은 사업적으로 굉장히 중요한 해였습니다." 켄들이 당시를 회상하며 말했다. "1월 4일 아니면 5일이었을 거예요. 페이스북 창업자 마크 저커버그가 회사에 넥타이를 매고 출근했더군요. 그가 사무실에 나타나니 모두가 쳐다보았죠. 그는 직원들을 향해 '저는 일 년 내내 넥타이를 매고 출근할 겁니다. 올 한 해는 모두에게 힘든 해가 될 것이기 때문입니다'라고 외쳤어요."

이 같은 저커버그의 행동은 켄들에게 깊은 인상을 남겼다. "그가 한 것이라고는 매일 넥타이를 매는 것뿐이었지만 그 옷차림이 직원들에게 미치는 영향과 상징성은 엄청났어요."

시간이 흘러 2015년, 켄들은 핀터레스트 회장으로 취임했다. 그는 직원들에게 강력한 메시지를 전하고 싶어서 2009년의 저커버그처럼 옷차림을 이용하기로 했다. 하지만 어떤 옷을 선택해야 할지 고민이 됐다.

그가 취임하던 당시 핀터레스트의 이용자는 약 1500만 명이었다. 그는 몇 년 안에 사용자 수를 2억 명으로 늘리겠다는 목표를 세웠다. (아주 조금만 더 늘리면 된다. 그렇지 않은가?) 그러나 이 대대적인 목표를 달성하려면 전 직원의 역량이 집중되어야 했다.

그 순간 켄들의 머릿속에 애플에서 아이맥, 아이팟, 아이폰을 제작한 디자이너 조니 아이브Jony Ive가 남긴 명언 하나가 떠올랐다. 아이브는 집중을 이렇게 설명했다. '집중이란 온몸이 원하는 일이 세 가지 있더라도 그중에서 단 하나만 고르는 것이다.'

켄들은 아이브의 말을 곰곰이 생각했다. "저는 자신이 집중하고 있다고 착각하는 사람이 많다는 사실을 직원들이 기억하기 바라왔습니다. 저 역시도 마찬가지예요. 사람들은 '처리할 일 20건, 프로젝트 20건, 제품 기능 20개 개발하기'처럼 할 일 목록을 가득 채워 적습니다. 그런 다음 할 일 목록을 절반으로 줄이면서 그 일에만 집중하겠다고 말하죠. 하지만 진짜 집중은 이런 것이 아닙니다. 진짜 집중은 스무 개 중에서 단 한 개만 처리하는 것이에요."

켄들은 핀터레스트의 전 직원에게 이 메시지를 전달하기 위해 '집중'이라는 단어가 적힌 티셔츠를 입고 전사 회의에 참석했다. "저는 직원들 앞에 서서 '가입자가 2억 명이 될 때까지 이 티셔츠를 입겠습니다'라고 선포했어요."

흥미롭게도 연구에 따르면 단어나 그림 같은 상징이 행동을 변화시킬 수 있다고 한다. 스위스 생갈대학교 교수 아만다 샨츠Amanda Shantz는 후원금 콜센터 직원을 대상으로 독특한 실험을 진행했다. 연구진은 콜센터 직원들에게 업무 관련 정보가 담긴 상자를 전달하면서, 이 중 절반에만 승리의 기쁨을 만끽하며 달리는 여성 운동선수의 사진을 넣었다. 연구 결과는 놀라웠다. 여성 운동선수의 사진이 들어 있는 상자를 받은 직원들은 사진을 넣지 않은 상자를 받은 직원들보다 더 많은 후원금을 모았다. 정확히 알 수는 없지만 어쨌든 여성 운동선수의 사진이 콜센터 직원들의 행동을 무의식중에 변화시킨 것이다.

켄들은 2018년 1월 핀터레스트 회장직을 내려놓을 때까지 약 4년 동안 '집중'이라고 적힌 티셔츠를 계속 입고 다녔다. (심지어 청결을 위해 이 티셔츠를 대량 제작해 입었다고 한다. 정말 놀랍지 않은가?)

"당신 회사의 직원이 수십 명에서 수백 명, 수천 명으로 늘어나고 있다면, 리더인 당신이 지금 당장 해야 할 일은 전하려는 메시지를 직원들에게 상징적으로 전달하는 것입니다. 그렇지 않으면 회사는 성장하지만 당신이 전하려 한 메시지는 직원들의 기억 속에서 사라지고 말 거예요."

실 천 하 기

[1] 직원들에게 전달할 중요한 메시지가 있다면 이메일이나 전 직원 회의 같은 일반적인 소통 방식을 이용하지 않도록 하라.

[2] 직원들의 이목을 집중시킬 수 있는 독특한 소통 창구를 생각해 본다. 옷이 될 수도 있고, 화상 회의를 더 많이 열 수도 있다. 또는 영상 통화 속 배경화면이나 소품을 이용하는 것도 좋다.

모두를
행복하게 만드는 법

몇 년 전 부동산 중개회사 개리 피어Gary Peer의 공동 창업자이
자 경매인인 필립 킹스턴Phillip Kingston은 호주 멜버른 시내에 있는
한 아파트의 7층 주거 공간을 경매에 내놓았다. 그는 이곳을 주변의
50여 개 아파트 중에서 가장 매력적인 건물로 기억했다. 어느 날 그
는 엘리베이터에서 7층을 누르기 위해 버튼을 보다가 그 위에 붙어
있는 한 표식을 발견했다. 여러 겹으로 코팅된 표식은 사람들이 행
여 못 보고 지나치지 않도록 버튼 바로 위에 붙어 있었다.

"그 표식에는 웃는 얼굴이 그려진 그림과 웃음이 세상을 어떻게
바꿀 수 있는지에 관한 글, 그리고 이 아파트의 거주민으로서 엘리
베이터에서 마주치는 다른 사람에게 항상 미소 짓는 일을 잊지 말
자는 글이 적혀 있었어요." 킹스턴이 당시 기억을 떠올리며 말했다.
"회사에서 다른 사람과 마주칠 때 웃지 않는 사람들이 많아요. 카페

에서도 마찬가지예요. 커피를 기다리는 사람들이 줄지어 서 있는데 그 누구도 서로에게 말을 걸지 않죠. 다들 자기 휴대폰만 쳐다보고 있어요."

킹스턴은 경매 현장에서 농담을 던지거나 사람들을 웃게 만드는 것이 판매에도 큰 영향을 미친다고 말했다. 웃으면 생리적인 변화가 일어나 기분이 좋아지면서 마음이 열리게 되기 때문이다. 그는 '미소나 웃음이 상황을 완전히 뒤바꿀 수 있다'라고 강조했다.

사실 나는 멜버른에서 그가 경매하는 현장에 여러 번 참석했었다. 지루하고 단조롭게 진행되는 보통의 경매와 달리 킹스턴의 경매 현장은 마치 공개 코미디 공연 같았다. 몇 년 전 나는 당시 네 살이던 딸 아이 프랭키를 데리고 킹스턴의 경매를 보러 갔다. (그렇다. 나는 주말에 재미 삼아 경매를 보러 가는 등 엉뚱한 활동으로 가득한 삶을 살고 있다.) 그는 참석자들 사이에서 우리 모녀를 발견하더니 경매 도중 자신의 차로 걸어가 예쁘게 포장된 선물을 꺼내 딸아이에게 건네주었다. 프랭키는 선물을 받자마자 포장을 뜯어 그 안에 있던 초콜릿 상자를 꺼냈다. 그 순간 킹스턴은 두말할 것 없이 내 딸의 영웅이 되었다. 딸아이는 킹스턴에게 환한 웃음으로 보답했고, 이 모습을 보던 경매장 안의 사람들도 흐뭇한 미소를 지었다.

경매 당일이 되면 킹스턴은 어떻게 해야 경매 현장에 유머와 행복을 불어넣을 수 있을지 많이 고민한다.

"저는 깜짝 선물을 주는 것을 좋아합니다." 킹스턴이 내게 말했다. "경매 중간에 차에 가서 예쁘게 포장한 선물을 꺼내 경매 낙찰자나 다른 참석자에게 깜짝 선물로 줍니다. 그러면 선물을 받은 사람도 선물을 준 저도 모두 행복해지죠."

지난 몇 년간 우리 회사 직원들도 킹스턴의 깜짝 선물 전략을 여러 번 활용했다. 특히 대형 계약 수주에 실패했을 때, 작은 선물을 보내며 계약까지 이어지지는 않았지만 다음번에는 같이 일할 수 있기를 바란다는 내용의 쪽지를 함께 전달했다.

또한 '행복한 1월'이라는 이름의 행사도 시작했다. 고객에게 크리스마스 선물을 보내는 일은 뻔한 방식이라 상투적으로 느껴진다. 그래서 인벤티움은 크리스마스 대신 1월에 고객에게 선물과 편지를 보낸다. 사실 이 행사는 내가 인벤티움을 창업한 초창기 시절부터 계속 이어져 왔다. 창업 당시 너무 바쁜 나머지 고객에게 크리스마스 선물을 보낼 시간이 부족했던 나는 이듬해 1월에 선물을 보냈다. (크리스마스를 앞두고 얼마나 바쁜지 당신도 잘 알 것이라 믿는다.)

10년 전 그 시절부터 해마다 인벤티움은 선물을 주고받는 날이 많지 않은 1월에 고객에게 깜짝 선물을 보낸다. '행복한 1월' 행사 덕분에 가끔 고객에게 새로운 작업에 관한 견적을 요청받거나 신규 고객사를 소개받기도 했다. 의도한 건 아니었지만 기분이 좋아지는 놀라운 경험이었다. 이 행사를 진행하면서 나는 상대방과의 관계를 유지하기 위해 상대에게 아주 조금의 시간과 정성을 들이면 당장은 아니더라도 미래에 보상으로 돌아올 수 있음을 직접 경험할 수 있었다.

실 천 하 기

① 사람들에게 깜짝 선물을 주면서 즐겁게 만들 기회를 찾아보자. 크리스마스 처럼 누구나 선물을 주고받는 날이 아닌 선물을 받을 거라고 전혀 예상하 지 못하는 날에 깜짝 선물을 보내보자.

자신을 고립된 섬처럼
여기지 마라

　인벤티움에서 함께 일하는 팀원이 열 명이나 있지만 나는 종종 고립된 섬처럼 혼자 일한다고 느낀다. 글쓰기, 자료 조사, 강연, 팟 캐스트 진행 등 내가 하는 업무 대부분은 혼자서 하는 일들이다. 물론 주변에 도와주는 사람들이 없었다면 나 혼자 이 많은 일을 전부 해내지는 못했으리란 걸 잘 안다. 그런데도 나는 일을 하다 어려움에 봉착하면 외부에 적극적으로 도움을 청하려 하지 않는다. 어쩌면 그래서 마커스 버킹엄이 내게 주간 리추얼에 대해 설명했을 때 마음을 빼앗긴 걸지도 모르겠다.

　버킹엄은 직원 몰입 분야의 세계적인 전문가다. 그는 이 주제를 다룬 베스트셀러를 여러 권 냈고 전 세계의 여러 기업을 돕는 자문회사도 운영하고 있다. 버킹엄도 나처럼 글쓰기, 연구, 자료 조사, 강연 등 혼자 하는 일이 많지만 그는 팀으로 일하는 것의 위력을 깊이 이해한다.

내가 그와 대화를 나눴을 때 그는 이제 막 19개 국가와 수많은 산업에 관한 대규모 연구를 마친 상태였다. "당신이 저에게 일의 본질에 대한 정의를 묻는다면, 저는 일이란 혼자 할 수 없는 것이라고 대답하겠어요." 버킹엄이 내게 말했다. "혼자서 해낼 수 있는 일은 세상에 없습니다. 개인으로 업무 계약을 맺었다고 하더라도 마찬가지예요. 결국 우리는 모두 연결되어 있기 때문에 모든 업무는 항상 팀워크로 이루어집니다. 연구에 따르면 팀원과 함께하는 일이 대부분인 사람이 전체 인구의 83퍼센트라고 해요."

물론 혼자서 천재적인 아이디어를 생각해 낼 수는 있지만, 일주일 동안 직장에서 하게 될 거의 모든 일은 다른 사람의 강점에 기대어 이들에게 도움을 받아야 할 수 있는 일일 것이다. 그리고 무엇보다 '함께 하면 혼자 할 때보다 훨씬 더 많은 일을 할 수 있다'라는 장점이 있다.

버킹엄은 이 같은 깨달음을 바탕으로 현재 빠짐없이 수행하고 있는 자신의 주간 루틴을 만들었다. 그는 한 주를 시작할 때마다 15분 동안 이번 주에 우선 처리할 일과 그 일을 처리하려면 '누구의 도움을 받아야 하는지'를 함께 생각한다.

처음 버킹엄에게 이 설명을 들었을 때 깜짝 놀랐던 기억이 난다. 나는 단 한 번도 이런 생각을 해본 적이 없기 때문이다.

"아주 간단한 루틴이죠? 세상이 빠르게 돌아가고 할 일이 아무리 많더라도 이 루틴을 매주 실천한다면 한 주의 중요한 업무에 온전히 집중할 수 있답니다."

그는 이어서 말했다. "매주 누구의 도움을 받을지 생각하다 보면 다른 사람들에 대해 생각하고 그들과 어떻게 일하면 좋을지 고민하게 됩니다. 이 루틴은 실용적인 방법이기도 해요. 우리는 어쨌든 누군가와 같이 일할 수밖에 없기 때문에 함께 일할 사람을 미리 생각해 보는 것이 도움이 될 수 있어요."

게다가 이 루틴은 시간 활용적인 측면에서도 현명한 방법이다. 업무의 마지막 순간에 도움을 구하는 대신 누구의 도움이 필요할지 미리 생각하고 이들에게 먼저 도움을 청하면 불필요하게 낭비될 뻔한 시간을 아낄 수 있다.

실 천 하 기

①   한 주를 시작할 때 이번 주에 우선하여 처리할 일이나 달성해야 할 목표를 분명하게 확인한다.

②   자신을 고립된 섬처럼 여기거나 모든 일을 혼자 해야 한다고 생각하지 않는다. 대신 '누구의 도움을 받을 것인지' 자신에게 물어본다. 그 사람이 내 팀원이든 그렇지 않든 상관없다. 중요한 것은 목표를 달성하기 위해 다른 사람의 도움을 받을 수 있으며, 당신 혼자 목표를 이룰 것으로 기대하는 사람은 아무도 없다는 사실을 스스로 인정하는 것이다.

상대를 어떻게
도울 수 있을지 고민하라

나는 엠마 아이작Emma Isaacs이 디지털 명함 관리기를 이용해 수많은 명함을 관리하는 모습을 상상해 본다. 명함 속 인물들 정보를 전부 모아 책으로 낸다면 아마 세계적인 인명사전 후즈후Who's who에 버금갈 것이다. 그 정도로 그녀의 인맥은 매우 넓다. 그도 그럴 것이 엠마 아이작은 전 세계 여성 사업가 수만 명을 지원하는 단체인 비즈니스 칙스Business Chicks의 창업자이자 글로벌 대표다. 그녀는 비즈니스 칙스 회원을 대상으로 여는 행사에 전 세계 유명 인사를 자주 초대한다. 버진그룹 회장 리처드 브랜슨Richard Branson, 21세기의 가장 영향력 있는 비즈니스 전략가로 꼽히는 세스 고딘 Seth Godin, 할리우드 배우 니콜 키드먼Nicole Kidman, 호주 전 총리 줄리아 길라드Julia Gillard, 심리학자 브레네 브라운Brené Brown, 아일랜드의 싱어송라이터이자 사회운동가 밥 겔도프Bob Geldof 등 이름만들어도 알 법한 세계적 인사들이 그녀의 행사에 참석해 강연했다.

보통 이런 거물급 인사를 만나려면 큰 규모의 사교 행사에 참석해야 한다고 생각하기 쉽다. 하지만 아이작을 통한다면 행사에 참여하지 않고도 만나고 싶은 인물과 연결될 수 있다.

아이작은 관계를 맺는 일에 대해 이렇게 설명했다. "저는 사람들과의 관계를 항상 장기적인 관점에서 바라봅니다. 좋은 점만 취하고 버리는 관계는 오래 이어질 수 없어요." 우리는 단순히 이메일 뉴스레터를 구독하거나 링크드인LinkedIn에서 서로 연결되는 것도 장기적인 관계라고 생각하기 쉽다. 하지만 아이작이 생각하는 장기적인 관계는 이와 전혀 다르다.

"서로의 삶에서 의미 있는 순간을 함께 나누는 사이라면 장기적인 관계라고 말할 수 있어요." 예를 들어 아이작은 지인들의 생일이나 그들의 책이 출간되는 날을 달력에 따로 표시해 놓는다. 그녀는 지인들이 책을 출간하면 책 표지가 그려진 케이크와 직접 쓴 편지를 함께 선물하는 것으로 유명하다. 아주 영리하면서도 맛있는 전략이지 않은가?

아이작은 또한 어떻게 하면 사람들을 진정으로 도울 수 있을지 고민한다. 그녀는 추천인이 필요한 지인을 위해 링크드인에 추천 글을 남기고, 책을 출간한 지인을 위해 아마존에 책 리뷰를 올린다. "장담하건대 이 세상의 모든 저자는 아마존에 올라온 책 리뷰를 보고 있을 거예요. 그들은 누가 자신의 책에 댓글을 달고 평점을 주었는지도 정확히 알고 있죠."

또한 아이작은 지인들에게 가끔 연락해서 '지금 당장 어떤 도움이 필요한가요?', '제가 도와드릴 일이 있나요?', '제가 어떻게 도와드리면 될까요?'라고 묻는다.

아이작이 지난 수년 동안 깊은 관계를 맺은 사람이 있다. 바로 버진그룹 회장 리처드 브랜슨이다. 그들은 비즈니스 칙스 행사에서 브랜슨이 연설을 하면서 처음 인연을 맺었다. 그 이후로 두 사람의 관계는 10년 넘게 다양한 현장에서 함께 일하며 더욱 돈독해졌다. "저는 브랜슨의 자선 사업을 돕고 있어요. 자선 활동을 위해 남아프리카공화국에 다녀왔고 브랜슨 창업가 학교Branson School of Entrepreneurship의 멘토로도 일하고 있죠. 영국령 버진아일랜드에 있는 여러 지점과 함께 일한 적도 있고요. 저는 어떻게 하면 더 의미 있는 방향으로 사람들을 도울 수 있을지 생각해요. 또 이들에게 유용한 도움을 주려고 노력합니다."

아이작은 깨어 있는 동안에는 항상 남들을 어떻게 도울 수 있을지 고민한다. 그녀는 상대방의 사정을 고려하지 않고 오로지 자신의 이익을 위해 상대방에게 무언가를 얻으려 할 때, 사람들은 멀리서도 그 수상한 낌새를 맡을 수 있다고 믿는다. (물론 샤넬 No. 5 향수처럼 향긋하지는 않을 것이다.)

"저는 항상 어떻게 사람들과 연결될 수 있을지, 사람들에게 어떻게 가치를 전할 수 있을지, 사람들이 필요한 것을 얻을 수 있도록 어떻게 도울 수 있을지 고민합니다. 마치 독백을 하듯 저 자신에게 묻고 답해요." 당신도 아이작처럼 시간을 할애해서 남들에게 적극적으로 친절을 베푼다면 미래의 당신이 현재의 당신에게 감사하는 날이 올 것이다.

① 누군가와 장기적인 관계를 맺으려 한다면 그 사람에게 꼭 필요한 것을 주겠다는 너그러운 마음을 가져야 한다.

② 그 사람의 삶에서 일어나는 주요 사건들을 계속 지켜본다. 취업이나 창업을 하거나 아이가 태어났거나 업무적으로 중요한 일을 이뤄내는 등 여러 좋은 소식이 들려올 수 있다.

③ 이런 희소식이 들릴 때 그 사람을 응원하는 당신의 진심을 어떻게 하면 잘 전달할 수 있을지 생각해 본다. 이메일을 보내거나 SNS에서 '좋아요'를 누르는 등의 일반적인 방식 말고 좀 더 의미 있는 방식으로 축하하는 방법을 찾아보는 것이다. 상대방이 이뤄낸 성과를 그림으로 그려 넣은 케이크를 선물하는 방법은 늘 반응이 좋으니 함께 고려해 보길 바란다.

더 나은 인맥을
형성하는 법

　'나는 사교 행사에서 낯선 사람들과 스몰 토크를 나누는 시간이 좋아'라고 말하는 사람은 아마 드물 것이다. 그런데 놀랍게도 사교 행사를 좀 더 즐기기 위해 매주 자신만의 리추얼을 실시해 온 사람이 있다. 바로 미국 예일대학교 경영대학원 조직행동학 교수이자 『인생을 바꾸는 관계의 힘Social Chemistry』의 저자 마리사 킹Marissa King이다.

　킹은 기존의 인맥에 엄청난 힘이 존재한다고 말한다. 사람들이 자신의 인맥을 더 나아지게 만드는 가장 효과적인 방법은 휴면 상태인 관계를 다시 활성화하는 것이다. 킹이 말하는 휴면 관계는 2~3년 또는 그보다 더 오랜 시간 만나지 못한 관계를 말한다.

　미국 럿거스대학교 경영대학원 교수 다니엘 레빈Daniel Levin은 휴면 관계를 회복했을 때의 장점을 알아보는 연구를 진행했다. 실험 참여자들은 연구진의 요청에 따라 현재 연락을 주고받는 지인 10명과 2~3년 동안 연락하지 않은 사람 10명을 목록으로 작성했다. 그러고 나서 목록에 적은 이들에게 연락해 업무에 대한 조언이나 도움을 요청했다. 그 결과 휴면 상태에 있던 사람들은 실험 참여자들에게 더 창의적인 아이디어를 제공했을 뿐만 아니라 상대에 대한 지속적인 신뢰를 보여주었다. 휴면 관계의 엄청난 힘이 연구를 통해 확인된 것이다.

킹은 이 연구 결과를 바탕으로 자신이 현재까지 수행하고 있는 리추얼을 만들었다. "저는 매주 금요일마다 두세 사람의 이름을 적은 다음 이들에게 '안녕하세요. 당신 생각이 나서 연락합니다.'라는 메시지를 보냈어요. 가끔 피드백을 받고 싶거나 질문하고 싶은 것이 생기면 그에 관해 묻기도 하지만 대부분은 그저 오랜만에 안부를 묻는다는 식으로 연락해요. 이렇게 오랜만에 연락을 주고받게 되면 굉장히 반가울 뿐만 아니라 서로에게 매우 큰 도움을 주는 관계로 발전하게 됩니다."

킹은 사실 이 리추얼을 시작하기 전 주저했다고 말했다. "사람들과 오랜만에 대화하는 일이 너무 어색할 것 같았어요. 제가 오랜만에 연락하면 상대방도 저와 똑같은 생각을 할 것 같았거든요. 하지만 한번 해보니까 전혀 어색하지 않더군요."

그가 이어서 말했다. "당신도 저처럼 오래전에 연락이 끊긴 사람에게 다시 연락해 보세요. 하면 할수록 정말 놀라운 일이 벌어지는 것을 보게 될 거예요. 그래도 망설여진다면 상대방의 입장에서 한번 생각해 보세요. '입장을 바꿔서 만약 내가 이 이메일을 받았다면 기분이 좋을까?' 하고 생각해 보는 겁니다. 이 질문의 답은 거의 항상 '네'일 거예요."

킹은 이렇게 다시 연락이 닿은 사람들에게 도움을 줄 방법이 없을까 고민하다가 다음의 세 가지 방법을 떠올렸다.

첫 번째 방법은 고맙다고 말하는 것이다. 킹은 이에 대해 다음과 같이 설명했다. "우리는 감사하는 마음을 표현하는 것이 서로를 강력하게 연결해 준다는 사실을 잘 알고 있어요. 만약 지금 당장 떠오르는 멘토가 있나요? 아니면 몇 년 전 나에게 조언을 해주었거나 롤 모델이 되어준 사람이 있는지 한번 생각해 보세요. 그리고 이들에게 연락해서 당신을 도와준 것에 대해 감사 인사를 전해보세요."

감사하다는 말이 별것 아닌 것처럼 보일 수 있지만 그 말이 지닌 힘은 엄청나다. 연구에 따르면 사람들은 '감사합니다'라는 말과 칭찬의 효과를 과소평가하는 경향이 있다고 한다. 한 연구에서는 사람들이 다른 사람을 칭찬하거나 반대로 칭찬을 받으면 어떤 일이 벌어지는지 살펴보는 실험을 했다. 연구진은 실험 참여자들에게 다른 사람과 칭찬을 주고받으면 기분이 얼마나 좋아질 것 같은지 예상해 보도록 했다. 그 결과 사람들은 자신의 칭찬으로 상대방의 기분이 좋아지는 정도를 상당히 낮게 평가한다는 사실을 발견했다. (그런 의미에서 나도 이 책을 읽는 여러분에게 오늘따라 매우 빛나 보인다고 말해주고 싶다.)

연락이 뜸했던 기존 인맥을 다시 활성화하는 두 번째 방법은 팟캐스트나 신문 기사 등 상대방이 좋아할 만한 정보를 공유하는 것이다. 킹은 "당신에게 공유하고 싶은 정보가 많다는 사실을 표현하면서 당신을 늘 생각하고 있다고 말하면 상대방은 선물을 받은 듯한 기분이 들 것입니다"라고 내게 설명했다.

마지막 방법은 도움을 요청하는 것이다. 킹은 이 방법도 상대에게 선물이 될 수 있다고 믿는다. 사람들은 자신의 전문성이 쓸모 있다고 느끼고 싶어 한다. 연구에 따르면 사람들은 누군가에게 도와달라는 요청을 받았을 때 도움을 주는 상대와 가까운 사이라고 인식한다.

킹은 몇 년 동안 연락이 오지 않았던 사람들이라 하더라도 자신이 먼저 연락하면 거의 항상 답장을 받는다고 말했다. "제가 먼저 연락했을 때 상대에게 연락이 오지 않았던 적은 단 한 번도 없어요."

세 가지 인맥 관리 리추얼이 킹에게 미친 영향은 어마어마했다. 특히 코로나19로 인한 외출 제한 조치로 한 해의 대부분을 집에서 보내야 했던 2020년에는 더욱 그랬다.

"특히 지난 일 년은 인맥 관리 리추얼 덕분에 살 수 있었던 것 같아요. 사람들과 물리적으로 단절된 순간에도 서로 연결되어 있다는 느낌을 받을 수 있었거든요." 킹의 남편도 그녀의 인맥 관리 리추얼을 따라 하기 시작했고, 덕분에 구직 활동을 하지 않는데도 새로운 직장으로 이직할 수 있었다. 꿈에 그리던 직장에서 훌륭한 사람들과 함께 일할 수 있게 된 것이다. 인맥 관리 리추얼은 킹뿐만 아니라 남편의 삶까지도 완전히 바꿔놓았다.

이렇듯 휴면 상태의 기존 인맥을 다시 활성화하면 서로에게 도움을 주는 관계로 발전할 수 있을 뿐만 아니라 킹의 남편처럼 인생을 바꿀 기회도 얻을 수 있다.

실천하기

①   한 달에 한 번 시간을 정해서 몇 년 동안 연락하지 못하고 지낸 지인 2~3명의 이름을 적어본다. (아니면 킹처럼 매주 진행해도 좋다.)

②   당신이 그들에게 어떻게 도움이 될 수 있을지 생각해 본다. 그들에게 도움받은 것에 대해 감사 인사를 전할 수도 있고, 그들이 좋아할 만한 정보를 공유할 수도 있다. 아니면 당신이 현재 하는 일에 대한 조언을 구할 수도 있다.

상대와 빠르게
친밀해지는 법

　사람들과 빨리 친해지는 능력은 일하는 데도 도움이 많이 된다. 함께 일하는 동료와 원만하게 지낼 수 있고 영업 계약을 성사시킬 수 있으며 인맥을 수월하게 넓힐 수 있다. 우리 주변에는 처음 보는 사람과도 쉽게 친해지는 사람들이 있다. 이런 사람들은 마치 숨구멍마다 카리스마가 뿜어져 나오는 것만 같다. 하지만 사교성을 타고나지 않았다고 해서 낙담할 필요는 없다. 상대방과 나 사이의 장벽을 허물고 상대와 빨리 친해지는 능력은 타고난 재능이 아닌 기술이라서 누구나 배울 수 있기 때문이다.

　데이비드 코치David 'Kochie' Koch는 호주에서 시청률 1위의 아침 방송 「선라이즈Sunrise」의 공동 진행자로 20여 년 동안 프로그램을 이끌어왔다. 「선라이즈」에서 그는 주로 연예인이나 저명인사들을 인터뷰했다. 이들은 언론을 상대하는 방법을 미리 교육받아서 인터뷰 때 늘 틀에 박힌 대답을 했다. 또 언론과 대화할 때면 종종 가면을 쓴 것처럼 솔직한 모습을 드러내지 않아 인터뷰 진행자들이 애를 먹었다.

코치는 인터뷰를 잘 진행하려면 무엇보다도 이들과 짧은 시간 안에 친밀한 관계를 맺는 것이 중요하다는 사실을 깨달았다. 그리고 수년간의 인터뷰 경험을 통해 거의 실패하지 않는 방법을 찾아냈다.

"저는 방송에서 인터뷰를 진행할 때면 항상 어린 시절에 관한 질문을 합니다. 형제, 자매, 부모님과 어떤 관계인지, 어릴 때 가족끼리 무엇을 했는지 등을 묻죠. 어린 시절에 관한 이야기를 듣고 나면 상대방을 더 잘 이해할 수 있게 되거든요."

코치가 이어서 설명했다. "상대가 열여덟 살이든 여든 살이든 똑같습니다. 우리는 모두 가족의 보살핌을 받으며 자랐고 그 기억은 절대 잊히지 않죠. 다른 사람처럼 행동할 수 있을 것 같아도 어린 시절 이야기를 하다 보면 자기도 모르게 본래 모습으로 돌아오게 돼요. 그래서 저는 항상 이 지점을 공략합니다."

가족은 매우 보편적인 대화 주제다. 우리 모두에게는 어떤 형태로든 가족이 있고, 누구나 이야기하고 싶은 흥미로운 어린 시절 기억을 갖고 있다. 하지만 처음 누군가를 만났을 때 가족에 관해 대화하는 경우는 드물다. 하물며 유명인은 어떨까. TV 인터뷰에서 자신의 가족에 대한 질문을 받으리라고 예상하는 유명인은 아마 아무도 없을 것이다.

"저처럼 가족에 관해 묻는 인터뷰 진행자는 거의 없습니다. 예

6장 연결

를 들어볼게요. 얼마 전에 제가 진행하는 아침 방송 「선라이즈」에 싱어송라이터 찰리 XCXCharlie XCX가 출연했어요. 그녀의 새 앨범 재킷을 보았는데 다소 선정적이더군요. 누드 사진이었거든요. 찰리가 그 이야기를 하길래 제가 '어머님은 앨범 재킷을 보고 뭐라고 하셨나요?'라고 물어보았죠. 그러자 찰리는 이렇게 대답했어요. '앨범이 나오기 전에 먼저 전화로 설명해 드렸어요. 조금 쑥스러웠고 또 어떻게 말해야 할지 긴장도 됐죠.' 엄마에 대한 질문을 한 덕분에 그녀의 인간적인 면모를 엿볼 수 있는 대답을 들을 수 있었답니다."

코치는 찰리 XCX에 관한 자료를 조사하던 중 그녀가 첫 앨범을 녹음하기 위해 부모님께 돈을 빌렸다는 사실을 알게 되었다. 그래서 코치는 인터뷰 중 그녀에게 부모님께 돈을 갚았는지 물었다. "찰리는 '오, 아직 갚지 못했어요'라고 대답했고, 저는 '착한 딸이 아니네요'라고 농담으로 받아쳤죠. 이렇게 저는 그녀가 미리 준비한 대답 대신 인간다운 모습이 보이는 답변을 하도록 유도했답니다. 다들 한 번쯤은 부모님께 돈을 빌려본 적 있잖아요?"

실천하기

1 누군가와 업무적인 관계를 맺어야 할 때 곧바로 일에 관한 대화를 나누고 싶더라도 자제한다. 대신 상대방의 가족이나 어린 시절에 대해 질문한다. 모두가 공감할 수 있는 주제인 어린 시절과 가족에 관한 이야기를 나누면 상대와 더욱 돈독하고 인간적인 관계를 빨리 맺을 수 있다.

진부한 스몰 토크를
피하는 법

　밖에서 케빈 로즈를 보면 굉장히 자신감이 넘치는 사람처럼 보인다. 페이스북, 트위터, 스퀘어(금융 서비스 플랫폼—옮긴이)의 엔젤 투자자였던 그는 소셜 뉴스 웹사이트 디그Digg의 창업자이기도 하다. 또한 미국에서 가장 인기 있는 팟캐스트 채널인 「더 케빈 로즈 쇼The Kevin Rose Show」의 진행자이며 벤처 캐피털 기업 트루 벤처스 True Ventures의 파트너다. 이렇게 사회적으로 많은 성취를 이루었는데도 로즈는 자신을 사회성이 부족한 사람이라고 소개한다. 실제로 그는 모르는 사람이 많은 장소에 가면 잔뜩 긴장한다.

　그뿐만이 아니다. 로즈는 스몰 토크(간단한 주제로 가볍게 나누는 대화—옮긴이)를 싫어한다. 그래서 사람들을 만나면 판에 박힌 주제로 대화하지 않고 흥미로운 관심사에 대해 스몰 토크를 쉽게 나눌 방법이 없을지 고민했다.

"저는 누군가와 대화할 때 공통 관심사에 관해 이야기하려고 합니다. 제 관심사 중에는 다소 괴짜다운 것이 많은데요. 그래서 사람들이 저에게 '요즘 어떻게 지냈어요?'라고 물어보면 '노루궁뎅이 버섯을 재배하려고 나무에 종균을 배양했어요.' 같은 대답을 합니다. 그러면 사람들은 대체로 조금 더 자세히 설명해 달라고 하거나 버섯을 재배하면서 있었던 재미있는 일화에 관해 이야기해 달라고 하죠. 이런 식으로 스몰 토크를 시작하면 그냥 '날씨가 안 좋네요'라고 말하는 것보다 더 재미있게 대화할 수 있어요."

로즈는 행사에 참석하기 전에 자신이 그동안 해온 흥미로운 일과 행사에서 만나게 될 사람이 관심을 가질 만한 주제를 의식적으로 생각하는 시간을 보낸다.

또한 자신처럼 항상 새로운 것을 탐구하고 평생 배우려고 하는 사람들이 주로 어떤 유형의 사람들과 관계 맺기를 원하는지 생각해본다. 그래서 '요즘 무엇에 관심이 있으세요?', '요즘 시도하고 있는 새롭고 흥미로운 일이 있나요?' 등 상대방이 자신의 관심사를 말하도록 유도하려면 어떻게 질문해야 하는지 고민한다.

미국 워싱턴대학교에서 진행한 연구는 로즈의 이 같은 전략을 뒷받침한다. 셰리 레빈슨Cheri Levinson과 동료 연구진은 사람들이 자신만의 독특한 경험, 이야기, 성향에 관해 이야기할 때 사교 모임에서 불안감을 덜 느낀다는 사실을 발견했다. 자신의 고유한 특성을 잘 알면 사회적 상황에서 느끼는 두려움이 줄어든다는 것이다.

마지막으로 로즈는 상대방이 추천하는 책에 관해 대화를 나누면 지루한 스몰 토크를 피할 수 있다는 사실을 발견했다. "저는 처음 만난 사람과 대화할 때 항상 읽을 만한 새로운 책을 찾고 있다고 말합니다. 지난 6개월 동안 재미있게 읽은 책 중에서 저에게 추천해 주고 싶은 책이 있는지 물어보죠. 그러면 대부분 본인이 흥미롭게 읽은 책을 소개해 줘요."

이런 방식으로 처음 만나는 사람과 대화하다 보면 이야기가 예상치 못한 방향으로 전개된다. 이처럼 진부한 주제로 나누는 스몰토크를 피하면 많은 시간을 보내지 않더라도 유용하고 보람 있는 대화를 나누면서 모두의 시간을 현명하게 사용할 수 있다.

실천하기

① 사교 행사에 참석했는데 아는 사람이 아무도 없다면 최근에 시도했던 새롭거나 독특한 일 몇 가지를 생각해 본다.

② 누군가 "요즘 뭐 하고 지내셨어요?"라고 묻는다면 위에서 생각한 대화 소재 중 한 가지를 골라 대답한다. 그러면 흥미로운 대화가 자연스럽게 이어질 것이다.

③ 로즈처럼 항상 새로운 것을 배우려는 사람들(또는 버섯을 재배하는 사람들)과 관계를 맺고 싶다면, 상대방에게 "요즘 시도하고 있는 새롭고 흥미로운 일이 있나요?"라고 질문한다. 아니면 지난 6개월 동안 정말 재미있게 들었던 팟캐스트나 오디오북 콘텐츠가 있었는지 물어볼 수도 있다.

낯선 행사에
대처하는 법

2019년 나는 TED 콘퍼런스 행사에 두 번째로 참석했다. 혹시 내가 참석한 TED 프로퍼TED Proper에 가본 적이 있는가? 없다면 전 세계에서 가장 뛰어난 성과를 거둔 2000여 명의 사람이 거대한 컨벤션 센터에 모여 있다고 상상하면 된다. 이곳에 모인 사람들은 얼핏 보면 다들 절친한 사이처럼 보이지만 사실 서로 잘 알지 못한다. (물론 TV 프로그램과 책에서 자주 보았거나 평소에 동경해 온 인물이라서 잘 아는 것처럼 느껴질 수는 있다.) 참으로 진기한 광경이지 않은가?

제리 디슐러Jerry Dischler는 구글의 상품 경영 부문 부사장으로 광고팀을 이끌고 있다. 그가 처음 참석한 TED 콘퍼런스는 TED 2019였다. 내향적인 디슐러는 2000여 명의 낯선 사람들과 만나는 상황에서 덜 긴장하는 방법이 없을지 고민했다. 그러면서도 매력적이고 성공한 사람들과 어울리며 이들에게서 최대한 많은 것을 배우고 싶었다.

그러던 중 콘퍼런스에서 만난 사람이 그의 고민을 해결해 줄 놀라운 방법 한 가지를 가르쳐주었다. "제가 만났던 그 사람은 전혀 내향적인 성격으로 보이지 않았어요. 그런데 자신을 내향인이라고 소개하더군요. 제가 '어떻게 그렇게 행동할 수가 있나요?'라고 물었더니 '자신이 비디오 게임을 하고 있다고 생각하면 됩니다'라고 대답하더라고요. 네트워킹 행사를 게임이라고 생각하고, 자신은 게임 속 외향적인 캐릭터가 되어서 새로운 사람들과 대화할 때마다 점수를 획득한다고 상상하는 거예요."

행동을 변화시키는 효과적인 방법은 인식을 바꿔서 두려운 대상을 즐거운 대상으로 여기는 것이다. 인간은 자신이 나아가고 있다고 느낄 때 동기 부여를 받는다. 따라서 낯선 사람과 대화할수록 점수가 올라가는 방식도 동기 부여가 될 수 있다. 또한 이 방식은 처음 보는 사람에게 자신을 소개해야 한다는 생각에서 오는 두려움, 최악의 경우 마비까지 유발할 수 있는 공포에서 벗어나도록 돕는다.

원래 이 게임 전략은 스스로 외향적이고 사교성이 뛰어난 사람이라고 생각하도록 자신을 속이는 방법이다. 흥미롭게도 내향적인 사람들이 외향적으로 행동하면, 또 새로운 운동 배우기, 사교 행사 참여하기, 아는 사람이 전혀 없는 곳에서 자원봉사 하기 같은 외향적인 활동을 하면 기분이 좋아진다고 한다.

이를 뒷받침하는 연구도 있다. 연구진은 실험 참여자들에게 다른 사람과 대화를 나누게 했다. 그리고 이들이 대화를 나누기 전 일부 참여자들에게는 외향인처럼 대담하고 단호하고 즉흥적이고 수다스럽게 행동해 달라고 부탁했다. 나머지 참여자들에게는 내향인처럼 조용하고 말수가 적고 수줍게 행동할 것을 요청했다. 그 결과 외향인처럼 행동한 학생들은 내향인처럼 행동한 학생들보다 긍정적인 감정을 더 많이 경험했다. 또한 상대방과의 대화에서 더 큰 즐거움을 느꼈으며 자신의 대화를 듣는 주변인들에게 호의적으로 대했다.

물론 나는 내가 내향인이라서 좋다. 또한 내향적인 성향이 여러 놀라운 강점을 발휘한다는 사실에도 동의한다. (그러니 내향인들이여. 당신의 성향을 바꾸려고 하지 마라.) 하지만 낯선 사람들과 시간을 보낼 때는 외향인처럼 행동하는 전략이 도움이 될 수 있다. 처음 보는 사람들과 대화를 나눌 때 외향인처럼 행동한다면 내향인처럼 행동하는 것보다 더 즐겁게 대화를 나눌 수 있다. 또한 상대방과 더욱더 친밀한 관계로 발전할 수도 있다.

실 천 하 기

① 네트워킹 행사에 참석했는데 마음이 긴장되고 불안하다면 자신이 게임 속에 있다고 상상해 본다.

② 자신이 어떤 보상 시스템에서 동기 부여를 받는지 생각해 본다. 높은 점수를 획득하는 것과 같은 단순한 시스템에서 동기 부여를 받을 수도 있고, 근사한 곳에서 외식한다거나 마사지를 받는 등 자신에게 선물을 주는 시스템

이 의욕을 불러일으킬 수도 있다.

③ 위에서 정한 보상 시스템을 바탕으로 목표를 세운다. 예를 들어 사교 행사에 참석했다면 만점을 5점으로 하고, 낯선 사람과 대화를 나누거나 그 사람이 당신에게 연락처를 물어볼 때마다 1점씩 획득하는 방식으로 진행할 수 있다.

④ 목표를 달성하면 자신에게 보상을 제공한다. 네트워킹 활동을 할 때 당신이 두려움을 느끼는 행동과 보상을 연결한다면, 그 행동을 할 때 느끼는 두려움의 크기는 줄어들고 즐거움은 커질 것이다.

홀수 무리를
공략하라

　나는 비즈니스 행사나 콘퍼런스에 참석하는 것을 극도로 꺼린다. (내가 연설을 해야 하는 상황이 아니면 절대 참석하지 않는다.) 커다란 콘퍼런스 홀에 걸어 들어가 수많은 낯선 사람을 만나야 한다는 게 싫다. 어쩌다 참석하게 되더라도 분위기에 잘 적응하지 못한다. 그런데 주변을 둘러보면 나를 뺀 모두가 오랜 친구처럼 담소를 나누며 멋진 시간을 보내는 것만 같다. 나도 수많은 사람 중에서 나와 대화를 나누고 싶어 하는 사람을 한 명이라도 찾고 싶지만, 어떻게 해야 할지를 몰라 늘 혼란스럽다.

　이런 사교 활동을 싫어하는 마리사 킹은 모순적이게도 무려 15년 넘게 사람들의 인맥 관리에 관한 연구를 수행해 왔다. 킹은 미국 예일대학교 경영대학원에서 조직행동학을 가르치는 교수다. 그녀는 인맥 맺기의 비밀을 파헤친 책 『인생을 바꾸는 관계의 힘』의 저자이기도 하다.

킹은 나처럼 (어쩌면 지구상에 있는 모든 사람처럼) 낯선 사람으로 가득한 공간에 들어가서 그들과 대화를 시작하는 상황을 몸서리치게 싫어한다. 하지만 다행히도 킹은 자신이 수행한 연구 덕분에 이런 기분에서 벗어날 수 있었다. "저는 행사장 속의 사람들이 커다란 장벽 또는 거대한 바다를 형성하고 있다고 생각했어요. 하지만 알고 보니 여러 개의 작은 무리로 나뉘어 있더군요."

킹이 이어서 설명했다. "저는 행사장 안의 사람들을 거대한 바다가 아닌 여러 개의 작은 섬으로 바라보기 시작했어요. 그러자 머릿속에 이런 생각이 떠오르더군요. '사람들 무리를 섬으로 보기 시작하니까 대화에 참여하기가 조금 쉬워진 것 같아. 그럼 이제부터 무엇을 해야 할까?' 연구에 따르면 사람들은 거의 항상 두 명 또는 한 쌍으로 상호작용 한다고 해요. 2라는 숫자는 인간이 상호작용을 나누는 가장 기본적인 단위죠. 우리는 두 개의 눈과 두 개의 귀로 단 하나의 목소리에 집중해요. 이런 현상을 두고 칵테일 파티 효과(주변이 시끄러운 상황에서도 본인이 관심을 두는 이야기는 선택적으로 잘 들리는 현상—옮긴이)라고 부르죠."

킹은 여기서 힌트를 얻어 홀수의 인원으로 구성된 소규모 무리를 찾아다녔다. "사람들은 3명이나 5명, 또는 7명이 모인 무리를 찾는 경향이 있어요. 인원수가 홀수라면 대화에 참여하지 않는 사람이 있다는 뜻이고, 그들은 대화 파트너를 찾고 있을 가능성이 커요. 이 사실은 제가 여러 사람이 모인 행사에서 느끼는 극도의 불안감을 극복할 수 있게 도와주었어요. 제가 어떻게 행동하면 될지 방향을 제시해 준 거죠."

그녀는 이제 더는 어느 무리에 합류해야 할지 고민하며 시간을 낭비하지 않는다. 당신도 킹의 전략을 이용한다면 새로운 사람들과 쉽게 관계를 맺을 수 있다. 더 나아가 수많은 사람 속에서 소외감을 느끼는 사람을 도울 수 있을 것이다.

실 천 하 기

① 행사에 참석했는데 아는 사람이 전혀 없거나 새로운 사람과 대화하고 싶다면 세 명 또는 홀수 인원으로 구성된 소규모 무리를 공략한다.

② 무리 속에서 대화에 참여하지 못하는 사람에게 다가가 일대일 대화를 시도해 본다. (홀수 인원의 무리라면 겉도는 사람이 한 명은 있을 것이다.)

흥미로운 이메일을
쓰는 법

당신이 받은 이메일 중에서 따분하게 작성된 이메일의 비중은 얼마나 되는가? 혹시 메일 본문에 '앞서 나눈 대화에 관한 제 의견은 다음과 같습니다', '이 보고서를 검토하신 뒤에 답변 부탁드립니다', '이전 이메일 내용에 관해 다음과 같이 알려드립니다' 같은 뻔한 문장들이 적혀 있지는 않은가?

듣기만 해도 매우 지루하다.

물론 당신도 나도 일부러 이메일을 지루하게 쓰는 것은 아니다. 우리는 훨씬 창의적이고 재치 있는 사람들이지 않은가?

나오미 바그도나스Naomi Bagdonas는 미디어 전략 컨설턴트이자 미국 스탠퍼드대학교 경영대학원에서 유머를 가르치는 강사다. 또한 그녀는 동료 교수 제니퍼 에이커Jennifer Aaker와 함께 베스트셀러 『유머의 마법Humor, Seriously』을 펴낸 저자이기도 하다. 이러한 이력에서 알 수 있듯 바그도나스는 이메일을 유머러스하게 보내면 장점이 많다고 주장한다.

"우리는 매일 엄청난 양의 디지털 정보를 받으며 살아갑니다. 가히 폭격 수준이라고 할 수 있죠. 유머는 이런 수많은 잡음 사이에서 신호를 골라내는 아주 강력한 방법입니다. 20분 동안 사업에 관한 이메일만 40통을 연달아 읽은 사람이 살짝 가벼운 내용의 이메일 한 통을 받는다면 선물을 받았다고 생각할 겁니다. 메일 제목을 재치 있게 적거나, 본문에 움직이는 이미지 또는 전혀 예상할 수 없는 재미있는 내용의 문장을 넣어보세요. 이 한 통의 메일이 가진 힘은 엄청나답니다."

무엇보다도 유머가 담긴 이메일은 상대가 그냥 지나치는 우선순위 낮은 이메일이 아닌 실제로 답장을 보내고 싶어지는 이메일이 될 수 있다. 이처럼 유머러스한 이메일은 받는 사람과의 관계를 더욱 돈독하게 만들어주기도 한다.

바그도나스는 자신의 수업을 듣는 학생들에게 최근에 보낸 이메일 10개를 직접 검토해 보게 한다. 그리고 로봇이 작성한 것 같은 뻔한 문구를 가장 많이 찾아내는 학생에게 상을 주는 시합을 연다. 학생들은 따분하고 상투적인 문구를 발견하면 채팅창을 이용하거나 직접 낭독하는 방식으로 다른 학생들에게 공유한다.

이 활동을 통해 학생들은 기술을 매개로 한 소통이 많아질수록 유머 감각과 인간성을 잃기 쉽다는 사실을 깨닫는다. "우리는 무의식적으로 우리가 사용하는 도구에 맞춰 행동합니다. 만약 우리가 계속 기술을 매개로 소통한다면 마치 로봇이 말하는 것처럼 보일 겁니다." 그녀가 설명했다.

바그도나스는 당신의 이메일을 따분함에서 벗어나게 해줄 간단한 방법 세 가지를 소개했다.

첫 번째 방법은 사람 냄새가 풍기는 이메일을 작성하는 것이다. '이 이메일에는 지난번 논의에서 저에게 요청하신 자료가 첨부되어 있습니다'라고 쓰는 대신, '지난번에 요청하신 자료를 이 이메일에 첨부해 보내드립니다'라고 쓰는 것이다. 간단한 방법이지만 그 효과는 엄청나다. 하지만 이런 방식으로 이메일을 작성하는 사람은 거의 없다. 로봇이 아닌 실제 사람이 쓴 것처럼 보이는 이메일을 받으면 내용을 읽고 파악하기가 한결 수월해진다. 이렇게 쓰기 위해 코미디 언급의 유머가 필요한 것도 아니니 누구나 쉽게 실천할 수 있다.

두 번째 방법은 예상치 못한 문장으로 마무리 인사를 건네는 것이다. 이는 바그도나스가 실제로 사용하는 방법이기도 하다. 이메일의 마지막에 '친애하는 당신에게 Kind regards'라고 쓰는 대신 본문과 관련이 있으면서도 기발한 문장을 쓰는 것이다. 바그도나스는 한 일화를 예로 들었다. 당시 그녀는 오후 3시에 전화 회의를 할 때 상대방이 커피를 세 잔이나 마셨다고 말하자 자신도 커피를 두 잔째 마시고 있다고 말하며 웃었던 기억을 떠올렸다. 그래서 회의를 마치고 상대방에게 이메일을 보낼 때 맨 마지막에 '당신처럼 카페인 없이 못 사는 바그도나스 드림'이라고 적었다.

세 번째 방법은 과거의 기억을 활용하는 것이다. 상대방이 이메일을 읽으면서 과거에 자신과 대화하며 웃었던 기억을 떠올릴 수 있도록 한다. "저는 누군가와 통화할 때, 특히 상대방이 새로운 고객

일 경우 자연스럽게 같이 웃게 되는 순간을 포착합니다. 그 순간을 기억해 놓았다가 나중에 이메일을 작성할 때 이때 나눈 대화를 떠올릴 수 있는 내용을 포함시킵니다. 한번은 제가 스탠퍼드대학교에서 진행 중인 수업에 특강 연사로 초대하고 싶은 상대와 통화를 하고 있었어요. 그는 자신이 미신에 빠졌다고 농담을 했죠. 저는 이 농담을 기억하고 있다가 그에게 보내는 메일에 이렇게 적었습니다. '제 수업에서 강연해 주시기를 간절히 바랍니다. 저희의 바람이 이루어지도록 매일 두 손가락을 포개 기도하고 있고, 행운의 상징인 토끼 발 장신구도 열쇠고리로 쓰고 있으며, 동전 수천 개를 연못에 던지며 소원도 빌고 있답니다.'"

이 세 가지 방법을 시도하는 데 모두 실패했다면 밈을 활용해보는 것도 좋다. 메일에 적절하게 배치한 밈은 큰 효과를 발휘할 수 있다. 다만 너무 많이 사용해서는 안 된다. 그리고 유머를 활용할 때 또 주의할 사항이 있다. '펀치 다운Punch Down'식 유머는 절대 이용해서는 안 된다. 펀치 다운식 유머란 자신보다 지위가 낮거나 약한 사람을 농담의 대상으로 삼는 것을 말한다. 바그도나스는 '당신이 만약 조직에서 가장 높은 사람이거나 권위 있는 위치에 있다면 자신을 조롱의 대상으로 삼는 것이 가장 안전하다'라고 조언했다.

반대로 당신이 조직에서 가장 높은 위치에 있지 않다면 자신보다 높은 지위에 있는 사람을 농담의 대상으로 삼는 '펀치 업Punch Up'식 유머를 이용해도 괜찮다. 펀치 업식 유머는 실제로 조직 내에서 높은 지위와 영향력을 얻는 데 도움이 될 수 있다.

① 자신이 보내는 이메일을 직접 검토해 본다. 보낸편지함에서 최근 발송한 이메일 10통을 열어보고 그 안에 틀에 박힌 지루한 문구가 보이면 표시한다.

② 다음의 방식으로 이메일을 유머러스하게 작성해 본다.

a) 사람 냄새가 풍기는 이메일을 작성한다. 업무용 이메일에서 자주 사용하는 틀에 박힌 문장을 쓰지 않도록 한다.

b) 이메일 마무리 인사를 상대가 웃을 수 있도록 유머러스하게 작성한다.

c) 과거에 즐거웠던 기억을 활용한다. 이메일 수신인과 과거에 회의했거나 대화를 나눈 적이 있다면 당시에 함께 웃었던 순간을 떠올릴 수 있도록 관련 내용을 재치 있게 언급한다.

d) 움직이는 이미지(GIF)를 이용한다. 단 너무 많이 사용해서는 안 된다.

연결

핵심 정리

한 쪽짜리 나 사용 설명서 만들기

한 쪽 분량의 나 사용 설명서를 만들기 위해 다음의 질문에 답해보자.

• 나의 장점은 무엇인가? 내 장점이 발휘되려면 다른 사람이 어떻게 도와야 할까?

• 나의 단점은 무엇인가? 어떤 상황에서 내 단점이 나타나는가?

• 내가 가장 선호하는 의사소통 방식은 무엇인가?

• 나를 가장 화나게 하는 것은 무엇인가?

• 사람들이 나에 대해 오해하는 것이 있다면 무엇인가?

나 사용 설명서를 어떻게 공유하고 싶은지 생각해 본다. 문서 파일로 작성해서 팀원들에게 공유하거나 새로 같이 일하게 된 동료에게 전달할 수 있을 것이다. 아니면 전 세계 사람들 누구나 읽어볼 수 있도록 온라인에 올려놓을 수도 있다.

옷차림으로 소통하기

직원들에게 중요한 메시지를 전달해야 한다면 직원들의 이목을 집중시킬 수 있는 독특한 소통 창구를 이용해 보자. 옷차림을 활용할 수도 있고, 화상 회의를 더 많이 열 수도 있다. 또는 영상 통화 속 배경화면이나 소품을 이용하는 것도 좋다.

깜짝 선물 보내기

사람들에게 깜짝 선물을 주면서 즐겁게 만들 기회를 찾아본다. 크리스마스처럼 누구나 선물을 주고받는 날이 아닌 선물을 받을 거라고 전혀 예상하지 못하는 날에 깜짝 선물을 보내보자.

누구의 도움이 필요한지 생각해 보기

한 주를 시작할 때 이번 주에 우선하여 처리할 일이나 달성해야 할 목표를 분명하게 확인한다. 그리고 모든 일을 전부 혼자 처리하려고 하지 않는다. 대신 '누구의 도움을 받을 것인지' 자신에게 물어본다. 그 사람이 내 팀원일 수도 있고 아닐 수도 있다. 사실 누구든 상관없다. 중요한 것은 목표를 달성하기 위해 다른 사람의 도움을 받을 수 있으며, 당신 혼자 목표를 이룰 것으로 기대하는 사람은 아무도 없다는 사실을 스스로 인정하는 것이다.

극단적 기버가 되기

누군가와 장기적인 관계를 맺으려 한다면 그 사람에게 꼭 필요한 것을 주겠다는 너그러운 마음을 가져야 한다. 그 사람의 삶에서 일어나는 주요 사건들을 계속 지켜보도록 하자. 취업하거나 아이를 낳거나 업무적으로 중요한 일을 이뤄내는 등 여러 좋은 소식이 들려올 수 있다. 이런 희소식이 들릴 때 그 사람을 응원하는 당신의 진심을 어떻게 하면 잘 전달할 수 있을지 생각해 본다. 이메일을 보내거나 SNS에서 '좋아요'를 누르는 등의 일반적인 방식 말고 좀 더 의미 있는 방식으로 축하하는 방법을 찾아보자.

휴면 상태의 인맥을 활성화하기

한 달에 한 번 시간을 정해서 몇 년 동안 연락하지 못하고 지낸 지인 2~3명의 이름을 적어본다. (당신이 마리사 킹처럼 인맥 관리에 의욕적이라면 매주 진행해도 좋다.) 당신이 이들에게 어떤 도움을 줄 수 있을지 생각해 보자. 그들에게 도움을 받은 것에 대해 감사하다고 말하고 싶을 수도 있고, 그들이 좋아할 만한 정보를 공유할 수도 있다. 아니면 당신이 현재 하는 일에 대한 조언을 구할 수도 있다.

가족에 대해 질문하기

누군가와 업무적인 관계를 맺어야 할 때 곧바로 일에 관한 대화를 나누고 싶더라도 자제한다. 대신 상대방의 가족이나 어린 시절에 대해 질문한다. 모두가 공감할 수 있는 주제인 가족과 어린 시절에 관해 이야기를 나누면 상대방과 더욱 돈독하고 인간적인 관계를 빨리 맺을 수 있다.

흥미로운 대화 소재를 미리 준비하기

사교 행사에 참석했는데 아는 사람이 아무도 없다면 최근에 시도했던
새롭거나 독특한 일 몇 가지를 생각해 본다. 누군가 당신에게 "요즘 뭐
하고 지내셨어요?"라고 묻는다면 미리 생각해 놓은 대화 소재 중 한 가
지를 골라 대답한다. 흥미로운 대화가 자연스럽게 이어질 것이다.

네트워킹 행사를 게임이라고 생각하기

네트워킹 행사에 참석했는데 마음이 긴장되고 불안하다면 자신이 게
임 속에 있다고 상상해 보자. 또한 자신이 동기 부여를 받는 보상 시스
템이 무엇인지 생각해 본다. 높은 점수를 획득하는 시스템에서 동기
부여를 받는가? 아니면 현실적인 보상이 따를 때 의욕이 샘솟는가? 그
다음에는 이렇게 정한 보상 시스템을 바탕으로 목표를 세워본다. 사교
행사에 참석했다면 만점을 5점으로 하고 낯선 사람과 대화할 때마다
1점씩 획득하는 방식으로 진행할 수 있다. 목표를 달성했다면 자신에
게 보상을 제공한다.

홀수 인원으로 구성된 무리에 합류하기

행사에 참석했는데 아는 사람이 전혀 없거나 새로운 사람을 만나 대화
하고 싶다면 홀수 인원으로 구성된 소규모 무리를 찾아본다. 적당한
무리를 찾았다면 그 안에서 대화에 참여하지 못하는 사람에게 다가가
일대일 대화를 시도해 본다.

이메일을 재치 있게 쓰기

자신이 보내는 이메일을 직접 검토해 본다. 보낸편지함에서 최근 발송한 이메일 10통을 열어보고 그 안에 틀에 박힌 지루한 문구가 보이면 표시한다.

다음의 방식으로 이메일을 유머러스하게 작성해 본다.

a) 사람 냄새가 풍기는 이메일을 작성한다. 업무용 이메일에서 자주 사용하는 틀에 박힌 문장을 쓰지 않도록 한다.

b) 이메일 마무리 인사를 상대가 웃을 수 있도록 유머러스하게 작성한다.

c) 과거에 즐거웠던 기억을 활용한다. 이메일 수신인과 과거에 회의했거나 대화를 나눈 적이 있다면 당시에 함께 웃었던 순간을 떠올릴 수 있도록 관련 내용을 재치 있게 언급한다.

d) 움직이는 이미지(GIF)를 이용한다. 단 너무 많이 사용해서는 안 된다.

TIME

에너지

당신의 불꽃을 유지하라

WISE

시계가 오후 2시를 가리키자 부산스럽게 몸을 움직이는 당신. 여전히 식곤증에서 헤어 나오지 못한 상태다. 점심을 많이 먹어서 아직 배가 부른데도 당이 떨어진다며 간식으로 초콜릿을 마구 집어 먹는다. 지금 이렇게 엄청난 양의 설탕이 들어간 간식을 많이 섭취하면 20분 내로 몸이 힘들어질 것을 잘 알면서도 멈출 수가 없다.

에너지 관리는 시간 관리보다 훨씬 더 힘들다. 자신의 감정 기복과 신체 에너지 리듬을 같이 살펴야 하기 때문이다. 게다가 예상치 못한 스트레스 유발 요인을 만나면 에너지가 고갈될 수도 있다. 그러니 지금부터 에너지 관리의 주도권을 되찾아야 한다. 또한 하루의 대부분을 의욕이 넘치는 상태로 살기 위해 어떤 기술과 도구가 필요한지 생각해 보아야 한다. 몸과 마음에 에너지가 가득 채워져 있으면 시간도 더욱더 현명하게 활용할 수 있다.

이 장에서는 먼저 바쁘고 스트레스를 많이 받을 때 구체적인 목표를 종이에 적어 자주 보이는 곳에 두고 상기하는 것이 어떻게 의욕을 다시 불타오르게 하는지 알아본다.

그다음에는 힘들고 하기 싫은 일을 즐겁게 하는 방법과 에너지를 유지하기 위한 최적의 업무 속도를 설정하는 법에 대해 살펴본다.

에너지를 잘 관리하는 사람들은 어떻게 하면 종일 최고의 행복을 느낄 수 있을지 고민한다. 따라서 우리도 에너지를 잘 관리하는 방법을 알아볼 것이다. 생산성을 높이는 새로운 습관을 만드는 요령과 종일 더 많은 감사와 유머, 기쁨을 경험하는 비결에 대해 배워본다.

마지막으로 당신의 에너지와 의욕을 빼앗는 일을 삶에서 없애는 방법에 대해 살펴본다.

포스트잇으로
회복 탄력성을 높이는 법

케이트 모리스Kate Morris에게 2020년은 잊지 못할 해였다. 자신이 창업한 어도어 뷰티Adore Beauty가 팬데믹 기간 동안 호주 최대 온라인 뷰티 스토어로 성장했고 이를 발판 삼아 호주 증권 시장에 상장하기 위한 준비를 했기 때문이다.

"당시 저는 은행에서 세운 일정을 보고 있었어요." 모리스가 당시를 회상했다. "제가 담당자에게 '몇 주 동안 매일 12시간씩 연속으로 화상 회의를 한다고요? 일정에 문제가 있는 것 같은데요'라고 말하자, 그들은 제게 '아니요, 대표님. 다들 이렇게 진행합니다'라고 대답했어요. 그 말을 듣는 순간 앞으로 시간 관리보다 에너지 관리가 더 중요하겠다는 생각이 들더군요."

모리스는 목표에 집중하는 것이 에너지를 가장 잘 관리하는 방법임을 알게 됐다. 그녀는 IPO(공모주: 기업이 최초로 외부 투자자에게 주식을 공개하는 행위로 증권 거래소에 공식 상장하는 것—옮긴이)를 통해 진짜 이루고 싶은 것인지 무엇인지 생각해 보았다. 답은 명확했다. 그녀는 여성이 창업하고 여성 대표가 이끄는 자신의 회사가 호주 역사상 최대 규모의 IPO로 기록되기를 원했다. 그녀는 새로운 역사를 만들고 싶었다.

모리스의 사업 코치는 그녀에게 명료한 목표를 만들어서 이를 항상 먼저 떠올리도록 해야 한다고 조언했다. "저는 코치의 조언을 듣고, 하루에 12시간 넘게 쳐다보는 컴퓨터 모니터 하단에 작은 포스트잇을 붙였어요. 그 포스트잇에 '역사를 만들자'라고 적어놓았죠."

모리스가 이어서 말했다. "당시 매시간 전화를 새로 걸어서 똑같은 내용의 프레젠테이션을 했어요. 받는 질문도 다 똑같았죠. 그때마다 저는 '역사를 만들자'라고 써놓은 포스트잇을 보며 대답했답니다. 덕분에 똑같은 프레젠테이션을 하더라도 매번 처음 하는 것처럼 임할 수 있었어요."

미국 뉴멕시코대학교 심리학과 교수 브루스 스미스Bruce Smith는 목표에 집중하면 어떤 일이 일어나는지를 증명하는 다소 독특한 연구를 진행했다. 스미스와 연구진은 목표가 뚜렷한 사람들이 그렇지 않은 사람들에 비해 매우 차갑거나 뜨거운 물에 손을 더 오래 담글 수 있다는 사실을 발견했다. 이 결과를 바탕으로 연구진은 목표의식이 뚜렷한 사람일수록 불편한 감정을 더 잘 다룰 수 있다는 결론을 내렸다. 마치 모리스가 화상 회의를 매일 12시간씩 연속으로 해야 하는 극도의 불편함을 견뎌낸 것처럼 말이다. (물론 회의에 연속으로 참여하는 것이 얼음물 속에 손을 오래 담그는 것보다 훨씬 덜 불편할

7장 에너지

것이다.)

모리스의 일화를 듣고 나니 나도 포스트잇에 목표를 적어 모니터 한쪽에 붙여야겠다는 생각이 들었다. 나는 사람들에게 즐겁게 일하면서도 최고의 성과를 내는 방법을 알려주고 싶다. 이것이 내가 일하는 이유이자 목표다. 성인이라면 보통 하루의 3분의 1을 일하며 보내기 때문에 나는 사람들의 일하는 시간이 즐겁기를 바란다. 그래서 포스트잇에 이렇게 적었다. '사람들이 즐겁게 일하면서 최고의 성과를 낼 수 있도록 돕자.'

나는 이 포스트잇을 매일 앉아 일하는 컴퓨터 모니터 하단에 붙여놓았다. 사실 내가 하는 일에 흥미를 느끼기 위해 큰 도움을 받을 필요가 없는 날이 대부분이다. 하지만 업무에 집중하기 힘들거나 밀린 일을 처리해야 하는데 도저히 의욕이 생기지 않을 때는 이 작은 메모지를 보며 목표를 떠올린다.

내 삶을 바꾼 건 목표를 명료히 하라는 익숙한 말보다 이를 실천하는 간단한 방법이었다. 목표가 적힌 포스트잇을 모니터에 붙여놓고 매일 확인한 덕분에 내가 추구하는 목표와 삶의 방식을 잊지 않고 항상 기억할 수 있었다.

실 천 하 기

1. 매일 당신을 일하게 만드는 주요 동기가 무엇인지 생각해 보자. 현재 진행 중인 대형 프로젝트에 관한 특정 업무일 수도 있고, 커리어에 관한 일반적

인 업무일 수도 있다.

② 자신이 일하는 이유나 목표를 짧은 문장이나 문구로 표현해 보자.

③ 종이나 포스트잇에 적어서 매일 볼 수 있도록 일하는 공간에 붙여놓는다.

④ 목표가 바뀌거나 목표와 관련된 대형 프로젝트가 끝나면 새로 수정한 목표를 포스트잇에 다시 적는다.

만족스러운 삶의 요인을
사수하라

가장 최근에 보낸 최악의 하루를 떠올려보자. 잠을 제대로 못 자고 일어났거나 종일 회의에 시달렸는가? 진행 중인 일이 일정보다 계속 늦어지는 것 같아 초조했는가? 아니면 회사 일이 끝나지 않아 가족들과 저녁 식사를 함께하지 못했는가? 어떤 이유였든 당신은 그날 일말의 성취감은커녕 그와는 정반대의 기분을 느꼈을 것이다.

리더십과 동기 부여 분야의 전문 작가이자 컨설턴트 제이슨 폭스Jason Fox 박사는 한때 성취감을 느끼지 못한 날을 극도로 의식했었다고 고백했다. "저는 고객과 함께 국내나 해외로 출장을 자주 떠나는데요. 가끔 몸과 마음이 처질 때가 있어요. 비행, 시차, 낯선 음식, 바뀐 잠자리 등 여러 가지에 영향을 받는 거죠. 이런 요인들은 제 건강을 악화시키고 나쁜 선택을 하게 만들어요."

폭스가 이어 설명했다. "저는 또한 3일 넘게 아침 일기를 쓰지 못하거나 아침 리추얼을 실천하지 못하면 제 일상에 문제가 생겼다는 신호로 받아들입니다. 호기심을 채우는 활동이나 독서를 3일 이상 실천하지 못하는 상황도 제 일상에 경고를 보내는 신호로 해석하죠."

이처럼 그는 성취감을 느끼는 작업을 우선하여 실천하지 않았을 때를 비상 상황으로 인식한다. 몇 년 전 폭스와 그의 아내는 두 사람에게 만족스러운 삶을 영위하는 데 중요한 다섯 가지 요인을 함께 적어보았다. 어떤 요인에서 좌절감과 성취감을 느끼는지, 또 어떤 일을 할 때 기쁨을 느끼고 몰입하는지 생각해 보았다.

예를 들어 폭스는 건강을 가장 중요한 요인으로 꼽았다. 그래서 그는 '일주일에 3회 헬스장 가기'와 '매일 7시간씩 수면하기'라는 자신만의 건강관리 목표를 세웠다. 신체 건강 유지라는 추상적인 목표를 측정 가능한 구체적인 목표로 바꾼 것이다.

폭스가 생각하는 만족스러운 삶에 큰 영향을 미치는 또 다른 요인은 지적 호기심이다. 그는 이 부분을 채우기 위해 매주 일정 시간 동안 책을 읽고 배우고 성찰하는 일을 우선순위에 두고 실천하고 있다.

이처럼 폭스와 그의 아내는 만족스러운 삶을 만드는 데 필요한 요소들을 우선적으로 실천하기 위해 노력하고 있다. 그 일환으로 두 사람은 집에 마련한 사무실 벽에 달력 포스터를 붙여놓고 이와 관련된 활동을 할 때마다 표시한다. 이전에는 스마트폰이나 컴퓨터 소프트웨어를 이용해 기록했지만 눈에 곧바로 보이지 않으면 잊어버리기 쉽다는 사실을 깨달았다.

달력을 이용하면 자신이 추구하는 삶에 맞춰 생활하고 있는지를 시각적으로 확인할 수 있다. 또한 달력만 보고도 어떤 문제가 있고 어떤 부분을 조정해야 하는지 한눈에 파악할 수 있다. 이렇게 자신의 시간에 책임감을 느끼고 우리를 바쁘게 만드는 요인을 직접 통제할 수 있다면 시간과 에너지를 현명하게 사용하면서 더욱더 만족스러운 삶을 살 수 있다.

실 천 하 기

① 　일상에서 겪고 있는 불만족스러운 일들을 목록으로 작성한다. 예를 들어 계속되는 야근으로 저녁에 배우자나 아이들과 충분한 시간을 보내지 못하는 것에 계속 화가 났을 수 있다. 불만족스러운 일이 떠올랐다면 이제 그 상황이나 대상에 불만을 느끼는 이유가 무엇인지 생각해 본다. 어쩌면 당신은 가족과 함께 시간을 보내는 것을 가장 중요하게 여기는 사람이라서 야근 때문에 이 시간이 줄어들면 화가 나는 것일 수도 있다.

② 　이제 반대로 자신이 어떤 일을 할 때 기쁨과 활력을 느끼고 쉽게 몰입하는지 생각해 본다. 업무나 취미 관련 활동에만 국한하지 말고 사람들과 교류하는 일, 당신의 삶에서 중요한 사람들에 관한 일, 신체 및 정신 건강과 관련된 목표 등 다양하게 떠올려본다.

③ 　이 목록에 작성된 항목을 보면서 건강, 가족, 친구, 학습, 스포츠, 자기계발, 공예, 만들기, 글쓰기 등 공통점을 찾아본다.

④ 　이 중에서 가장 중요하다고 생각하는 요인 몇 가지를 골라 우선순위를 매

긴다.

⑤ 위에서 정한 요인과 관련된 활동을 정하고 실천한다. 활동은 구체적이고 측정 가능해야 한다. 예를 들어 삶의 만족도에 영향을 미치는 요인으로 우정을 골랐다면, '매주 한 명 이상의 친구와 식사를 하거나 산책하기'를 측정 가능한 활동으로 정할 수 있다.

⑥ 주간 또는 월간 단위로 실천 여부를 점검하며 이 활동을 다른 활동보다 우선시했는지 확인하는 시간을 보낸다.

힘들고 어려운 일을
즐기면서 하는 법

사람들은 일을 이분법적으로 바라보는 경향이 있다. 깊게 몰입하고 집중해야 하는 일일수록 어렵고 힘들 것으로 생각한다. '고통 없이는 아무것도 얻을 수 없다No Pain, No Gain'는 속담도 있지 않은가. 어려운 상황에서 고군분투해야 가치 있는 결과를 얻은 것처럼 느껴진다. 이 책을 쓰는 일도 마찬가지다. 원고를 집필하는 일이 얼마나 힘들고 지치는 일인지 친구들에게 불평할수록 이 책을 완성했을 때 더 대단하게 느껴질 것이다. 그렇지 않은가?

평단의 찬사를 받은 책 『에센셜리즘Essentialism』과 『최소 노력의 법칙Effortless』을 쓴 작가 그렉 맥커운Greg McKeown은 이런 이분법적 사고가 터무니없다고 말한다. 그는 힘들고 어려운 일을 하는 과정도 충분히 즐거울 수 있다고 주장한다.

맥커운은 일 때문에 여러 곳에 전화를 걸어야 하는 상황을 정말 싫어했다. 그에게 전화를 거는 일은 단조롭고 지겨운, 그래서 하기 싫은 일이었다. 맥커운은 이 일을 즐겁게 할 방법이 없을까 고민하다가 다른 기업가에게서 배운 리추얼을 시도해 보았다.

"저는 여러 번 전화 통화를 해야 할 때면 욕조에 앉아 전화를 겁니다. 그리고 사람들에게도 제가 어디서 통화하고 있는지 말합니다. 숨길 이유가 없기 때문이죠. 그러면 상대방도 저도 웃으면서 통화를 나누게 됩니다. 이렇게 환경을 바꾸니 지겹고 하기 싫은 일이 즐거워졌어요."

맥커운은 이런 방식으로 접근한다면 하기 싫은 일이 어떤 일이든 즐겁게 해낼 수 있다고 믿는다. "중요한 일은 힘들고 어려울 것으로 생각하지만 사실 그런 말은 어디에도 적혀 있지 않습니다. 그래도 여전히 많은 사람이 중요한 일은 쉬울 리 없다고 생각해요."

그는 이 전략을 집안일에도 적용한다. "우리 가족에게는 식사 리추얼이 있습니다. 식사를 시작할 때 서로 건배를 하거나 가족 중에 좋은 일이 있으면 다 같이 큰 소리로 축하해 주죠. 그런데 식사를 마치고 나면 아이들이 닌자처럼 말없이 자리에서 사라지더군요. 한번은 아이들을 주방으로 불러 다 같이 뒷정리를 하려고 숨은 아이들을 찾으러 다녔어요. 하지만 다들 그럴듯한 핑계를 대면서 사라져 버렸죠."

맥커운은 어떻게 해야 아이들이 식사 후 뒷정리를 즐겁게 할 수 있을지 고민한 끝에 결국 답을 찾아냈다. 바로 디즈니 음악을 이용하는 것이었다. 큰딸이 디즈니 애니메이션 곡을 즐겨 부르는 모습에서 힌트를 얻었다. 그는 힘든 일을 재미있는 일로 바꾸기 위해 식사를 마치고 정리하는 동안 디즈니 음악을 틀기 시작했다. 맥커운의 전략은 성공적이었다. 아이들은 이제 식탁을 치우고 설거지하는 시간을 즐긴다. 모두가 피했던 일에 음악과 춤, 노래를 더했더니 즐겁고 활기찬 일이 되었다.

실 천 하 기

① 　정기적으로 수행하는 회사 업무나 가사 업무 중 단조롭고 지겨워서 하기 싫은 일이 있는지 생각해 본다. 이메일 보내기, 전화 통화, 빨래나 설거지 같은 집안일일 수도 있고, 진행이 더딘 대형 프로젝트일 수도 있다.

② 　자신이 좋아하는 것과 하기 싫고 힘든 일을 짝지어 보자. 이메일에 답장하는 일을 싫어한다면 좋아하는 음악을 들으면서 해보는 것은 어떤가? 맥커운처럼 전화 통화를 싫어한다면 욕조 안이나 전망이 좋은 야외 공간으로 통화 장소를 바꿔보는 것도 좋다.

③ 　힘든 일을 할 때 자신이 좋아하는 것을 같이 시도한다. 이 과정을 계속 반복하다 보면 온몸의 기운을 빨아들이는 것처럼 하기 싫던 일이 점차 하고 싶은 일로 바뀌는 경험을 하게 될 것이다.

힘든 일을 지속하기 위한
최적의 속도

　　그렉 맥커운은 그의 두 번째 베스트셀러 『최소 노력의 법칙』을 쓰면서 자신의 책 집필 과정을 수시로 되돌아보았다. 그 과정에서 자신은 3시간 넘게 글을 쓰면 몰입도가 현격히 떨어진다는 사실을 발견했다.

　　"만약 제가 4시간이나 6시간, 아니 그보다 더 오래 붙잡고 있었다면 원고 작업량이 줄어드는 걸 넘어서 글 자체가 나빠졌을 겁니다. 경제학에서는 이를 수확 체감의 법칙Diminishing Returns(생산 요소를 늘려도 수확량이 그만큼 늘지 않는 현상—옮긴이)이라고 불러요. 일정 지점을 넘어서면 시간과 노력을 한 단위씩 늘려도 산출 속도가 점점 떨어지기 때문에 산출량이 줄어든다는 것이죠. 여기서 추가적인 노력을 더 기울인다고 해도 산출량은 늘지 않아요. 오히려 전반적으로 손해가 발생하는 부정성 수확Negative Returns 현상이 발생하죠."

맥커운은 책 집필에 4시간 이상 매진한 날에는 원고가 전보다 더 엉망인 것처럼 느껴졌다고 말했다. 그때 그는 자신에게 알맞은 작업 속도를 유지해야 한다는 사실을 깨달았다. 그래서 새로운 방식으로 책 집필을 시도해 보았다.

"원고 집필을 하는 저만의 최소 기준은 '매일 구글 문서를 열어 원고를 쓰는 것'입니다. 제가 쉽게 지킬 수 있는 기준이죠. 반대로 최대 기준은 '집필 시간은 하루에 최대 3시간을 넘기지 않을 것'이라고 정했습니다."

이처럼 그는 매일 달성할 수 있는 목표의 상한선과 하한선을 설정했다. 또한 매일 써야 하는 글자 수에 대한 상한선과 하한선도 정했다.

"당신은 매일, 매주 정신적 에너지를 회복할 수 있는 양보다 적게 쓰려고 노력하고 있습니다. 일정한 속도로 일하면서 맡은 업무를 끝낼 수 있기를 바라죠. 만약 과도한 속도로 계속 일한다면 며칠 못 가서 뇌가 지쳐버립니다. 그러면 한동안 아예 일하지 못하는 상황이 벌어지게 되죠."

미국 플로리다주립대학교 경영학과 교수 마우라 스콧Maura Scott은 목표의 상한선과 하한선을 설정하는 일이 어떤 영향을 미치는지 알아보는 연구를 진행했다. 그녀는 실험 참여자들을 두 집단으로 나눠 한 집단에는 '2킬로그램 감량하기'처럼 체중 감량 목표치를 구체적으로 설정하도록 했다. 그리고 다른 집단에는 '최소 1킬로그램에서 최대 3킬로그램 감량하기'처럼 체중 감량 범위를 설정하도록 했다. 실험 결과 특정 수치 대신 범위를 설정한 집단의 참여자들이 체중 감량에 성공할 확률이 더 높았다. 스콧 교수는 이 연구 결과를 바탕으로 사람들이 하한선은 쉽게 달성할 수 있다고 여기기 때문에 자신감과 결단력이 향상되는 효과가 있고, 상한선은 동기 부여가 되기 때문에 해낼 수 있다는 마음과 낙관적인 시각을 갖게 한다고 결론 내렸다.

나는 이 책을 쓰면서 내게 맞는 최적의 집필 속도를 찾기 위해 오래 고민했다. 그 결과 초고의 경우 하루에 두 섹션, 약 1000~1200단어를 쓰는 것이 가장 이상적인 작업 속도임을 알게 되었다. 그래서 목표를 세울 때는 상한선과 하한선을 설정해 '하루에 최소 한 섹션, 최대 세 섹션 완성하기'로 정했다. 나는 원래 목표를 세우면 이를 초과 달성하려고 과도하게 일하는 편이었다. 하지만 내 작업 속도에 맞춰 일하다 보니 원고를 집필하는 동안 정신적으로나 신체적으로 에너지가 소진되지 않았고 원고도 계획보다 빨리 마무리할 수 있었다.

실 천 하 기

① 지금 진행하고 있는 대형 프로젝트를 떠올려본다.

② 마감일까지 며칠 남았는지 계산해 보고, 마감일을 맞추기 위해 매일 끝내야 하는 작업량의 상한선과 하한선을 설정한다.

③ 상한선과 하한선은 작업에 걸리는 시간이 아닌 최종 작업량으로 설정하는 것이 좋다. 결국 마감일에 가까워질수록 작업에 몇 시간이나 투입했는지가

아니라 얼마나 작업을 끝냈는지가 중요하기 때문이다.

습관을 확실하게
정착시키는 법

새로운 행동이 습관으로 자리 잡으려면 최소 21일이 걸린다는 이야기를 들어본 적 있을 것이다. 어떤 사람은 66일이 걸린다고도 하고, 또 2주면 충분하다는 사람도 있다. 안타깝지만 전부 잘못 알려진 말들이다. 습관 형성의 핵심은 반복이라는 말도 사실이 아니다. 물론 자주 반복하다 보면 새로운 습관이 견고하게 형성될 수는 있지만, 그렇다고 해서 반복이 반드시 습관 형성으로 이어지지는 않는다. B. J. 포그B. J. Fogg는 실험 심리학자이자 미국 스탠퍼드대학교 행동설계연구소장이며 베스트셀러 『습관의 디테일Tiny Habits』의 저자이기도 하다. 포그는 습관 형성의 핵심이 아주 작은 행동에 있다는 사실을 발견했다. 여기서 아주 작은 행동이란 하루에 최소 한 번 이상 하는, 노력을 거의 들이지 않고 30초 안에 끝내는 활동을 말한다.

그는 새로운 행동을 습관으로 만들려면 행동을 작게 쪼개야 한다고 말한다. 팔굽혀펴기 스무 번 하기 대신 한 번만 하기, 모든 치아를 치실질하기 대신 치아 한 개만 치실질하기, 책 한 챕터 읽기 대신 한 문장만 읽기처럼 '습관으로 만들고 싶은 행동을 아주 작게 나누어야 한다'고 주장한다.

행동을 작게 쪼갰다면 다음 단계는 새로운 습관이 삶의 어느 부분에 정착해야 자연스러울지 파악하는 것이다. 예를 들어 치실을 사용하는 습관을 들이려고 한다면 양치질 후에 곧바로 치실질하는 것이 좋다. 하루에 책을 읽는 분량을 늘리고 싶다면 매일 모닝커피를 마시면서 책을 펼쳐 딱 한 문장씩만 읽는 것이다. (조금 이상한 방법처럼 들릴 수 있다.)

습관화에서 가장 중요한 핵심은 그 행동을 한 자신을 '축하'해 주는 것이다. 포그는 이를 '축하' 기법이라고 부른다. 행동을 실천한 후에 스스로 축하해 주면 내면에 긍정적인 감정이 일어나고, 이 감정이 새로운 습관을 형성한다.

"저는 습관화하고 싶은 행동을 실천했을 때 두 주먹을 불끈 쥐고 '아주 잘했어!'라고 외칩니다. 이렇게 하면 우리 뇌에 성공했다는 신호가 전달되고, 뇌가 이 행동을 습관으로 인식하기 시작합니다. 축하를 통해 뇌를 해킹하는 것이죠."

새로운 행동을 했을 때 자기 자신을 칭찬하거나 단지 긍정적인 감정을 느끼기만 해도 습관이 단단하게 형성되는 데 도움이 된다. 또한 행동 횟수도 자연스럽게 늘릴 수 있다. 처음에는 치아 한 개만 치실질했지만, 이 행동이 습관으로 자리 잡으면 결국 모든 치아를 치실질하게 된다. (그러면 당신의 치과 의사가 매우 기뻐할 것이다.) 팔굽혀펴기도 마찬가지다. 처음에는 두 번으로 시작했지만 계속하다 보면 자연스럽게 횟수를 늘리고 싶어질 것이다.

포그는 긍정적인 감정이 행동 변화에 미치는 영향을 특정 펜으로 글씨를 쓰는 것에 비유해 설명했다. "제 앞에 보라색 펜이 하나 있다고 가정해 봅시다. 이 펜을 한 번 써봤는데 글씨가 너무 잘 써지는 겁니다. 그러면 '세상에, 보라색 펜으로 쓰니까 글씨가 더 깔끔하고 부드럽게 잘 써지네. 이 펜을 쓰면 성공한 것 같은 느낌이 들어'라는 생각이 들겠죠."

그가 이어서 설명했다. "그날 오후 어머니께 메모를 남겨야 해서 펜을 찾고 있다고 생각해 봅시다. 제 앞에 여러 개의 펜이 놓여 있다면 그중에 보라색 펜을 집어 들겠죠. 그 펜을 쓰면 성공한 기분이 드니까요. 만약 그 느낌이 제 머릿속에 매우 선명하게 남아 있다면, 그리고 제 뇌가 이 감정을 훌륭한 손글씨와 연관 짓는다면, 저는 파란 펜도 검은 펜도 빨간 펜도 아닌 무조건 보라색 펜만 찾게 될 겁니다."

포그는 이를 즉각적 습관Instant Habit이라고 부른다. 이는 어떤 일을 한 번 했을 때 좋은 기분이 들면 대안을 생각하지 않고 즉시 습관으로 형성되는 행동을 말한다. 내 삶에도 즉각적 습관으로 정착한 행동이 여럿 있다. 예를 들어 나는 집에서 책을 읽을 때 무의식적으로 앉는 의자가 있다. 주변에 전자 기기가 하나도 없고 착석감이 매우 좋아서 한번 앉아서 책을 펼치면 푹 빠져 읽게 된다. (짙은 분홍색 덮개를 씌운 이후로 꽤 귀여워 보이기까지 한다.) 물론 집에 다른 편안한 의자와 소파가 여러 개 있지만 책을 읽을 때면 어김없이 이 의자를 찾는다.

실천하기

① 새로운 습관으로 만들고 싶은 행동이 있는지 생각해 본다. 일, 가족, 건강에 관한 행동도 좋고, 이와는 전혀 다른 새로운 활동을 골라도 괜찮다.

② 습관으로 만들고 싶은 행동을 최소한의 단위로 잘게 쪼개고 나눈다. 예를 들어 명상을 골랐다면 먼저 30초 이내로 완수할 수 있는 '심호흡 세 번 하기'부터 습관화하는 것이다.

③ 새로 만든 습관을 현재 매일 하는 일과 연결한다. 예를 들어 잠자리에 드는 것과 심호흡 세 번 하기를 연결해 '밤에 잠자리에 들 때 머리가 베개에 닿으면 심호흡을 세 번 한다'로 정할 수 있다.

④ 마지막으로 새로운 행동을 완수할 때마다 스스로 축하해 준다. 포그처럼 두 주먹을 불끈 쥐거나 '나는 습관 형성의 대가다!'라고 소리 내서 외치는 등 당신의 기분을 좋게 하고 긍정적인 감정을 불러일으키는 행위를 한다. 습관화하고 싶은 새로운 행동과 긍정적인 감정을 연결하면 나도 모르게 자동으로 그 행동을 하게 될 것이다.

⑤ 즉각적 습관도 잊지 말자. 즉각적 습관은 당신이 의도적으로 형성한 습관과 달리 긍정적인 감정에 의해 자연스럽게 형성되는 습관을 말한다. 새로운 습관이 생길 때마다 의식하면서 자신에게 도움이 되는 행동인지 생각해 본다. 그러다 보면 이 행동을 하면서 자신이 긍정적인 감정을 느꼈기 때문

에 즉각적 습관이 되었다는 사실을 알게 될 것이다. 만약 그 행동이 생산적이지 않다면, 아주 작은 행동 여러 개로 나누어 시도하면서 생산성을 높이고 삶을 윤택하게 만드는 습관으로 만들어본다.

진지할수록
유머를 더해야 하는 이유

2013년 미국 여론조사기관 갤럽이 '어제 하루 동안 미소 짓거나 소리 내서 웃은 적이 많았는지'를 묻는 설문조사를 시행했다. 이 질문에 '그렇다'라고 답한 비율이 17~20세는 85퍼센트에 달했지만 사람들 대부분이 직장에 입사하는 시기인 20대 중반의 경우 60퍼센트에 그쳤다.

우리는 일이란 진지한 것이므로 유머나 농담을 하며 가볍게 대해서는 안 된다고 배운다. 하지만 실제로 유머를 사무실에 도입하면 업무 효율이 크게 향상된다는 연구 결과가 있다. 농담이 아니다.

미디어 전략 컨설턴트인 나오미 바그도나스와 미국 스탠퍼드대학교 경영대학원에서 유머를 가르치는 제니퍼 에이커는『유머의 마법』이라는 책을 공동 집필했다. 에이커는 이전에 다른 책을 출간해본 경험이 있었지만 바그도나스는 이번이 처음이었다. 그래서 에이커는 바그도나스에게 책을 쓰는 일이 얼마나 어려운 작업인지 미리 주의를 주었다. 실제로 바그도나스가 공동 집필에 동의했을 때 "당신이 생각하는 것보다 더 힘들 겁니다"라고 경고했다고 한다. (사실 바그도나스도 같은 생각이었다.)

"우리는 책을 쓰는 일을 너무 진지하게 생각지 않으려고 처음부터 여러 방법을 시도했어요." 바그도나스가 내게 말했다.

두 저자는 자신들이 쓴 글, 특히 초안에 대한 기대치를 낮췄다. 바그도나스는 책의 첫 문장을 쓰는 일이 굉장히 어렵고 두려웠다고 말했다. "그래서 우리는 제목과 내용으로 구성된 하나의 문서를 만드는 대신 구글 문서 하나를 만든다는 생각으로 임했어요. 우리는 이 문서를 '빈 페이지에 적힌 단어들'이라고 불렀죠."

바그도나스가 이어서 말했다. "우리의 목표는 그저 기대치를 낮추는 것이었습니다. '우리는 지금 책을 쓰는 것이 아니라 그저 페이지에 단어 몇 개를 적는 것이다'라고 계속 스스로 되뇌었죠. 부담감을 떨치고자 했던 이런 노력 덕분에 글 쓰는 과정이 훨씬 더 쉬워졌어요."

두 사람은 출간 제안서를 작성할 때도 이 전략을 다시 이용했다. 사실 출간 제안서를 쓰는 일도 꽤 어렵다. 사업 계획서처럼 책에 관한 내용을 길고 상세하게 적어야 하기 때문이다. 또한 출간 제안서를 토대로 출판사가 이 책을 계약해서 출판할지를 평가하기 때문에 신경을 많이 써야 한다.

바그도나스와 에이커는 이번에도 비슷한 방식으로 제안서를 쓰기 시작했다. 구글 문서를 만들어놓고 제목에 '출간 제안서' 대신

'정말 형편없는 제안서'라고 적었다.

"이 문서를 열 때마다 '정말 형편없는 제안서'라는 제목을 마주했어요. 새벽 6시에 글을 쓰려고 문서를 열었다면 에이커에게 이렇게 문자를 보내요. '에이커, 나는 지금 정말 형편없는 제안서를 쓰고 있어. 이따 오후에 만나.'"

두 저자는 출판사에 제안서를 보낼 때 실수로 제목을 바꾸지 않고 보냈다. 하지만 출판사는 이들의 제안서를 마음에 들어 했고, 결국 두 사람은 '정말 형편없는 제안서'라는 이름으로 모든 출판사 앞에서 프레젠테이션을 하게 되었다. 이후 두 사람이 말한 대로 정말 놀라운 일이 벌어졌다. 이 책이 전국적인 베스트셀러가 된 것이다.

실 천 하 기

① 규모가 크고 어려운 일을 맡았을 때 그 일을 하는 과정에 유머나 즐거움을 더해 활력을 불어넣을 방법이 없을지 고민해 본다.

② 바그도나스와 에이커처럼 프로젝트 이름을 재미있게 짓거나, 매일 작업하는 보고서의 첫 장에 재미있는 그림을 넣는 등 시각적인 유머를 사용해 본다. 프로젝트에 관한 회의를 시작할 때 들으면 기분이 좋아지는 1980년대 음악을 틀어놓을 수도 있다.

설렘 폴더가
필요한 이유

조직심리학 박사 과정을 마칠 무렵 나는 음악가로 활동할 준비를 하고 있었다. 매우 적은 금액이라도 부가적인 돈을 벌고 싶었기 때문이다. 그래서 프로듀서와 함께 10곡을 녹음한 다음 앨범을 제작해 여러 음반 회사에 보냈다. 사실 거절이 일상인 업계에서 버티는 것만큼 힘든 일도 없다. 그래서 나는 거절 통보 편지가 침실 한쪽 벽면을 가득 채울 때까지는 어떤 긍정적인 반응도 기대하지 않겠다고 혼자 목표를 세웠다. 하지만 내가 가진 엄청난 재능 덕분에 (농담이다. 운이 좋았다.) 얼마 안 가 음반 계약 제안을 받았고, 거절 편지는 다행히도 수십 통에서 멈추게 됐다. 침실 벽 구석을 겨우 덮을 정도의 아주 적은 양이었다.

모든 사람이 일하는 과정에서 거절을 경험한다. 창의적인 업계에서 일한다면 다른 업계보다 더 많이 경험할 수 있다. 하지만 '보통'의 사무직 직원들도 거절을 불편할 정도로 자주 겪는다. 승진이 누락되거나 기대에 못 미치는 성과 평가를 받을 수도 있다. 정말 참여하고 싶었던 프로젝트의 팀원으로 초대받지 못할 수도 있다. (그러나 슬퍼할 필요 없다. 당신이 없는 편이 나았을 것이다. 내 말을 믿어라.)

스콧 소넨샤인은 베스트셀러 『스트레치Stretch』의 저자이자 미국 라이스대학교 경영학과 교수다. 그는 정리 정돈 전문가 곤도 마리에近藤 麻理惠와 함께 『짧고 굵게 일합니다Joy at Work』를 공동 집필하기도 했다. 소넨샤인은 자신도 교수와 작가로 일하며 비판을 자주 접한다고 고백했다. "작가들은 출판사에 원고를 제출하고 나면 편집자에게 피드백을 받습니다." 그가 설명했다. "책이 출판된 후에도 익명의 독자들에게 비판을 받죠. 교수 일도 마찬가지입니다. 학기가 끝나면 학생들에게 제 강의에 대한 평가를 받습니다. 나쁜 정보는 좋은 정보보다 더 눈에 띄고 진실처럼 느껴지기 때문에 한번 나쁜 정보를 보면 계속 기억에 남게 됩니다. 마치 강의 평가에 긍정적인 댓글이 여러 개 달려도 딱 하나 달린 부정적인 댓글을 더 오래 기억하는 것처럼 말이죠."

이렇게 긍정적인 정보보다 부정적인 정보에 더 많은 주의를 기울이는 경향을 부정성 편향Negativity Bias이라고 부른다. 인간은 기본적으로 누군가를 비난하고 비판하는 것을 좋아한다. 소넨샤인은 비판이 성장의 밑거름이기에 중요한 건 맞지만 너무 많은 비판은 우리를 심리적으로 힘들게 한다고 말한다. 지금보다 더 잘해야 한다는 말을 끊임없이 듣는다면 감정적으로 지칠 수밖에 없다.

그는 부정성 편향을 극복하는 방법을 찾고 싶었다. 특히 회사에서 부정적인 피드백이나 비판을 빗발치게 받을 때면 그동안 일하면서 느꼈던 모든 기쁨을 떠올려 부정적인 의견에 함몰되지 않으려 했다. 그래서 그는 컴퓨터에 '설렘Spark Joy' 폴더를 만들었다.

"보면 기분이 좋아지는 것들을 설렘 폴더 안에 저장합니다. 가족사진도 넣고 최근에 발표한 논문도 넣어놓았어요. 강연 진행자가 제 강연을 듣고 칭찬해 준 메모와 긍정적인 내용의 강의 평가들도 저장해 두었죠. 저는 보통 하루에 한 번 이상 설렘 폴더에 들어가 그 안에 저장된 파일 몇 개를 열어봅니다. 그동안 제가 이뤄낸 성과들을 보면 기분이 좋아져요." 설렘 폴더는 시간을 현명하게 쓰는 측면에서도 유용하다. 의욕이 떨어졌을 때 설렘 폴더 속 자료들을 보면서 자신의 강점과 삶의 목적을 다시 떠올리며 활기를 되찾을 수 있기 때문이다.

실 천 하 기

① 설렘 폴더를 어떤 형태로 만들 것인지 생각해 본다. 소넨샤인처럼 컴퓨터 폴더 형식으로 만들 수도 있고, 아날로그 방식으로 실제 종이 상자를 만들어서 책상 위에 보관할 수도 있다.

② 어떤 것을 설렘 폴더에 저장할지 생각해 본다. 보면 기분이 좋아지는 사진이나 이메일, 다른 사람이 보낸 긍정적인 피드백을 저장해도 좋고, 자격증이나 졸업장처럼 자신이 이뤄낸 성과에 관한 물건을 보관해도 좋다.

③ 이 물건을 당신의 설렘 폴더에 저장한다.

④   앞으로 행복감을 느끼게 하는 무언가를 받을 때마다 설렘 폴더로 옮겨 저

장한다.

⑤   당신을 기쁘고 설레게 하는 대상을 발견할 때마다 이 폴더에 저장하면서

최신 상태를 유지한다.

감사 습관으로
생산성을 높이는 법

　지난 수십 년 동안의 과학자들은 감사가 우리의 기분을 좋게 만든다는 사실을 여러 연구를 통해 밝혀냈다. 예를 들어 미국 캘리포니아대학교 데이비스캠퍼스 심리학과 교수인 로버트 에몬스Robert Emmons는 10주 동안 매일 또는 매주 감사 일기를 쓴 사람들이 중립적이거나 부정적인 내용에 대해 일기를 쓴 사람들보다 훨씬 더 행복하다는 사실을 발견했다. 그가 진행한 또 다른 연구에서도 감사한 일을 생각한 청소년들이 중립적이거나 부정적인 일을 생각한 청소년들보다 삶의 만족도가 훨씬 더 높게 나타났다. 심지어 이 결과는 실험이 끝나고도 3주간이나 더 지속됐다.

　이렇듯 감사하는 습관이 좋다는 것은 누구나 다 아는 사실이다. 감사 일기의 효과는 더 언급할 필요도 없을 정도다. 하지만 실제로 감사 일기를 쓰는 사람은 거의 없다. 나도 마찬가지다. 다행인 소식은 베스트셀러 작가이자 행복 전문가인 그레첸 루빈의 주장에 따르면 감사 일기를 쓰지 않고도 매사에 감사를 느끼는 습관을 들일 수 있다고 한다. 그녀는 감사 일기를 쓰는 습관이 자신에게 맞지 않는다는 사실을 알게 되었다. 감사 일기를 쓰는 것이 도움이 되기는커녕 귀찮게만 느껴졌고 아무리 실천해도 절대 습관이 되지 않았다.

하지만 10년 이상 행복만 연구해 온 루빈은 여기서 포기하지 않았다. 그녀는 자신의 삶에서 경험하는 좋은 일들을 당연하게 여기지 않고 감사를 느낄 수 있는 다른 방법을 찾기로 결심했다. 그러던 중 매일 자리에 앉아 감사한 일을 억지로 떠올리기보다 일상에서 자신이 하는 행동을 감사와 연결 지어 생각해야겠다고 마음먹었다.

그녀는 현재 뉴욕의 한 아파트에 살고 있다. 매일 이 건물을 드나들기 위해서는 두 개의 문을 통과해야 한다. "저는 항상 그 문을 전환점으로 활용합니다. 문밖으로 나갈 때면 제가 가장 좋아하는 도시인 뉴욕으로 나가게 되어 얼마나 행복한지 생각해요. 일과를 마치고 집으로 돌아가기 위해 이 문을 통과할 때는 아늑한 내 집으로 돌아오는 것이 얼마나 행복한 일인지 또 생각하죠."

루빈이 이어서 말했다. "두 개의 문은 제가 잠시 잊고 있던 감사하는 마음을 다시 떠올리도록 도와줍니다."

그녀는 다른 사람들도 각자의 일상에서 다양한 형태로 감사 활동을 하고 있다는 사실을 알게 되었다. 예를 들어 그녀가 만난 한 독자는 감사한 일을 컴퓨터 비밀번호로 설정해서 컴퓨터를 켤 때마다 기억하려 한다고 말했다. 또 다른 독자는 보기만 해도 감사한 마음이 드는 사진을 컴퓨터의 화면보호기나 휴대폰의 잠금 화면 이미지로 활용해 매일 보고 있다고 했다.

비밀번호 입력, 휴대폰 잠금 해제처럼 매일 무의식중에 하는 활동과 감사의 대상을 연결한다면 크게 힘들이지 않고도 감사 습관을 지속할 수 있다. 감사함을 떠올리기 위해 따로 시간을 내지 않아도 되므로 시간 효율적인 측면에서도 훌륭하다. 감사한 마음은 행복으로 이어지고 행복한 사람은 더 많은 것을 성취한다. 그러니 당신도 감사한 마음이 드는 대상을 컴퓨터 비밀번호로 설정해 보자. 이 방법으로 당신의 숨겨진 잠재력과 생산성이 향상될 수 있다.

실 천 하 기

① 당신이 매일 하는 일을 떠올려보자. 본문에서 언급한 컴퓨터 비밀번호 입력하기, 현관문 통과하기 외에도 차에 탑승하기, 양치질하기 등 여러 행동이 생각날 것이다.

② 삶에서 더 의식적으로 감사하고 싶은 것을 한 가지 고른다. 처음에는 작은 것부터 감사하는 것이 좋다.

③ 당신이 선택한 행동과 감사하고 싶은 대상을 어떻게 연결할지 생각해 본다. 가장 쉬운 방법은 그 행동을 할 때마다 감사하고 싶은 대상을 떠올리는 것이다. 또는 감사를 느끼는 대상에 대한 글을 짧게 써서 사진으로 찍어놓고 휴대폰 잠금 화면으로 이용할 수도 있다.

④ 감사를 느끼는 대상이 또 있다면 다른 활동과 연결하여 당신의 일상에 감사함이 녹아들 수 있도록 한다.

⑤　　이 방법을 계속 활용하여 삶의 더 많은 부분에 감사를 느끼도록 한다.

우리가 지각해도
아무도 죽지 않는다

하루가 어떻게 지나갔는지 모를 정도로 일상을 정신없이 보낼 때가 있다. 그런 날에는 업무를 서둘러 끝내고 회의에 늦지 않기 위해 급하게 이동하며 점심도 허겁지겁 먹는다. 허둥대며 하루를 보내는 기분은 썩 좋지 않다. 마치 스트레스로 만들어진 구름이 화난 표정을 하고 내 주변을 종일 쫓아다니는 것만 같다. 하루는 무엇이 나를 이토록 조급하게 만드는지 곰곰이 생각해 보았다. 범인은 나 스스로 만든 비현실적인 기대였다.

나는 정해진 마감 기한보다 훨씬 더 빨리 일을 마치려고 하는 편이다. 그래서 나만의 마감 기한을 따로 정해놓고 그 기한을 맞추지 못할까 봐 혼자 조급해한다. 스스로 압박감을 만들어 고통을 자초하는 셈이다. 또한 나는 회의에 늦는 것을 세상에서 제일 싫어한다. 그래서 단 몇 분만 늦어도 스트레스를 받는다. 함께 회의하기로

7장 에너지

한 사람들이 나를 60초 이상 기다리는 상황은 내 사전에 없다. 항상 효율적인 삶을 추구하다 보니 하루를 해야 할 일과 참석해야 할 회의로 빽빽이 채운다. 그래서 나의 하루에는 여유 시간이 들어갈 틈이 전혀 없다.

조급하게 보내는 일상은 생각만으로도 지친다. 조급함에 관한 글을 쓰고 있는 지금도 피곤함이 느껴진다. 이런 내게 호주의 유명 코미디언 미셸 라우리Meshel Laurie는 병적인 조급함을 치료할 방법이 있다고 말해주었다.

라우리는 10년 전 불교를 알게 된 후 지금까지 불교를 믿고 있다. 그녀가 따르는 불교 가르침 중 하나는 어떤 일이든 다른 사람을 먼저 생각하라는 것이다. "교통 체증에 갇혀 있을 때, 문을 열고 지나갈 때, 에스컬레이터나 엘리베이터를 탈 때 등 언제나 다른 사람이 먼저 지나가도록 손짓하는 겁니다. 이 간단한 행동만으로도 겸손한 마음이 생깁니다."

라우리는 항상 다른 사람에게 먼저 양보하는 습관을 들이는 것이 다른 사람을 행복하게 만드는 방법이라는 사실을 깨달았다. 또한 이 습관을 계속 유지하는 것이 어렵더라도 계속해 나간다면 자신의 의도대로 하루를 꾸려나갈 수 있다고 믿는다.

라우리는 혼잡한 도로에서 운전하는 것이 다른 사람에게 먼저 양보하는 습관을 연습하기에 가장 좋은 방법이라고 말했다. "우리는 모두 교통 체증을 경험하죠. 저도 어떤 차가 제 차 앞으로 끼어들려고 할 때 '나는 왜 이렇게 다른 운전자가 끼어들지 못하도록 인색하게 굴까? 나는 왜 저 차가 들어오려고 하는데 못 본 척하는 걸까? 다른 차가 내 앞에 끼어들도록 그냥 내버려 둘 수는 없는 걸까?' 같은 생각이 들었어요. 하지만 가만히 생각해 보니 다른 차에 제 자리를 양보하더라도 길어야 5분 정도 늦을 것 같더군요. 그래서 다른 차가 제 앞에 끼어들도록 허락했습니다. 그 차의 운전자는 엄청난 양보를 받았다고 생각하겠죠."

라우리는 최근 자신이 진행하는 팟캐스트 채널 「캄 야 팜Calm Ya Farm」에 뇌 전문 외과 의사를 초대해 인터뷰를 나눈 적이 있다. 그녀는 가끔 사람들에게 '우리가 늦는다고 해서 누군가 죽는 것도 아닌데 무슨 상관이냐'고 말하곤 했는데, 이번 인터뷰에서도 비슷한 말을 했다. "뇌 전문 외과 의사가 병원에 늦게 도착한다면 누군가 죽을 수 있겠죠. 그러나 평범한 우리는 회사에 지각해도 아무도 죽지 않아요."

혹시 나중에 회의에 1분 정도 늦어서 스트레스를 받는다면 라우리의 이 말을 떠올려야겠다고 생각했다. 시간에 쫓기면서 조급하게 살지 않을 수 있다면, 그래서 단 몇 분 지각하는 데 자신의 소중한 에너지를 낭비하지 않을 수 있다면, 우리는 그 에너지를 모아 더 중요한 업무와 활동에 쓸 수 있을 것이다.

실 천 하 기

① 아침에 눈을 뜨면 오늘 하루는 다른 사람을 위해 양보하겠다고 다짐한다.

② 하루를 조급하게 시작하고 싶지 않다면 양보하는 연습을 한다. 교통 체증

에 갇혔을 때는 다른 차가 나보다 먼저 갈 수 있도록·양보한다. 이 행동이 익숙해지면 다음번에는 줄을 서거나 문을 통과할 때 다른 사람이 먼저 지나가도록 한다. 또한 다른 사람들과 상호작용을 하는 상황에서도 양보하는 습관을 들인다. 예를 들면 회의에서 내가 말하기 전에 다른 사람이 먼저 발언하도록 양보하는 것이다.

돈을 내고
시간을 사야 하는 이유

　나는 채소를 정말 많이 먹는다. 내 딸아이도 마찬가지다. 아마 둘이서 하루에 열 접시는 거뜬히 먹을 것이다. 예전에는 매주 토요일이면 딸과 함께 멜버른 도심에 있는 시장에 가서 그 주에 먹을 채소를 잔뜩 사 오곤 했다. 장을 봐서 집에 돌아오면 오후 동안 채소를 씻고 잘라서 밀폐 용기 15개에 소분했다. 그렇게 일주일간 먹을 채소를 준비하는 데만 몇 시간이 걸렸다. 나는 냉장고에 건강한 음식이 꽉 차 있는 모습을 좋아하지만, 매주 이 지루한 작업, 심지어 내가 잘 못하는 일에 몇 시간씩 시간을 쓰는 건 싫었다. (이렇게 오래 손질해도 칼질 실력은 여전히 형편없다.)

　어느 주말, (지금은 전남편이 된) 남편이 내게 한 가지 제안을 했다. 에어테스커에 구인 공고를 올려서 채소를 대신 잘라줄 사람을 고용하는 게 어떻겠냐는 것이었다. 나로서는 한 번도 생각해 본 적

없는 새로운 발상이었다. 돈만 내면 매주 나를 짜증 나게 하는 이 작업을 인생에서 영원히 없앨 수 있다고? 나는 즉시 실행에 옮겼다.

에어테스커에서 만난 대학생은 카페에서 음식 준비를 하는 아르바이트를 하고 있다고 했다. 그녀는 매주 2시간씩 우리 집에 와서 일주일 분량의 채소를 준비해 주었고, 나는 그녀에게 50달러를 지급했다. 내가 일주일 동안 쓴 돈 중 가장 잘 쓴 50달러였다. 이 50달러 덕분에 주말마다 몇 시간씩 주방에 머무는 대신 가족과 함께 즐거운 시간을 보낼 수 있었다. 내게는 정말 큰 기쁨이었다. (물론 모든 사람이 오이와 당근 손질에 50달러를 쓸 수 없다는 것을 잘 알고 있다. 내가 운이 좋은 사람이란 걸 인정한다.)

캐나다 브리티시컬럼비아대학교 심리학과 교수 엘리자베스 던은 내가 이 일화를 들려주었을 때 전혀 놀라는 기색을 보이지 않았다. "저는 다른 연구진과 함께 이와 비슷한 연구를 진행한 적이 있어요. 돈을 지급하고 시간을 사는 사람들이 그렇지 않은 사람들보다 더 행복하다는 사실을 보여주는 연구 8건을 연달아 진행해서 주요 과학 저널 중 한 곳에 발표했죠."

그녀가 이어서 말했다. "저는 사람들이 주어진 시간보다 해야 할 일이 너무 많아서 모든 일을 확실하게 처리하지 못해 힘들어한다고 생각해요. 저도 마찬가지고요."

그녀의 경우 여러 집안일 중 청소가 다툼의 원인이었다. 던은 운이 좋게도 청소를 정말 잘하는 사람과 결혼했다. "제 남편은 제가 이 작은 주방을 청소하는 데 한참 걸리는 것을 보고 놀라워해요. 그래서 저는 매주 우리 집을 대신 청소해 줄 사람을 고용하고 싶었어요. 하지만 남편은 저와 의견이 늘 달랐죠." 그녀가 웃으며 말했다.

결국 그녀는 남편과의 '싸움'에서 이겼다. 그리고 지금은 두 사람에게 매주 몇 시간씩 청소를 대신해 주는 멋진 친구가 생겼다. 이로써 던은 행복한 결혼 생활과 깨끗한 집 모두를 얻게 됐다. "이제 던은 한 주 동안 완전히 엉망이 된 집을 정돈하려고 토요일 오후를 통째로 보낼 필요가 없게 됐어요."

실 천 하 기

① 당신의 에너지를 소진시키거나 시간을 빼앗는 작업을 적어본다. 에너지와 시간을 모두 빼앗는 작업이면 더더욱 좋다. 반복적으로 해야 하는 회사 업무나 집안일, 또는 던처럼 자신이 잘하지 못하는 일 중에서 찾을 수 있을 것이다.

② 일주일 동안 당신의 시간을 가장 많이 빼앗는 작업을 선택해서 만약 다른 사람에게 그 작업을 맡기면 얼마의 비용이 드는지 조사해 본다. 예를 들어 사무 업무는 보통 시간당 5~10달러의 비용으로 가상 비서를 고용해 맡길 수 있다. 집안일은 시간당 20~40달러를 내면 가사도우미의 도움을 받아 해결할 수 있다.

③ 앞으로 4주 동안 다른 사람을 고용해서 그 일을 대신 맡겨보자. 한번 실험해 보는 것이다. 실험이 끝나면 그동안 기분이 어땠는지, 얼마나 많은 시간을 확보할 수 있었는지, 재정적으로 좋은 투자였다고 생각하는지 등을 자문해 본다. 만약 지난 4주간 좋았다는 생각이 든다면 계속 진행하면 된다.

만약 별로 좋은 경험이 아니었다는 생각이 들면 목록에 적은 다른 작업을 새로 선택해서 외주를 주는 실험을 다시 진행한다.

성가신 작은 일도
용납하지 마라

베스트셀러 『스틱』, 『스위치』의 저자 댄 히스는 요즘 개운하지 않은 상태로 잠에서 깬다. 16개월 된 딸이 인간 알람처럼 새벽에 일어나 그를 깨우기 때문이다. 그럴 때면 그는 아내의 곤잠을 방해하지 않기 위해 캄캄한 어둠 속에서 옷을 주섬주섬 챙겨 입는다. 만약 당신이 한 번이라도 깜깜한 방에서 옷을 입어본 적이 있다면 절대 쉽지 않은 일임을 잘 알 것이다.

상황이 이렇다 보니 히스는 한 번도 셔츠를 제대로 입은 적이 없다. "뒤집어 입거나 앞뒤를 바꿔 입은 건 아닌지 늘 헷갈려요. 어둠 속에서는 옷 태그도 셔츠 앞면의 프린팅도 잘 보이지 않죠. 그래서 일단 잡히는 대로 입어요. 보통 열 번 중 아홉 번은 뒤집어 입거나 거꾸로 입게 되는데 그럴 때면 어김없이 짜증이 올라오죠."

듣다 보니 이 상황이 낯설지 않게 느껴지는가? 물론 그럴 것이

7장 에너지

다. 히스처럼 우리 삶에도 저마다 기분을 언짢게 하는 자극제가 존재하기 때문이다.

히스는 또 다른 베스트셀러 『업스트림Upstream』에서 자신의 기분을 불편하게 하는 또 다른 자극제를 소개했다. 카페에서 글을 쓸 때 겪는 불편함을 설명했는데 나도 같은 상황을 겪었는지라 공감이 갔다. 히스는 카페에서 글을 쓸 때 매번 똑같은 테이블에 앉아 헤드폰을 착용한 뒤 곧바로 글쓰기를 시작하는 습관이 있다. 하지만 이 습관을 실천하려면 매번 사무실에서 노트북과 콘센트를 챙겨 와야 한다. 그는 카페에 도착하면 가방에서 노트북과 전원 코드를 꺼내 주변 콘센트에 꽂고 일을 시작한다. 그리고 작업을 마치면 다시 사무실로 돌아와 가방에서 꺼낸 노트북 전원 코드를 사무실 벽 콘센트에 다시 꽂아놓는다.

"제 책상 주변에는 전자 기기에 연결된 코드가 백 개 정도 있는데요. 전부 벽 콘센트에 코드를 계속 꽂아놓고 사용하기 때문에 코드를 뺄 일이 없어요. 그래서 카페에 갈 때마다 노트북용 코드를 콘센트에서 빼서 가방에 챙기는 일이 살짝 성가시게 느껴졌죠. 그래도 그렇게 하지 않으면 카페에서 작업할 수 없으니까 매번 그렇게 해왔던 것 같아요." 히스가 설명했다.

그는 『업스트림』을 집필하면서 이 문제를 해결해야겠다고 생각했다. 그러던 중 문득 두 개의 전원 코드를 사용하는 방법을 떠올렸다. 히스는 곧바로 노트북 가방에 상시로 넣고 다닐 코드 하나를 더 구매해 이 귀찮은 문제를 해결했다. 정말 천재적이지 않은가? (또한 그는 다음 날 입을 옷도 전날 밤에 미리 준비하기 시작했다.)

그런데 왜 히스는 문제 해결에 관한 책을 쓴 작가인데도 본인 문제를 해결하는 방법은 잘 찾지 못했을까?

그건 바로 터널링Tunnelling 효과 때문이다. 터널링 효과란 미국 프린스턴대학교 심리학과 교수 엘다 샤퍼Eldar Shafir와 미국 시카고대학교 부스 경영대학원의 교수이자 경제학자인 센딜 멀레이너선Sendhil Mullainathan이 만든 용어다. 스트레스를 받으면 인지 자원이 제한되고 뇌 기능이 저하되므로 문제를 해결할 방법이 주변에 있어도 잘 알아차리지 못한다는 것이다. 만약 당신이 언짢은 사건을 한두 가지 겪고 있다면, 당신의 뇌는 부정적인 감정을 처리하느라 에너지를 많이 소비하게 되어 다른 요구 사항을 처리하지 못할 수 있다.

문제 해결 상황도 마찬가지다. 중요한 문제를 해결해야 하는 상황에 부닥치면 우리 뇌에는 사소한 문제를 비롯해 그 밖의 모든 문제에 신경 쓸 여력이 남아 있지 않다. 이러한 터널링 효과 때문에 뇌가 단기적으로 반응적 사고를 하게 된다. 히스가 전원 코드 문제나 티셔츠 문제를 해결할 방법을 떠올리지 못하고 불편하더라도 계속 버텼던 것도 바로 이 때문이다. 실제로 연구에 따르면 중요한 문제가 우리의 생각을 지배할 때 그렇지 않을 때보다 지능지수IQ가 10점 정도 떨어진다고 한다. (아마도 코로나19 팬데믹 때문에 우리의 뇌는 전보다는 조금 더 멍청해졌을 수도 있다.)

그렇다면 어떻게 해야 터널링 효과에서 벗어날 수 있을까? 자신에게 시간적으로나 자원적으로 느슨한 여유를 주면 된다. 당신을 반복적으로 언짢게 하는 요인을 찾아서 제거하면 더 많은 시간과 에너지를 확보하는 데 도움이 된다.

① 일상에서 반복적으로 당신을 언짢게 하는 요인을 목록으로 작성해 본다. 매주 또는 매일 하는 작업 중에서 당신을 좌절시키거나 짜증 나게 하는 일, 또는 지겹게 느껴지는 일을 적어보자.

② 이 요인을 더 많이 파악하기 위해 주변 사람에게 의견을 구해본다. 동료들이나 가족이 볼 때 당신이 하지 말아야 할 일은 무엇인지, 또 어떤 일에 시간을 낭비하고 있고 무엇에 좌절하는 것 같은지 물어본다.

③ 다음의 네 가지 방식으로 해결책을 모색한다.

- 다른 사람에게 위임하기. 반복적으로 짜증을 유발하는 업무를 다른 팀원에게 위임하거나 업워크Upwork.com 또는 에어테스커Airtasker.com와 같은 심부름 대행 플랫폼을 이용해 전문가의 도움을 받는다.

- 중단하기. 아무도 읽지 않는 보고서를 작성해야 하거나 당신이 크게 기여하지 못하는 회의에 계속 참석하는 것도 짜증을 유발하는 일일 수 있다. 이런 일을 하고 있다면 중단하고 혹시 부정적인 상황이 일어나는지 주의 깊게 살펴보자. 어쩌면 당신이 그 일을 그만뒀다는 사실을 아무도 눈치채지 못할 수도 있다.

- 비용을 지급해서 해결하기. 전원 코드를 하나 더 구매해서 노트북 가방에 상시 보관하는 것만큼 간단한 방법으로도 문제를 해결할 수 있다. 당신을 괴롭히는 부정적인 감정을 상쇄하고 남을 정도로 해결책을 구매하는 비용이 저렴하다면 기꺼이 비용을 지급해서 문제를 해결하라.

- 다른 업무로 변경하기. 더는 그 일이 당신을 괴롭히지 않도록 다른 업무로 바꾼다. 될 수 있으면 당신이 즐겁게 할 수 있는 일로 대체한다.

④ 내 홈페이지(amantha.com/timewise)에서 워크시트를 내려받아 활용한다. 이 워크시트를 이용하면 일상에서 당신을 반복적으로 자극하는 요인을 발견하고 제거하는 데 도움이 될 것이다.

'할 수 없습니다' 대신
'하지 않습니다'

생산성을 높이는 가장 효과적인 방법은 거절이라는 글을 읽은 적이 있다. 적당히 지혜롭게 거절하면 수많은 부탁을 처리하느라 정작 중요한 일에 집중하지 못하는 상황을 예방할 수 있다.

하지만 누군가의 부탁에 '아니요'라고 자주 말하는 일은 생각보다 쉽지 않다. 특히 나처럼 남의 기분을 살피느라 잘 거절하지 못하고 다른 사람을 가능한 한 많이 돕고 싶어 하는 사람은 거절하는 일이 어렵고 또 상대에게 미안한 마음마저 든다.

그런데 지금 거절하는 법을 배우지 않으면 날이 갈수록 더욱 곤란해질 것이다. 앞으로 성공하고 더 바빠질수록 당신에게 시간을 내달라는 요청을 하는 사람이 더 많아질 것이기 때문이다.

미아 프리드먼Mia Freedman도 수많은 사람에게 부탁을 받는다. 그녀는 여성을 위한 디지털 미디어 기업 마마미아Mamamia의 공동 창업자이자 총괄 크리에이티브 책임자CCO, Chief Creative Officer이다. 팟캐스트 채널 두 곳의 진행자를 맡고 있으며 심지어 이 중 하나는 매일 진행한다. 이 이력만 보더라도 그녀의 하루가 얼마나 정신없이 바쁘게 돌아가는지 가늠할 수 있다.

프리드먼은 과거에는 '아니요'라고 말하는 데 서툴렀다고 말했다. "저는 다른 대부분의 여성처럼 사람들이 저를 좋아해 주길 바랐고, 저 또한 남들을 실망시키고 싶지 않았어요. 상대방이 제가 거절했다는 사실을 인지하기까지 보통 10초 정도 걸려요. 저는 이 10초 동안 상대의 기분을 망치고 싶지 않아서 '네, 알겠습니다.'라고 대답했어요. 그러자 브리즈번 출장, 강연, 퇴근 후 약속 등 미래의 나를 위해 계획했던 모든 일이 차질을 빚게 됐죠. 또한 상대의 부탁을 처리 해야 하는 시간이 다가왔을 땐 정말 그 일을 하고 싶지 않은 마음도 들더군요. 남의 부탁을 거절하지 못해서 결국 저와 제 가족들이 엄청 피해를 보았어요."

그래서 프리드먼은 거절의 말을 훨씬 쉽게 하는 방법을 찾아냈다. 수락과 거절의 판단 기준을 명확히 세웠고 부탁을 받았을 때 거절하는 표현을 바꿨다.

"저는 '할 수 없습니다'라고 말하는 대신 '하지 않습니다'라고 말합니다. 아주 미묘한 차이이지만 이 부분이 정말 중요해요. 제가 세운 거절의 기준은 다음과 같아요. 먼저 저는 정장 차림이 필수인 공식 행사에는 참석하지 않습니다. 주중에는 점심을 먹지 않고요. 어떤 조직이든 대표 자리는 맡지 않습니다. 마지막으로 주말에는 강연이나 자선 활동을 하지 않아요."

프리드먼은 엄격하면서도 명확한 기준을 세우고 '하지 않는다'는 말로 완곡히 거절하면서 더는 부탁을 수락할지 말지 고민하지 않게 됐다. 그가 세운 명확하고 확실한 기준은 삶의 다른 부분에도 도움이 됐다.

"저는 운동을 매일 합니다. 매일 하는 것이 일주일에 두세 번 하는 것보다 더 쉽기 때문입니다. 운동은 타협의 대상이 아니라서 별로 스트레스를 받지 않아요. 마치 양치질하는 것과 같죠. 만약 당신이 일주일에 2일 또는 3일만 양치질을 할 수 있다고 생각해 보세요. 그러면 매일 밤 '내일 할까? 내일은 일이 많아서 밤에 피곤할 텐데 그냥 오늘 할까?' 같은 고민에 빠질 수 있습니다. 하지만 매일 양치질을 하면 오늘 밤에 양치질을 해야 할지 더는 고민할 필요가 없죠."

"저 같은 사람에게는 빠른 판단을 내릴 수 있는 엄격한 기준이 필요합니다. 그렇지 않으면 저 자신과 협상을 시도하죠. 저 자신과 씨름하는 건 정말 피곤한 일이예요."

그녀는 또한 시간을 내달라는 요청을 받았을 때 '하지 않습니다'라고 답하기 시작하자 사람들이 더는 자신을 설득하려 하지 않는다는 사실을 알게 되었다.

"만약 당신이 '화요일에는 점심을 먹을 수 없어요'라고 말한다면 상대방은 '그럼 수요일은 어때요?'라고 물어볼 것입니다. 하지만 '저는 점심을 먹지 않습니다'라고 말하면 매우 단호하게 들리기 때문에 '그럼 점심을 영원히 안 먹는 건 어때요?'라고 되묻지는 않아요." 그녀가 웃으며 말했다. "하지 않는다고 말하는 것은 모래 위에 분명한 선을 긋는 것과 같습니다."

프리드먼의 또 다른 거절 전략은 솔직함이다.

"저는 매우 정직한 사람입니다. 그래서 상대방에게 '초대해 주셔서 정말 감사합니다. 하지만 저는 사업 운영과 어린아이들을 돌보는 일 외에는 하고 있지 않습니다'라고 솔직하게 말합니다. 회사와 가정을 돌보아야 한다는 말에는 누구도 이의를 제기할 수 없어요. '그래도 한 번만 해주시면 안 될까요?'라고 말하는 사람은 아마 아무도 없을 겁니다."

또한 그는 거절 의사도 빠르게 전달한다.

"사람들은 제가 거절 의사를 빠르게 표현하면 매우 고마워합니다. 사람들 대부분은 '상대방을 실망시키고 싶지 않으니 일단 모른 척하자'라고 생각합니다. 하지만 실제로 사람들은 '아니요'라는 대답을 들어도 크게 불쾌해하지 않습니다. 물론 '네'라는 대답을 듣고 싶어 하겠죠. 하지만 '아니요'라는 대답을 들어도 받아들입니다." 상대를 실망시킬까 봐 불안해하는 마음을 없앤다면 건강한 방식으로 거절하면서 당신의 시간과 에너지를 불필요하게 낭비하지 않을 수 있다.

실 천 하 기

① 하고 싶지 않은 부탁을 받았을 때 어떻게 거절할 것인지 기준을 세우고 종이에 적어본다. 이때 모든 문장의 어미를 '하지 않는다'로 통일한다. 예를 들어 나는 내가 진행하는 팟캐스트에 출연하고 싶다는 요청을 많이 받는

7장 에너지

다. 그래서 이런 요청을 받으면 빠르고 간단하게 결정을 내릴 수 있는 나만의 기준을 만들었다.

② 내가 세운 기준에 어긋나는 부탁을 받았다면 '저는 ~을 하지 않습니다'라고 말하며 상대방에게 거절 의사를 전한다.

③ 거절 의사는 빠르게 전달한다. 처음에는 거절의 말을 하는 것이 불편하게 느껴질 수 있지만 당신의 빠른 의사 표현을 오히려 고마워한다는 사실을 이내 알게 될 것이다. 나는 누군가에게 부탁을 받으면 24시간 이내에 거절 의사를 전하려고 한다. 지금까지 이런 방식으로 수백 번 거절해 왔지만 불미스러운 일이 일어난 적은 단 한 번도 없었다. 오히려 빨리 대답해 줘서 고맙다는 말을 상대방에게 종종 들었다.

④ 거절의 이유를 솔직하게 말하자. 솔직함으로 다가가면 상대가 당신을 설득하기 어려워진다.

'하지만'의 위력

생산성의 '대가'들은 하나같이 적절한 거절의 중요성을 강조한
다. 하지만 성공한 리더 중에는 거절을 잘 못하는 사람들이 생각보
다 많다. 이들은 모두에게 너그럽게 대해야 한다고 믿기 때문에, 부
탁을 매번 거절하는 것이 가치관에 어긋날 뿐만 아니라 자기 자신
을 나쁜 사람처럼 느끼게 해서 불편해한다.

니키 스파샷Nicky Sparshott은 사업체를 두 곳이나 운영하는 CEO
다. 그녀는 호주의 고급 차 브랜드 T2의 글로벌 부문 대표이사와 다
국적 기업 유니레버의 호주·뉴질랜드 법인 대표이사를 동시에 맡
고 있다. 그러니 스파샷이 거절을 꽤 자주 하는 것은 놀랄 일이 아
니다. 스파샷은 거절해야 하는 상황이면 상대가 대안을 마련할 수
있도록 거절 의사를 최대한 빨리 전하려고 한다. 하지만 가급적 상
대의 부탁을 거절하지 않으려는 노력도 기울인다.

"'아니요'라는 말은 정말 중요한 단어입니다. 이 단어를 어떻게 사용하느냐에 따라 대화가 시작되기도 전에 끝나버릴 수도 있어요. 반대로 '네'라는 단어에는 가능성과 선택의 여지가 포함되어 있죠. 어떤 무리든 '그게 될 리가 없어', '이미 시도해 봤는데 안 되던걸', '앞으로도 절대 안 될 거야' 같이 늘 부정적으로 말하는 사람들은 꼭 있어요." 스파샷은 이런 악마의 변호인처럼 비판적인 의견을 내는 사람도 필요하지만, 할 수 있다고 긍정적으로 말하는 사람도 무리에 몇 명은 꼭 있어야 한다고 말했다.

스파샷이 사람들의 부탁을 거절하지 않으면서도 업무 생산성이 떨어지지 않는 비결은 '네'라고 말하는 방법에 있다. 그녀는 부탁을 수락하더라도 자신의 시간과 노력을 과하게 들여가며 상대를 돕지는 않는다. 그래서 스파샷은 누군가의 부탁에 먼저 '네, 알겠습니다'라고 대답한 다음 바로 뒤에 '하지만'이라는 단서를 항상 붙인다.

"사람들이 제게 무언가를 부탁하면 '네, 알겠습니다. 하지만 6개월을 더 하는 것은 어려울 것 같아요', '네, 알겠습니다. 하지만 지금은 20분밖에 시간을 드릴 수 없을 것 같아요', '네, 저도 참석하고 싶네요. 하지만 직접 참석할 수는 없을 것 같아요. 대신 제 의견을 이메일로 보내드리면 어떨까요?' 같은 방식으로 대답합니다. 상대를 조금이라도 도울 방법을 찾는 거죠. 하지만 이와 동시에 제가 할애할 수 있는 시간도 고려합니다. 저는 사람들의 요청에 가능한 한 이런 방식으로 응하려고 노력하고 있어요."

연구에 따르면 사람들은 타인이 베푸는 작은 친절을 생각보다 높게 평가하고 감사하게 여긴다. 《성격 및 사회 심리학 저널》에 발표된 한 연구에서는 사람들이 과거의 누군가가 자신에게 베풀었던 친절한 행동을 떠올리며 당시 느꼈던 고마움을 되새기는 실험을 했다. 연구 결과는 흥미로웠다. 사람들은 상대방이 들인 돈이나 시간의 크기가 아니라 상대방의 행동이 자신에게 얼마나 유용했는지에 따라 감사함을 느끼는 정도가 달라졌다.

"저는 가치 창출이나 시간 활용 측면에서 비효율적이라 할지라도 저의 시간을 조금이나마 할애해서 다른 사람을 돕고 싶습니다." 스파샷이 말했다. "저는 사람들이 저를 도와주었기 때문에 지금처럼 운 좋게 성공할 수 있었다고 생각해요. 그래서 저도 다른 사람이 저에게 도움을 요청하면 가급적 시간을 내서 도와주려고 합니다." 당신도 다른 사람에게 도움을 주고 싶다면, 스파샷처럼 많은 시간을 할애하지 않고도 상대에게 작지만 가치 있는 선행을 베풀 수 있다.

실 천 하 기

① 시간을 내달라는 부탁을 받으면 곧바로 수락하거나 거절하기 전에 잠시 고민하는 시간을 보낸다.

② 이때 상대의 부탁을 들어주면서도 내 시간을 많이 할애하지 않아도 되는 방법이 없을지 생각해 본다.

③ 상대방에게 당신의 의사를 전할 때 '네, 알겠습니다. 하지만…'으로 말을 시작한다. 일단 부탁을 승낙하되 단서를 두는 것이다. 이렇게 하면 당신의 시간을 과하게 할애하지 않으면서 상대방에게 도움을 줄 수 있다.

하지 않을 일 목록을
만들어라

    할 일 목록은 많은 생산성 전문가들이 추천하는 매우 매력적인 방법이다. 나도 이 방법이 생산성 향상에 도움 된다고 생각해서 할 일 목록을 잘 쓰는 여러 방법을 이 책에서 다뤘다. 그런데 혹시 하고 싶지 않은 일 목록을 만들어야겠다는 생각은 해본 적 있는가?

    레이첼 보츠먼은 영국 옥스퍼드대학교 사이드 경영대학원에서 기술과 신뢰에 관해 강의하는 초빙교수이자 세계적인 신뢰 전문가다. 코로나19 팬데믹이 발생하기 전 몇 년 동안 보츠먼은 해마다 '하지 않을 일 목록'을 작성해 왔다. 없애고 싶은 나쁜 습관을 찾고 기존과 다르게 시도하고 싶은 일이 무엇인지 알아보기 위해서였다. 보츠먼은 코로나19로 첫 봉쇄 조치가 내려진 동안 이 목록을 매달 작성했다.

    "봉쇄령이 내려진 동안 밖에 나가지 못하다 보니 집에서 혼자 생각하는 시간이 많아졌어요. 그때 더는 전처럼 살고 싶지 않은 마음이 크다는 사실을 깨달았죠. 그래서 하지 않을 일들을 목록으로 작성하게 되었어요. 그런데 생각해 보니 할 일을 '추가'할 줄만 알지 어떻게 줄이는지는 모르고 있더라고요." 보츠먼이 말했다.

그녀는 일하면서 끊임없이 과제와 책임감이 더해지는 느낌을 받았다. 할 일이 끝없이 늘어나는 상황을 막기 위해 보츠먼은 매달 마지막 금요일마다 한 시간 동안 나만의 시간을 보내기로 정했다. 이 시간 동안에는 어떤 일을 중단하고 싶은지 고민한다.

"저는 이 시간 동안 지난달에 한 일을 점검합니다. 저 자신에게 '지난 한 달간 무엇을 했는지? 어떤 점이 힘들었고 왜 힘들었다고 생각하는지? 내가 극복하지 못한 나쁜 습관은 무엇인지?' 질문합니다."

보츠먼은 이 시간 동안 에너지를 어떻게 사용하고 있는지 되돌아보면서 하지 않을 일을 적는다. 그동안 시간을 어떻게 보냈고, 누구와 주로 시간을 보내며, 어떤 일에 집중하고 싶고, 반대로 어떤 일에 집중하고 싶지 않은지를 생각해 보는 것이다.

보츠먼이 '하지 않을 일' 목록에 작성한 것들은 다음과 같다.

- 나의 의도나 동기에 맞지 않는 고객과는 함께 일하지 않는다.
- 아주 쉬운 일이라도 일의 가치를 낮게 평가하지 않는다.
- 오전 8시부터 11시까지는 회의를 잡지 않는다.
- 오후 7시 이후에는 SNS에 접속하지 않는다.
- 다른 사람의 주장이나 의견에 휘둘리지 않는다.
- (특정 인물)을 만나지 않는다. (중요하다!)

• 기분이 좋지 않을 때는 '호의'를 베풀지 않는다.

보츠먼은 '하지 않을 일' 목록을 만들면서 앞으로 어디에 에너지를 쏟을지 신중하게 고민할 수 있었고 기존의 습관도 새로운 시각으로 바라볼 수 있었다. 또한 계속해서 더 많은 일을 해야 한다는 생각을 버리고 자신에게 가장 중요한 일에 집중하기로 마음먹게 됐다.

실 천 하 기

① 한 달에 한 번, 혼자 생각하는 시간을 보낸다. 나만의 시간을 보낼 날짜를 정해서 캘린더에 '하지 않을 일 목록 작성 시간'이라고 입력한다.

② 지난 한 달을 되돌아보며 개인 생활과 직장 생활에서 에너지를 가장 많이 빼앗고 의욕을 꺾은 일이 무엇인지 생각해 본다. SNS 확인 같은 일상적인 습관일 수도 있고, 악마 같아서 보기만 해도 에너지가 빨리는 사람일 수도 있다. 또는 덜컥 승낙해 놓고 뒤늦게 후회하는 일일 수도 있다.

③ 다음 달에 하지 않을 일을 목록으로 작성한다. 이 목록을 책상 위 눈에 띄는 위치에 올려놓고 평소에 자주 보면서 잊지 않도록 한다.

④ 그다음 달에는 지난 한 달 동안 하지 않을 일 목록을 얼마나 잘 지켰는지 검토하는 시간을 보낸다. 누가, 무엇이 내 에너지를 빼앗았는지 찾았다면 이를 바탕으로 하지 않을 일 목록을 수정한다.

에너지

핵심 정리

포스트잇에 목표 적기

매일 당신을 일하게 만드는 주요 동기가 무엇인지 생각해 보자. 자신이 일하는 이유나 목표를 짧은 문장이나 문구로 표현해 보자. 종이나 포스트잇에 적어 매일 볼 수 있도록 일하는 공간에 붙여놓는다.

삶의 만족도에 영향을 미치는 요인 기록하기

일상에서 겪고 있는 불만족스러운 일들을 목록으로 작성하고 만족스럽지 않은 이유를 생각해 본다. 이제는 반대로 자신이 어떤 일을 할 때 기쁨과 활력을 느끼고 쉽게 몰입하는지 생각해 본다.

목록에 작성한 항목들을 관통하는 공통 주제가 무엇인지 생각해 보고, 이 중에서 자기 삶의 만족도에 영향을 미치는 요인을 몇 가지 고른 다음 우선순위를 매겨보자. 그리고 이 요인에 관한 활동을 실천하면서 기록한다. 마지막으로 주간 또는 월간 단위로 실천 여부를 점검하며 이 활동을 다른 활동보다 우선시했는지 확인하는 시간을 보낸다.

힘든 일을 즐겁게 만들기

내가 하는 일 중에서 단조롭고 지겨워서 하기 싫은 일이 있는지 생각해 본다. 이제 그 일을 자신이 좋아하는 것과 짝지어 보자. 예를 들어 이메일에 답장하는 일을 싫어하고 음악 듣는 것을 좋아한다면 이 두 가지를 짝지어 보는 것이다.

힘든 일을 할 때 자신에게 기쁨과 활력을 주는 것을 같이 시도해 본다. 이 과정을 계속 반복하다 보면 온몸의 기운을 빨아들이는 것처럼 하기 싫었던 일이 점차 하고 싶은 일로 바뀌는 경험을 하게 될 것이다.

상한선과 하한선 설정하기

지금 진행하고 있는 대형 프로젝트를 떠올려본다. 마감일까지 며칠 남았는지 계산해 보고 마감일을 맞추기 위해 매일 끝내야 하는 작업량의 상한선과 하한선을 설정한다. 단, 상한선과 하한선은 작업에 걸리는 시간이 아닌 최종 작업량으로 설정하는 것이 좋다.

긍정적인 감정을 이용해 습관으로 만들기

새로운 습관으로 만들고 싶은 행동이 있는지 생각해 본다. 이 행동을 최소한의 단위로 잘게 쪼개고 나눈다. 30초 이내로 완수할 수 있는 행동이면 가장 좋다. 새로 만든 습관을 '잠자리에 들기' 같이 현재 매일 하는 일과 연결한다. 마지막으로 이 행동을 완수할 때마다 스스로 축하해 준다. 새로운 행동을 긍정적인 감정과 연결하면 나도 모르게 자동으로 그 행동을 하게 될 것이다.

힘든 일을 하는 과정에 유머와 재미를 더하기

규모가 크고 어려운 일을 맡았다면 이 일을 하는 과정에 유머나 재미를 더해 활력을 불어넣을 방법이 없을지 고민해 본다. 예를 들어 매일 작업하는 보고서의 첫 장에 재미있는 그림을 넣는 등 시각적인 유머를 사용할 수도 있고, 재미있는 이야기나 농담을 하는 사람을 프로젝트 팀 회의에 초대해도 좋다.

설렘 폴더 만들기

마음이 울적하거나 의욕이 사라진 기분이 들면 당신을 기분 좋게 하는 물건을 찾아본다. 사진이나 이메일, 다른 사람이 보낸 긍정적인 피드백도 좋고, 자격증처럼 당신이 이뤄낸 성과에 관한 물건을 골라도 좋다. 이 물건들을 컴퓨터에 생성한 설렘 폴더에 저장해 보자. 아날로그 방식으로 실제 상자에 보관해도 괜찮다.

이후로도 행복감을 느끼는 무언가를 받으면 항상 설렘 폴더로 옮겨 저장한다.

감사한 마음과 일상 활동을 연결하기

당신이 매일 하는 활동 한 가지를 떠올려본다. 이 행동과 삶에서 더 의식적으로 감사하고 싶은 대상을 어떻게 연결할 것인지 생각해 본다. 가장 쉬운 방법은 그 행동을 할 때마다 감사하고 싶은 대상을 떠올리

는 것이다. 또는 감사를 느끼고 싶은 대상에 대한 글을 짧게 써서 사진
으로 찍어놓고 휴대폰 잠금 화면으로 이용할 수도 있다.

다른 사람이 먼저 하도록 양보하기

아침에 눈을 뜨면 오늘 하루는 다른 사람을 위해 양보하겠다고 다짐한
다. 하루를 조급하게 시작하고 싶지 않다면 양보하는 연습을 한다. 교
통 체증으로 도로에 갇혔을 때는 다른 차가 나보다 먼저 갈 수 있도록
양보한다. 이 행동이 익숙해지면 다음번에는 줄을 서거나 문을 통과할
때 다른 사람이 먼저 지나가도록 한다. 또한 다른 사람들과 상호작용을
하는 상황에서도 양보하는 습관을 들인다. 예를 들면 회의에서 내가 말
하기 전에 다른 사람이 먼저 의견을 발언하도록 양보하는 것이다.

돈을 내고 시간을 사기

당신의 에너지를 소진시키거나 시간을 빼앗는 작업을 적어본다. 에너
지와 시간을 둘 다 빼앗는 작업도 좋다. 일주일 동안 당신의 시간을 가
장 많이 빼앗는 작업을 선택해서 만약 다른 사람에게 작업을 맡기면
얼마의 비용이 드는지 조사해 본다. 조사를 마쳤다면 앞으로 4주간 다
른 사람을 고용해서 그 일을 대신 맡겨본다. 한 달간의 실험이 끝나면
그동안 기분이 어땠는지, 얼마나 많은 시간을 확보할 수 있었는지, 재
정적으로 좋은 투자였다고 생각하는지 등을 자문해 본다.

나를 언짢게 하는 요인 제거하기

일상에서 반복적으로 당신을 언짢게 하는 요인을 목록으로 작성해 본

다. 매주 또는 매일 하는 일 중에서 당신을 좌절시키거나 짜증 나게 하는 일, 또는 지겹게 느껴지는 일을 적어본다. 이 일을 다른 사람에게 위임하거나, 작업을 중단하거나, 비용을 지급해서 문제를 해결하거나, 다른 업무로 변경해서 더는 언짢은 감정을 느끼지 않도록 조치한다.

나만의 거절 기준 만들기

하고 싶지 않거나 당신의 에너지를 빼앗는 부탁을 받았을 때 이를 거절하는 나만의 기준을 만든다. 이때 모든 문장의 어미를 '하지 않는다'로 통일한다. 내가 세운 기준에 어긋나는 부탁을 받았다면 '저는 ~을 하지 않습니다'라고 말하며 상대방에게 거절 의사를 전한다.

부탁을 승낙하되 단서를 달기

시간을 내달라는 부탁을 받으면 곧바로 수락하거나 거절하기 전에 잠시 고민하는 시간을 보낸다. 이때 상대의 부탁을 들어주면서도 내 시간을 많이 할애하지 않아도 되는 방법이 없을지 생각해 본다. 그리고 상대방에게 의사를 전할 때 '네, 알겠습니다. 그런데…'로 말을 시작한다. 일단 부탁을 승낙하되 단서를 두는 것이다. 이렇게 하면 당신의 시간을 과하게 사용하지 않으면서 상대방에게 도움을 줄 수 있다.

하지 않을 일 목록 만들기

한 달에 한 번, 혼자 생각하는 시간을 보낸다. 나만의 시간을 보낼 날짜를 정해서 캘린더에 '하지 않을 일 목록 작성 시간'이라고 입력한다. 지난 한 달을 되돌아보며 무엇이 당신의 에너지를 가장 많이 빼앗고 의욕을 꺾었는지 생각해 본다. 이를 토대로 다음 달에 하지 않을 일 목록을 작성해 본다. 다 작성했다면 책상 위 눈에 띄는 위치에 올려놓고 평소에 자주 보면서 잊지 않도록 한다.

당신이 이 책을 제대로 읽었다면
맺음말을 볼 필요가 없다

경험을 현명하게 사용한다면 어떤 일도 시간 낭비는 아니다.

—오귀스트 로댕Auguste Rodin

비밀 한 가지를 알려주겠다. 나는 가끔 책을 읽을 때 맺음말을 건너뛰고 읽는다. 보통 맺음말에는 새로운 내용이 없어서 굳이 읽을 필요가 없다고 생각하기 때문이다.

이 책도 마찬가지다. 맺음말에 새로운 내용 따윈 없다. 다만 몇 가지 현명한 조언을 전하면서 이 책을 마무리하고 싶다. 이 조언이 지금까지 소개한 여러 방법과 함께 당신에게 실질적인 도움이 되기를 바란다. 그래서 당신이 이 책을 읽는 시간이 아깝지 않았다고 느낄 수 있기를 바란다.

이 책을 다 읽었다면 당신의 반응은 크게 두 가지로 나뉠 것이다. 시도해 보고 싶은 방법이 많아서 흥분되는가? 아주 좋은 신호다. 바로 시작해 보자! 그러나 좋은 방법이 너무 많아서 무엇부터 시작해야 할지 모르겠다면 일단 한 가지만 먼저 골라본다. 가장 마음에 드는 것을 고를 필요는 없다. 당신이 시도해 볼 수 있을 것 같고, 현재 겪고 있는 문제를 해결해 줄 것 같은 방법을 선택하면 된다. 그리고 일주일 동안만 시도해 본다. 도움이 되는 것 같다면 계속 이어서 하고 그렇지 않으면 다른 방법으로 바꿔서 시도한다.

한 현자는 작은 변화가 쌓이면 결국 큰 변화를 가져온다고 말했다. 나는 이 책에서 소개한 모든 방법을 직접 실험해 보면서 현자의 말처럼 작은 변화가 큰 변화를 만들어내는 기적을 몸소 경험했다.

업무를 마무리할 때가 되면 헤밍웨이 트릭을 자주 이용한다. 이 방법을 내 삶에 적용한 뒤로 다음 날 아침에 일을 시작할 때 큰 힘을 들이지 않고 곧바로 일에 몰입할 수 있게 됐다. 홀수 인원으로 구성된 무리를 찾으라는 마리사 킹의 전략 덕분에 이제는 사교 행사에 참석하는 일이 덜 두렵다. 또한 이 책을 쓸 때 그렉 맥커운의 조언대로 매일 써야 하는 글자 수의 상한선과 하한선을 정했더니 본업을 병행하면서도 지치지 않고 5개월 만에 7만 단어를 쓸 수 있었다.

물론 이 책을 다 읽었더라도 아무것도 실행에 옮기지 않을 수 있다. 많은 사람이 자기계발서를 읽고 나서 이런 선택을 한다. 당연히 일부러 아무것도 안 하는 것은 아닐 것이다. 그러나 솔직하게 인정하자. 시간을 현명하게 사용하는 법에 관한 책을 읽어놓고 아무것도 실천하지 않는 것은 초보자들이나 하는 실수를 저지르는 것이나 다름없다. 당신의 귀한 시간을 투자해서 이 책을 읽었으니 이제 그 시간이 변화로 이어질 수 있도록 노력할 차례다.

인생을 꼭 정신없이 그리고 '미친 듯이 바쁘게' 살 필요는 없다. 당신의 하루가 캘린더와 받은편지함에 끌려다닐 필요도 없다. 휴대폰이 당신의 삶을 좌지우지해서는 안 된다.

당신에게도 세계적인 팝스타 비욘세와 똑같은 하루가 주어졌다는 사실을 잊지 마라. 시간을 현명하게 사용하는 방법을 배웠으니 이제 남은 건 실천하는 일뿐이다.

사실 이 책은 2021년 말에 집필을 마쳤다. 하지만 그 이후로도 팟캐스트에서 만난 여러 훌륭한 출연자들이 이 책에 담지 못한 수많은 유용한 방법을 소개해 주었다. 더 다양한 지식과 정보가 궁금하다면 팟캐스트에서 「하우 아이 워크How I Work」를 검색해 들어보기 바란다.

이 책에서 소개한 몇몇 전략은 직접 실천하려면 자료와 양식이 필요하다. 이 자료들은 모두 내 홈페이지(amantha.com/timewise)에서 무료로 내려받아 이용할 수 있으니 참고하기 바란다.

참고문헌

머리말

세계보건기구의 연구에 따르면 우리는 그 어느 때보다 더 오래 일하고 있다.

Frank Pega, Bálint, Náfrádi, Natalie C. Momena, Yuka Ujita, Kai N. Streichera, Annette M. Prüss-Üstün et al, 'Global, regional, and national burdens of ischemic heart disease and stroke attributable to exposure to long working hours for 194 countries, 2000–2016: A systematic analysis from the WHO/ILO Joint Estimates of the Work-related Burden of Disease and Injury', *Environment International*, Vol. 154, Sept 2021, accessed Jan 2022 at https://www.sciencedirect.com/science/article/pii/S0160412021002208

미국 내 3000여 명의 전문가를 대상으로 실시한 설문조사에 따르면, 코로나19 팬데믹 동안 재택근무로 전환한 사람 중 70퍼센트만이 주말에 근무하지 않는 것으로 나타났다.

Rob Maurer, 'Remote Employees Are Working Longer Than Before', *Society for Human Resource Management*, 16 Dec 2020, accessed Jan 2022 at https://www.shrm.org/hr-today/news/hr-news/pages/remote-employees-are-working-longer-than-before.aspx

글로벌 소프트웨어 개발 업체 아틀라시안이 전 세계 65개국을 대상으로 실시한 조사에 따르면, 코로나19 팬데믹 동안 호주인의 하루 평균 근무 시간이 팬데믹 이전보다 32분 증가했다고 한다.

People are working longer hours during the pandemic', *The Economist*, 24 Nov 2020, accessed Jan 2022 at https://www.economist.com/graphic-detail/2020/11/24/people-are-working-longer-hours-during-the-pandemic

마이크로소프트 보고서에 따르면 사람들이 매주 메시지를 보내는 양이 팬데믹 발생 이전보다 45퍼센트나 늘었다고 한다.

'The next great disruption is hybrid working–are we ready?', microsoft.com, 22 March 2022, accessed Jan 2021 at https://www.microsoft.com/en-us/worklab/work-trend-index/hybrid-work

1장 우선순위

목표 설정 대신 시스템을 세워라

알터는 사람들이 단순히 목표만 설정했을 때보다 시스템을 활용할 때 더 큰 성취감을 느낀다고 보았다.

L. Legault & M. Inzlicht, 'Self-determination, self-regulation, and the brain: Autonomy improves performance by enhancing neuroaffective responsive\-ness to self-regulation failure', *Journal of Personality and Social Psychology*, 105(1), 2012, pp 123–38, accessed Dec 2021 at https://psycnet.apa.org/record/2012-29188-001

캐나다 토론토대학교 게리 레이섬 교수와 뉴펀들랜드메모리얼대학교 트레버 브라운 교수는 경영대학원 신입생 125명을 대상으로 실험을 했다.

Gary P. Latham & Travor C. Brown, 'The Effect of Learning vs. Outcome Goals on Self-Efficacy, Satisfaction and Performance in an MBA Program', *Applied Psychology: An International Review*, 55(4), Oct 2006, pp 606–23, accessed Dec 2021 at https://psycnet.apa.org/record/2006-20408-006

중요한 결정에 필요한 4F 의사 결정법

심리학자들은 의사결정 기한을 두지 않으면 결정에 대한 만족감이 향상하기는커녕 오히려 저하할 수 있다는 사실을 발견했다.

B. Schwartz, A. Ward, J. Monterosso, S. Lyubomirsky, K. White & D.R. Lehman, 'Maximizing versus satisficing: Happiness is a matter of choice,' *Journal of Personality and Social Psychology*, 83(5), 2002, pp 1178–97, accessed Dec 2021 at https://psycnet.apa.org/record/2002-18731-012

더 나은 결정으로 이끄는 네 가지 질문

미국변호사협회에서 발표한 통계에 따르면 청년들에게 자신의 직업을 추천하지 않겠다는 현직 변호사가 무려 44퍼센트나 된다고 한다.

Sally Kane, 'The 10 Challengers About a Career As a Lawyer', thebalancecareers. com, 20 Nov 2019, accessed Jan 2022 at https://www.thebalancecareers.com/lawyer-career-drawbacks-2164594

보이지 않는 빙산까지 고려하라

미국 뉴욕대학교 스턴경영대학원 저스틴 크루거 교수의 연구에 따르면 사람들은 예상 업무 소요 시간을 실제보다 항상 적게 예측한다고 한다.

J. Kruger & M. Evans, 'If you don't want to be late, enumerate: Unpacking reduces the planning fallacy', *Journal of Experimental Social Psychology*, 40(5), 2002, pp 586–98, accessed Dec 2021 at https://psycnet.apa.org/record/2004-17814-002

8일이면 끝낼 수 있다고 예측한 일도 결과적으로 14일이 걸렸다.

Roger Buehler & Dale Griffin, 'Planning, personality, and prediction: The role of future focus in optimistic time predictions', *Organizational Behavior and Human Decision Processes*, Volume 92, Issues 1–2, 2003, pp 80–90, accessed Dec 2021 at https://www.sciencedirect.com/science/article/pii/S074959780300089X

후회 없는 결정을 내리는 법

정신분석학자 지크문트 프로이트는 쾌락 원리가 작동했기 때문에 이런 행동을 하는 것이라고 보았다.

William Needles, 'The Pleasure Principle, The Constancy Principle, and The Primary Autonomous Ego', 17(3), 1 July 1969, pp 808–25, accessed Jan 2022 at https://journals.sagepub.com/doi/abs/10.1177/000306516901700306

《성격 및 사회 심리학 저널》에도 이와 비슷한 연구 한 편이 발표됐다. 연구진은 실험 참여자들에게 정부 정책, 신설된 시험 시행 방식 등 여러 활동과 계획을 평가하도록 했다.

T. Eyal, N. Liberman, Y. Trope & E. Walther, 'The Pros and Cons of Temporally Near and Distant Action', *Journal of Personality and Social Psychology*, 86(6), 2004, pp 781–95, accessed Jan 2022 at https://psycnet.apa.org/record/2004-14304-001

꼭 참석해야 하는 회의를 고르는 법

실제로 회의 만족도로 직업 만족도를 가늠할 수 있다는 사실이 여러 연구를 통해 속속 밝혀졌다.

Hansen, Morton, *Great at Work: How Top Performers Do Less, Work Better and Achieve More*, Simon & Schuster, 2018

'할 수도 있는 일' 목록

《성격 및 사회 심리학 회보》에도 이를 뒷받침하는 논문이 실렸다. 연구진은 실험 참여자들에게 친구 한 명과 함께 슈퍼마켓에 방문하는 상상을 하도록 했다.

Y. Huang, L. Wang, & J. Shi, 'When do objects become more attractive? The individual and interactive effects of choice and ownership on object evaluation', *Personality and Social Psychology Bulletin*, 35(6), 2009, pp 713–22, accessed Dec 2021 at https://psycnet. apa.org/record/2009-08449-004

2장 구조화
크로노타입에 따라 하루를 계획해야 하는 이유

일례로 이란에서 교대 근무를 하는 의료계 종사자 210명을 대상으로 진행한 연구에서도 종달새형은 아침 근무 시간에 활기차게 일하는 모습을 보였다.

Fatemeh Amini, Seyed Mohammad Moosavi, Raheleh Rafaiee, Ali Asghar Nadi Ghara & Masoudeh Babakhanian, 'Chronotype patterns associated with job satisfaction of shift working healthcare providers', *Chronobiol Int*, 38(4), April 2021, pp 526–33, accessed Dec 2021 at https://pubmed.ncbi.nlm.nih.gov/33435743/

매일 하이라이트를 만들어라

심리학자이자 미국 뉴욕대학교 교수인 가브리엘 외팅겐이 발표한 연구도 이러한 효과를 뒷받침한다.

G. Oettingen, M.K. Marquardt, & P.M. Gollwitzer, 'Mental contrasting turns positive feedback on creative potential into successful performance', *Journal of Experimental Social Psychology*, 48(5), 2012, pp 990–96, accessed Dec 2021 at https://psycnet.apa.org/record/2012-10398-001

휴식 시간을 나중으로 미루지 마라

미국 콜로라도대학교 연구팀은 최적의 휴식 시간을 알아내기 위한 연구를 진행했다.

A. Bergouignan, K.T. Legget, N. De Jong et al, 'Effect of frequent interruptions of prolonged sitting on self-perceived levels of energy, mood, food cravings and cognitive function', *International Journal Behavioral Nutrition and Physical Activity*, 13, 113 (2016), accessed Dec 2021 at https://ijbnpa.biomedcentral.com/articles/10.1186/s12966-016-0437-z

한 연구에서는 실험 참여자들을 두 집단으로 나누고 이들에게 이야기 한 편을 들려준 다음 첫 번째 집단에는 10분간 휴식을 취하도록 했다.

Michaela Dewar, Jessica Alber, Christopher Butler, Nelson Cowan & Sergio Della Sala, 'Brief Wakeful Resting Boosts New Memories Over the Long Term', *Psychological Science*, 23(9), pp 955–60, accessed Dec 2021 at https://journals.sagepub.com/doi/abs/10.1177/0956797612441220

무의미한 이메일 확인을 멈추는 법

심리학자 코스타딘 쿠스레브와 엘리자베스 던이 캐나다 브리티시컬럼비아대학교에서 진행한 연구에 따르면, 하루에 이메일을 세 번 확인한 사람이 이메일을 수시로 확인하는 사람보다 스트레스 수준이 훨씬 낮게 나타났다.

Kostadin Kushlev & Elizabeth W. Dunn, 'Checking email less frequently reduces stress', *Computers in Human Behavior*, Volume 43, Feb 2015, pp 220–28, accessed Dec 2021 at https://www.sciencedirect.com/science/article/abs/pii/S0747563214005810

하루의 시작이 그날을 결정한다

심리학자 블루마 자이가르닉은 1927년 유명한 실험을 실시했다.

'The Zeigarnik Effect Explained', psychologistworld.com, accessed Jan 2022 at https://www.psychologistworld.com/memory/zeigarnik-effect-interruptions-memory

퇴근 시간도 미리 준비하라

심리학자들은 이 같은 리추얼이 주는 가장 큰 장점으로 삶의 의미 부여를 꼽았다.

Samantha J. Heintzelman & Laura A. King, 'Routines and Meaning in Life', *Personality and Social Psychology Bulletin*, 45(5), 18 Sept 2018, pp 688–99, accessed Dec 2021 at https://journals.sagepub.com/doi/full/10.1177/0146167218795133

국제학술지 《심리과학 저널》에 발표된 연구에 따르면 정리 정돈과 물건 치우기 리추얼은 매우 유익한 습관이라고 한다.

X. Li, L. Wei, & D. Soman, 'Sealing the emotions genie: The effects of physical enclosure on psychological closure', *Psychological Science*, 21(8), 2010, pp 1047–50, accessed Dec 2021 at https://psycnet.apa.org/record/201023598-001

3장 효율화
좀비 사냥에 나서야 하는 이유
연구에 따르면 사람들은 자신이 과거에 내린 선택이 잘못된 판단에 따른 것이라고 인정하기를 꺼린다.

D.J. Sleesman, A.C. Lennard, G. McNamara & D.E. Conlon, 'Putting escala\-tion of commitment in context: A multilevel review and analysis', *The Academy of Management Annals*, 12(1), 2018, pp 178–207, accessed Dec 2021 at https://psycnet.apa.org/record/2018-15084-007

효율적으로 회의를 진행하는 세 가지 규칙
미국 뉴욕대학교 스턴경영대학원 저스틴 크루거 교수가 이끄는 연구팀은 객관식 시험에서 한번 고른 답을 바꾸지 않은 학생들과 중간에 마음을 바꾼 학생들의 정답률을 비교하는 실험을 했다.

J. Kruger, D. Wirtz, & D.T. Miller, 'Counterfactual Thinking and the First Instinct Fallacy', *Journal of Personality and Social Psychology*, 88(5), 2005, pp 725–35, accessed Dec 2021 at https://psycnet.apa.org/record/2005-04675-001

시간 낭비를 줄이는 간단한 전략
실제로 연구 결과에 따르면 사람들이 빠르게 생각하고 일하도록 자기 자신을 몰아붙일수록 기분이 개선된다고 한다.

E. Pronin, E. Jacobs & D.M. Wegner, 'Psychological effects of thought acceler\-ation', *Emotion*, 8(5), 2008, pp 597–612, accessed Dec 2021 at https://psycnet.apa.org/record/2008-13989-002

홍콩대학교 에코 웬 완 교수는 몇 가지 독특한 연구를 진행했다.

Echo Wen Wan & Brian Sternthal, 'Regulating the Effects of Depletion Through Monitoring', *Personality and Social Psychology Bulletin*, 34(1), 1 Jan 2008, pp 32–46, accessed

아주 작은 습관의 힘

미국 펜실베이니아대학교의 폴 로진 교수가 이끄는 연구팀은 퓰렌웨그의 전략을 뒷받침하는 연구 결과를 발표했다.

P. Rozin, S. Scott, M. Dingley, J.K. Urbanek, H. Jiang & M. Kaltenbach, 'Nudge to Nobesity I: Minor Changes in Accessibility Decrease Food Intake', *Judgment and Decision Making*, 6 (4), 2011, pp 323–32, accessed Dec 2021 at https://repository.upenn.edu/cgi/viewcontent.cgi?article=1282&context=marketing_papers

읽은 내용을 오래 기억하는 법

영은 미국 퍼듀대학교 소속 연구원 제프리 카피크와 저넬 블런트가 기억에 관해 실시한 실험을 떠올렸다.

Jeffrey D. Karpicke & Janell R. Blunt, 'Retrieval Practice Produces More Learning than Elaborative Studying with Concept Mapping', *Science*, Vol 331, Issue 6018, 11 Feb 2011, pp 772–75, accessed Dec 2021 at https://www.science.org/doi/abs/10.1126/science.1199327

4장 집중
원하는 것에 몰입하라

2016년 미국 인플루언서 마케팅 에이전시 미디어킥스가 수행한 연구에 따르면 사람들은 하루에 휴대폰을 사용하는 시간의 절반, 즉 두 시간 정도를 주요 SNS 5개(페이스북, 유튜브, 스냅챗, 인스타그램, 트위터)를 이용하며 보낸다고 한다.

'How much time do we spend on social media?', mediakik.com, accessed Dec 2021 at https://mediakix.com/blog/how-much-time-is-spent-on-social-media-lifetime/#gs.EQCxB7I

스마트폰 중독에 관한 여러 연구를 검토한 논문에 따르면 스마트폰의 과도한 사용은 낮은 자존감과 신경증적 성향, 불안과 스트레스 수준 향상, 수면의 질 저하 등 수많은 문제와 관련 있다고 한다.

J. De-Sola Gutiérrez, F. Rodríguez de Fonseca & G. Rubio, 'Cell-Phone Addiction: A Review', *Frontiers in Psychiatry*, 7:175, 24 Oct 2016, accessed Jan 2022 at https://www.ncbi.nlm.nih.gov/pmc/articles/PMC5076301/

눈 앞의 사람에게 집중하라

던은 동료 연구진과 함께 사람들이 사회적 상호작용을 나누는 중간에 휴대폰을 얼마나 사용하는지에 따라 대화의 질이 어떻게 달라지는지 알아보는 실험을 했다.

Ryan J. Dwyer, Kostadin Kushlev & Elizabeth W. Dunn, 'Smartphone use under\-mines enjoyment of face-to-face social interactions', *Journal of Experimental Social Psychology*, Volume 78, 2018, pp 233–39, accessed Dec 2021 at https://www.sciencedirect.com/science/article/abs/pii/S0022103117301737

불편한 감정을 잘 다루면 생산성이 올라간다

거미 공포증 환자를 대상으로 한 실험에서는 참여자들에게 타란툴라를 넣어놓은 투명 보관함 옆에 앉도록 했다.

Katharina Kircanski et al, 'Feelings into words: contributions of language to exposure therapy', *Psychological Science* vol. 23,10, 2012, pp 1086–91, accessed Dec 2021 at https://www.ncbi.nlm.nih.gov/pmc/articles/PMC4721564/

음악 한 곡으로 업무에 몰입하라

심리학 학술지《스포츠 운동 심리학》에 실린 한 연구에서는 네트볼 선수들에게 자신이 운동에 몰두할 수 있도록 돕는, 다시 말해 몰입상태에 빠질 수 있는 음악을 선택하도록 했다.

J. Pates, C.I. Karageorghis, R. Fryer & I. Maynard, 'Effects of asynchro\-nous music on flow states and shooting performance among netball players', *Psychology of Sport and Exercise*, 4(4), 2003, pp 415–27, accessed Dec 2021 at https://psycnet.apa.org/record/2003-10506-008

색다른 방법으로 창의성을 높여라

리더십 분야 전문 학술지《리더십 쿼털리》에 게재된 한 연구에서는 리더가 팀원들의 창의성을 촉진하는 방법을 실험했다.

K.S. Jaussi & S.D. Dionne, 'Leading for creativity: The role of unconventional leader behavior', *The Leadership Quarterly*, 14(4-5), 2003, pp 475–98, accessed Dec 2021 at https://psycnet.apa.org/record/2003-09618-005

당신이 일을 미루는 진짜 이유

헤레라는 샬럿 리버먼이 쓴 미루기에 관한 글을 편집하게 되면서 생각이 바뀌기 시작했다.

Charlotte Lieberman, 'Why you procrastinate (it has nothing to do with self-control), *New York Times*, 25 March 2019, accessed Dec 2021 at https://www.nytimes.com/2019/03/25/smarter-living/why-you-procrastinate-it-has-nothing-to-do-with-self-control.html

캐나다 칼턴대학교 심리학과 교수 마이클 울이 진행한 연구에 따르면 현재 일을 미루는 자신을 용서할 경우 미래에는 일을 덜 미루게 된다고 한다.

Michael J.A. Wohl, Timothy A. Pychyl & Shannon H. Bennett, 'I forgive myself, now I can study: How self-forgiveness for procrastinating can reduce future pro\-crastination', *Personality and Individual Differences*, 48, 2010, pp 803–8, accessed Jan 2022 at https://law.utexas.edu/wp-content/uploads/sites/25/Pretend-Paper.pdf

5장 성찰
생각을 바꾸면 약점은 강점이 된다

미국 스탠퍼드대학교 심리학자 알리아 크럼은 연구를 통해 사람들이 자기 의심과 불안 같은 스트레스성 경험을 유익한 것으로 인식할 때 이것이 오히려 배움과 성장의 동기가 된다는 사실을 밝혀냈다.

A.J Crum, P. Salovey & S. Achor, 'Rethinking stress: The role of mindsets in determining the stress response', *Journal of Personality and Social Psychology*, 104(4), 2013, pp 716–33, accessed Dec 2021 at https://psycnet.apa.org/record/2013-06053-001

두려움은 최고의 상황 앞에 찾아온다

심리학 학술지《긍정 심리학 저널》에는 실험 참여자들에게 '당신에게 일어날 수 있는 최고의 상황을 상상해 보라'라고 주문한 다음 이들의 변화를 살펴본 연구 논문이 게재됐다.

Kathryn C. Adair, Lindsay A. Kennedy & J. Bryan Sexton, 'Three Good Tools: Positively reflecting backwards and forwards is associated with robust improve\-ments in well-being across three distinct interventions', *The Journal of Positive Psychology*, 15:5, 2020, pp 613–22, accessed Dec 2021 at https://www.tandfonline.com/doi/full/10.1080/17439760.2020.1789707

피드백을 구하기 좋은 시기

과학자들은 왜 이런 현상이 일어나는지 알아보기 위해 실험을 했다.

J.J. Dahling, & C.L. Ruppel, 'Learning goal orientation buffers the effects of negative normative feedback on test self-efficacy and reattempt interest', *Learning and Individual Differences*, 50, 2016, pp 296–301, accessed Dec 2021 at https://psycnet.apa.org/record/2016-40949-001

건설적인 피드백을 끌어내는 법

영은 『울트라러닝, 세계 0.1%가 지식을 얻는 비밀』 원고를 쓰던 중 아브라함 클루거와 대화를 나누게 됐다.

Avraham N. Kluger & Angelo DeNisi, 'The Effects of Feedback Interventions on Performance: A Historical Review, a Meta-Analysis, and a Preliminary Feedback Intervention Theory', *Psychological Bulletin*, Vol. 119, No. 2, 1996, pp 254–84, accessed Dec 2021 at https://mrbartonmaths.com/resourcesnew/8.%20Research/Marking%20and%20Feedback/The%20effects%20of%20feedback%20interventions.pdf

우리는 모두 죽는다는 것을 기억하라

로마 제국 시대의 스토아학파 철학자인 세네카는 수필 『인생의 짧음에 관하여』에서 다음과 같은 글을 남겼다.

Seneca, *On the Shortness of Life: Life Is Long if You Know How to Use It*, Penguin Books, 2005

6장 연결

나 사용 설명서가 필요한 이유

그는 스스로 '나 사용 설명서'를 만들어서 누구나 볼 수 있도록 인터넷에 공개했다.

Darren's README page, about.gitlab.com, accessed Dec 2021 at https://about.gitlab.com/handbook/marketing/readmes/dmurph/

시브란디도 자신에 관한 정보를 담은 '나 사용 설명서'를 만들어 온라인에 올려놓았다.

Sijbrandij's CEO page, accessed Dec 2021 at https://about.gitlab.com/handbook/ceo/

독특한 방법으로 소통하라

스위스 생갈대학교 교수 아만다 샨츠는 후원금 콜센터 직원을 대상으로 독특한 실험을 진행했다.

A. Shantz & G.P. Latham, An exploratory field experiment of the effect of subconscious and conscious goals on employee performance. *Organizational Behavior and Human Decision Processes*, 109(1), 2009, pp 9–17, accessed Dec 2021 at https://psycnet.apa.org/record/2009-06254-003

더 나은 인맥을 형성하는 법

미국 럿거스대학교 경영대학원 교수 다니엘 레빈은 휴먼 관계를 회복했을 때의 장점을 알아보는 연구를 진행했다.

Daniel Z. Levin, Jorge Walter & John Keith Murnighan, 'Dormant Ties: The Value of Reconnecting', *Organization Science*, 22(4), 2011, pp 923–39, accessed Dec 2021 at https://papers.ssrn.com/sol3/papers.cfm?abstract_id=1625543

감사하다는 말이 별것 아닌 것처럼 보일 수 있지만 그 말이 가진 힘은 엄청나다. 연구에 따르면 사람들은 '감사합니다'라는 말과 칭찬의 효과를 과소평가하는 경향이 있다고 한다.

Erica J. Boothby & Vanessa K. Bohn, 'Why a Simple Act of Kindness Is Not as Simple as It Seems: Underestimating the Positive Impact of Our Compliments on Others', *Personality and Social Psychology Bulletin*, 47 (5), 1 May 2021, pp 826–40, accessed Dec 2021 at https://journals.sagepub.com/doi/abs/10.1177/0146167220949003

진부한 스몰 토크를 피하는 법

셰리 레빈슨과 동료 연구진은 사람들이 자신만의 독특한 경험, 이야기, 성향에 관해 이야기할 때 사교 모임에서 불안함을 덜 느낀다는 사실을 발견했다.

Cheri A. Levinson, Julia K. Langer & Thomas L. Rodebaugh, 'Self-construal and social anxiety: Considering personality', *Personality and Individual Differences*, 51, 2011, pp 355–59, accessed Dec 2021 at http://www.cherilevinson.com/uploads/1/1/7/6/11768007/levinson_langer_rodebaugh.pdf

낯선 행사에 대처하는 법

흥미롭게도 내향적인 사람들이 외향적으로 행동하면, 또 새로운 운동 배우기, 사교 행사 참여하기, 아는 사람이 전혀 없는 곳에서 자원봉사 하기 같은 외향적인 활동을 하면 기분이 좋아진다고 한다.

J.M. McNiel & W. Fleeson, 'The causal effects of extraversion on positive affect and neuroticism on negative affect: Manipulating state extraversion and state neuroticism in an experimental approach', *Journal of Research in Personality*, 40(5), 2006, pp 529–50, accessed Dec 2021 at https://psycnet.apa.org/record/2006-12442-005

7장 에너지

당신의 불꽃을 유지하라

시계가 오후 2시를 가리키자 부산스럽게 몸을 움직이는 당신. 여전히 식곤증에서 헤어 나오지 못한 상태다.

Monk, Timothy, 'The Post-Lunch Dip in Performance', *Clinics in sports medicine*, 24(2), May 2005, accessed Dec 2021 at https://www.researchgate.net/publication/7848298_The_Post-Lunch_Dip_in_Performance

포스트잇으로 회복 탄력성을 높이는 법

미국 뉴멕시코대학교 심리학과 교수 브루스 스미스는 목표에 집중하면 어떤 일이 일어나는지를 증명하는 다소 독특한 연구를 진행했다.

Bruce W. Smith, Erin M. Tooley, Erica Q. Montague, Amanda E. Robinson, Cynthia J. Cosper & Paul G. Mullins, 'The role of resilience and purpose in life in habituation to heat and cold pain', *The Journal of Pain*, 10(5). May 2009, pp 493–500, accessed Dec 2021 at https://pubmed.ncbi.nlm.nih.gov/19345153/

힘든 일을 지속하기 위한 최적의 속도

미국 플로리다주립대학교 경영학과 교수 마우라 스콧은 목표의 상한선과 하한선을 설정하는 일이 미치는 영향을 알아보는 연구를 진행했다.

M.L. Scott & S.M. Nowlis, 'The effect of goal specificity on consumer goal reengagement', *Journal of Consumer Research*, 40(3), 2013, pp 444–59, accessed Dec 2021 at https://psycnet.apa.org/record/2013-32845-004

설렘 폴더가 필요한 이유

이렇게 긍정적인 정보보다 부정적인 정보에 더 많은 주의를 기울이는 경향을 부정성 편향이라고 부른다.

A. Vaish, T. Grossmann, & A. Woodward, 'Not all emotions are created equal: the negativity bias in social-emotional development', *Psychological Bulletin*, 134(3), 2008, pp 383–403. https://doi.org/10.1037/0033-2909.134.3.383, accessed Dec 2021 at https://www.ncbi.nlm.nih.gov/pmc/articles/PMC3652533/

감사 습관으로 생산성을 높이는 방법

지난 수십 년 동안의 과학자들은 감사가 우리의 기분을 좋게 만든다는 사실을 여러 연구를 통해 밝혀냈다.

R.A. Emmons & M.E. McCullough, 'Counting blessings versus burdens: an experimental investigation of gratitude and subjective well-being in daily life', *Journal of Personality and Social Psychology*, 84(2), Feb 2003, pp 377–89, accessed Jan 2022 at https://pubmed.ncbi.nlm.nih.gov/12585811/#affiliation-1

J.J. Froh, W.J. Sefick & R.A Emmons, 'Counting blessings in early adolescents: an experimental study of gratitude and subjective well-being', *Journal of School Psychology*, 46(2), April 2008, pp 213–33, accessed Jan 2022 at https://pubmed.ncbi.nlm.nih.gov/19083358/#affiliation-1

미국 캘리포니아대학교 데이비스캠퍼스 심리학과 교수 로버트 에몬스는 10주 동안 매일 또는 매주 감사 일기를 쓴 사람들이 중립적이거나 부정적인 내용에 대해 일기를 쓴 사람들보다 훨씬 더 행복하다는 사실을 발견했다.

R.A. Emmons & M.E. McCullough, ibid.

그가 진행한 또 다른 연구에서도 감사한 일을 생각한 청소년들이 중립적이거나 부정적인 일을 생각한 청소년들보다 삶의 만족도가 훨씬 더 높게 나타났다.

J.J. Froh, W.J. Sefick & R.A. Emmons, ibid.

돈을 내고 시간을 사야 하는 이유

"돈을 지급하고 시간을 사는 사람들이 그렇지 않은 사람들보다 더 행복하다는 사실을 보여주는 연구 8건을 연달아 진행해서 주요 과학 저널 중 한 곳에 발표했었죠."

Ashley V. Whillans, Elizabeth W. Dunn, Paul Smeets, Rene Bekkers & Michael I. Norton, 'Buying time promotes happiness', *Proceedings of the National Academy of Sciences*, 114 (32), Aug 2017, pp 8523–27, accessed Dec 2021 at https://www.pnas.org/content/114/32/8523

성가신 작은 일도 용납하지 마라

그건 바로 터널링 효과 때문이다.

Anandi Mani, Sendhil Mullainathan, Eldar Shafir & Jiaying Zhao, 'Poverty Impedes Cognitive Function', *Science*, (341), Aug 2013, pp 976–80, accessed Dec 2021 at https://scholar.harvard.edu/files/sendhil/files/976.full_.pdf

'하지만'의 위력

연구에 따르면 사람들은 타인이 베푸는 작은 친절을 생각보다 높게 평가하고 감사하게 여긴다고 한다.

Y. Zhang & N. Epley, 'Self-centered social exchange: Differential use of costs versus benefits in prosocial reciprocity', *Journal of Personality and Social Psychology*, 97(5), 2019, pp 796–810, accessed Dec 2021 at https://psycnet.apa.org/record/2009-19144-004

감사의 말

내 머릿속에만 있던 이 책에 대한 아이디어가 세상에 나올 기회를 얻은 곳은 호주 멜버른 프라란의 바블 카페였다. 어떤 주제로 책을 쓸지 몇 달째 고민하고 있던 나는 CMC 탤런트 매니지먼트의 캐시 베이커를 소개받아 그곳에서 만났다. (캐시는 현재 내 에이전트로 활동하고 있다.) 그녀는 내게 책을 낼 생각인지 물어보았고 나는 그렇다고 대답했다.

그래서 가장 먼저 캐시에게 감사 인사를 전하고 싶다. 캐시, 내게 전적인 칭찬과 지지를 보내주고 나를 변함없이 믿어주어서 감사합니다. 당신이 법률적인 업무를 담당해 주어서 안심할 수 있었습니다.

캐시는 내 책에 대한 구상을 듣더니 펭귄 랜덤하우스 출판사의 이사벨 예이츠를 소개해 주었다. 이사벨은 내가 본 여성 중 가장 열정적으로 일하는 사람이다. 상상할 수 없을 정도로 많은 원고를 매일 받았을 텐데 그중에서 내 원고를 선택했다는 사실이 아직도 믿기지 않는다. 나는 친구들에게 이사벨을 '책 대장'이라고 소개한다. 이사벨 대장이 열정적으로 이끌어준 덕분에 이 책이 펭귄 랜덤하우스의 도움을 받아 독자들에게 전해질 수 있었다고 생각한다. 진심으로 감사하다는 말을 전하고 싶다. 이사벨의 비전과 아이디어, 피드백이 있었기에 『거인의 시간』이 무한한 영향력을 발휘할 수 있는 책으로 탄생할 수 있었다.

지루한 시간이 될 수 있었던 퇴고 과정을 즐거운 작업으로 만들어준 펭귄 랜덤하우스의 클리브 헤바드에게도 감사 인사를 전한다. 원고 한 장 한 장마다 집중해 들여다보면서 아주 작은 부분까지 확인해주었다. 또한 개선이 필요한 부분을 정말 많이 제안해 주었을 뿐 아니라 그 과정에서 웃음까지 선사해 주었다. (문법을 고쳐야 한다는 대화를 웃으며 나눌 거라고 누가 상상이나 했을까?)

펭귄 랜덤 하우스의 마케팅·홍보 부서 소속 브래든 버드와 젬마 페레이라-로우에게도 고마움을 전한다. 창의적인 아이디어로 『거인의 시간』을 널리 알리는 데 큰 도움을 주었다.

지난 3년 동안 나는 팟캐스트 채널 「하우 아이 워크」에서 소개가 필요 없을 정도로 훌륭한 인사들을 만나 직접 인터뷰하는 엄청난 특권을 누렸다. 이들과의 만남이 없었다면 이 책은 존재하지 않았을 것이다. 지금까지 인터뷰한 모든 분들 덕분에 일이 삶의 전부가 아니라는 사실을 깨달을 수 있었다. 특히 내게 영웅 같은 존재이자 시간과 지원을 아끼지 않고 도와준 애덤 그랜트, 제이크 냅, 니르 이얄에게도 감사 인사를 전한다.

2018년 7월 「하우 아이 워크」를 처음 시작한 이래로 모든 에피소드의 음향 작업을 아버지께서 담당해 주셨다. 은퇴하시기 전 엔지니어 겸 컴퓨터 프로그래머로 일하셨던 아버지는 단 몇 주 만에 사운드 엔지니어 업무에 필요한 모든 기술을 터득하셨다. (이제는 최고급 장비도 거뜬히 사용할 만큼 완벽한 전문가가 되셨다.) 지난 수백 시간 동안 (이 책이 나올 때쯤이면 수천 시간일 것이다.) 나와 게스트의 목소리가 더 선명하게 들릴 수 있도록 해주셨고, 모든 에피소드에 사랑과 정성을 쏟아주셨다. 아버지의 노고에 진심으로 감사드린다. 아버지와 함께 작업한 덕분에 「하우 아이 워크」가 즐거운 부녀 프로젝트가 될 수 있었다.

2021년부터는 새로운 전문가들과 함께 팟캐스트를 제작하기 시작했다. 먼저 우리 팟캐스트 제작팀의 켈리 리오단에게 고마움을 표현하고 싶다. 사실 나는 오래전부터 켈리의 팬이었다. 그래서 지금까지 1년 넘게 켈리가 세운 데드셋 스튜디오와 함께 일할 수 있어서 행운이라고 생각한다. 켈리는 모든 팟캐스트 제작자가 함께 일하고 싶어 하는 사람이다. 그녀는 나를 훨씬 더 나은 인터뷰 진행자로 만들어주었고 내 채널을 놀라울 정도로 성장시켜 주었다. 그 외에도 매주 몇 시간이고 자료 검색에 매진하는 제나 코다, 그리고 에피소드가 산으로 가지 않도록 편집에 힘써주는 리암 리오단에게도 큰 감사를 표한다.

정말 멋진 인벤티움 식구들이 도와주지 않았다면 주 5일 내내 본업을 병행하면서 5개월 만에 책 한 권을 완성해 내지 못했을 것이다. (물론 인벤티움 직원들은 주 4일 근무를 하고 있다.) 먼저 내가 늘 꿈꿔왔던 최고의 CEO 미쉬 르 푸아드뱅에게 감사드린다. 지난 3년 동안 (그중에서도 특히 코로나19 팬데믹으로 힘들었던 지난 18개월 동안) 인벤티움이라는 배를 정말 잘 이끌어주었다. 그 밖에도 최고의 팀원이 되어준 샬럿 러쉬, 조이 에이트켄, 닉 존스톤, 조지아 루틱, 개

460

비 웹, 케즈 한스톡, 사샤 다시, 에블리나 베레니, 한나 오코너에게 감사를 표한다. 매일 새로운 아이디어와 개선할 점에 대한 의견을 주었다. 항상 서로를 응원하는 인벤티움 직원들과 함께 일하는 시간은 늘 배꼽이 빠질 정도로 즐거웠다.

작가이자 심리학자이신 어머니께도 감사드린다. 자칭 '마음의 탐정'으로서 나에게 많은 영감을 주셨다. 또 딸이 더 훌륭한 작가가 될 수 있도록 지난 30년 동안 내 글을 셀 수 없을 정도로 많이 수정해 주셨다. (이 책의 초고도 어머니의 손을 거친 덕분에 훨씬 더 나아질 수 있었다.) 무엇보다도 늘 든든한 버팀목이 되어주시고 무조건적인 사랑을 보내주셔서 감사드린다.

외동딸인 나는 친구들이 가족과 다름없다고 항상 생각해 왔다. 그리고 지난 몇 년 동안 정말 좋은 친구들을 만났다. 특히 이 책을 집필하는 동안 멜버른에 코로나19 봉쇄 조치가 내려졌고 그 밖에도 여러 어려움이 있었다. 이런 상황에서도 내 삶에 많은 웃음과 지혜를 선물해 주고 인생의 좋은 동반자가 되어준 친구 모니크, 트루디, 사이먼 엠로키, 사이먼 모스, 스테프, 타쉬, 사라, 션, 제이스, 미아, 앤드류에게 고마움을 전한다.

마지막으로 이 책을 내 딸아이 프랭키에게 바치고 싶다. (다행히도 프랭키가 이 결정을 정말 좋아했다.) 프랭키에게 잠들기 전에 이 책을 읽으라고 권하고 싶지만 아마 읽지 않을 것 같다. 그래도 세상에 대한 호기심으로 매일 나를 놀라게 하는 딸 프랭키에게 고맙다고 말하고 싶다.

TIME

세계 최고 리더들의 7가지 초생산적 습관

거인의 시간

초판 1쇄 인쇄 2024년 2월 14일
초판 3쇄 발행 2024년 4월 9일

지은이 어맨사 임버
옮긴이 김지아
펴낸이 김선식

부사장 김은영
콘텐츠사업본부장 임보윤
책임편집 김민경 **책임마케터** 양지환
콘텐츠사업8팀장 전두현 **콘텐츠사업8팀** 김상영, 강대건, 김민경
마케팅본부장 권장규 **마케팅2팀** 이고은, 배한진, 양지환 **채널2팀** 권오권
미디어홍보본부장 정명찬 **브랜드관리팀** 안지혜, 오수미, 김은지, 이소영
뉴미디어팀 김민정, 이지은, 홍수경, 서가을, 문윤정, 이예주
크리에이티브팀 임유나, 박지수, 변승주, 김화정, 장세진, 박장미, 박주현
지식교양팀 이수인, 염아라, 석찬미, 김혜원, 백지은
편집관리팀 조세현, 김호주, 백설희 **저작권팀** 한승빈, 이슬, 윤제희
재무관리팀 하미선, 윤이경, 김재경, 이보람, 임혜정
인사총무팀 강미숙, 김혜진, 지석배, 황종원
제작관리팀 이소현, 김소영, 김진경, 최완규, 이지우, 박예찬
물류관리팀 김형기, 김선민, 주정훈, 김선진, 한유현, 전태연, 양문현, 이민운
외부스태프 디자인 studio forb

펴낸곳 다산북스 **출판등록** 2005년 12월 23일 제313-2005-00277호
주소 경기도 파주시 회동길 490 다산북스 파주사옥
전화 02-702-1724 **팩스** 02-703-2219 **이메일** dasanbooks@dasanbooks.com
홈페이지 www.dasan.group **블로그** blog.naver.com/dasan_books
종이 신승INC **인쇄** 한영문화사 **코팅 및 후가공** 평창피엔지 **제본** 한영문화사

ISBN 979-11-306-5067-8 (03190)

다산북스(DASANBOOKS)는 독자 여러분의 책에 관한 아이디어와 원고 투고를 기쁜 마음으로 기다리고 있습니다. 책 출간을 원하는 아이디어가 있으신 분은 이메일 dasanbooks@dasanbooks.com 또는 다산북스 홈페이지 '투고 원고'란으로 간단한 개요와 취지, 연락처 등을 보내 주세요. 머뭇거리지 말고 문을 두드리세요.